Investimento para leigos

Investimento
para leigos

Lilian Massena Gallagher

ALTA BOOKS
GRUPO EDITORIAL
Rio de Janeiro, 2023

Investimento Para Leigos

Copyright © 2023 da Starlin Alta Editora e Consultoria Ltda.
ISBN: 978-85-508-2039-2

Impresso no Brasil — 1ª Edição, 2023 — Edição revisada conforme o Acordo Ortográfico da Língua Portuguesa de 2009.

Todos os direitos estão reservados e protegidos por Lei. Nenhuma parte deste livro, sem autorização prévia por escrito da editora, poderá ser reproduzida ou transmitida. A violação dos Direitos Autorais é crime estabelecido na Lei nº 9.610/98 e com punição de acordo com o artigo 184 do Código Penal.

A editora não se responsabiliza pelo conteúdo da obra, formulada exclusivamente pelo(s) autor(es).

Marcas Registradas: Todos os termos mencionados e reconhecidos como Marca Registrada e/ou Comercial são de responsabilidade de seus proprietários. A editora informa não estar associada a nenhum produto e/ou fornecedor apresentado no livro.

Erratas e arquivos de apoio: No site da editora relatamos, com a devida correção, qualquer erro encontrado em nossos livros, bem como disponibilizamos arquivos de apoio se aplicáveis à obra em questão.

Acesse o site www.altabooks.com.br e procure pelo título do livro desejado para ter acesso às erratas, aos arquivos de apoio e/ou a outros conteúdos aplicáveis à obra.

Suporte Técnico: A obra é comercializada na forma em que está, sem direito a suporte técnico ou orientação pessoal/exclusiva ao leitor.

A editora não se responsabiliza pela manutenção, atualização e idioma dos sites referidos pelos autores nesta obra.

Dados Internacionais de Catalogação na Publicação (CIP) de acordo com ISBD

G163i Gallagher, Lilian Massena
Investimento Para Leigos / Lilian Massena Gallagher. - Rio de Janeiro : Alta Books, 2023.
320 p. ; 16cm x 23cm. – (Para Leigos)

Inclui índice.
ISBN: 978-85-508-2039-2

1. Economia. 2. Investimentos. 3. Dinheiro. 4. Finanças. 5. Cesta de investimentos. 6. Mercado financeiro. 7. Ação. I. Título. II. Série.

2023-624
CDD 330
CDU 33

Elaborado por Vagner Rodolfo da Silva - CRB-8/9410

Índice para catálogo sistemático:
1. Economia 330
2. Economia 33

Produção Editorial
Grupo Editorial Alta Books

Diretor Editorial
Anderson Vieira
anderson.vieira@altabooks.com.br

Editor
José Ruggeri
j.ruggeri@altabooks.com.br

Gerência Comercial
Claudio Lima
claudio@altabooks.com.br

Gerência Marketing
Andréa Guatiello
andrea@altabooks.com.br

Coordenação Comercial
Thiago Biaggi

Coordenação de Eventos
Viviane Paiva
comercial@altabooks.com.br

Coordenação ADM/Finc.
Solange Souza

Coordenação Logística
Waldir Rodrigues

Gestão de Pessoas
Jairo Araújo

Direitos Autorais
Raquel Porto
rights@altabooks.com.br

Produtor da Obra
Thiê Alves

Produtores Editoriais
Illysabelle Trajano
Maria de Lourdes Borges
Paulo Gomes
Thales Silva

Equipe Comercial
Adenir Gomes
Ana Claudia Lima
Andrea Riccelli
Daiana Costa
Everson Sete
Kaique Luiz
Luana Santos
Maira Conceição
Nathasha Sales
Pablo Frazão

Equipe Editorial
Ana Clara Tambasco
Andreza Moraes
Beatriz de Assis
Beatriz Frohe
Betânia Santos
Brenda Rodrigues

Caroline David
Erick Brandão
Elton Manhães
Gabriela Paiva
Gabriela Nataly
Henrique Waldez
Isabella Gibara
Karolayne Alves
Kelry Oliveira
Lorrahn Candido
Luana Maura
Marcelli Ferreira
Mariana Portugal
Marlon Souza
Matheus Mello
Milena Soares
Patricia Silvestre
Viviane Corrêa
Yasmin Sayonara

Marketing Editorial
Amanda Mucci
Ana Paula Ferreira
Beatriz Martins
Ellen Nascimento
Livia Carvalho
Guilherme Nunes
Thiago Brito

Atuaram na edição desta obra:

Revisão Gramatical
Alessandro Thomé
Thaís Pol

Diagramação
Joyce Matos

Editora afiliada à: ASSOCIADO

Rua Viúva Cláudio, 291 — Bairro Industrial do Jacaré
CEP: 20.970-031 — Rio de Janeiro (RJ)
Tels.: (21) 3278-8069 / 3278-8419
www.altabooks.com.br — altabooks@altabooks.com.br
Ouvidoria: ouvidoria@altabooks.com.br

Sobre o Autor

Lilian Massena Gallagher é autora de vários livros técnicos sobre investimentos e finanças pessoais, além de ter publicado vários artigos para o jornal *Valor Econômico*. Autorizada pela Comissão de Valores Mobiliários (CVM) a prestar serviços de consultoria de valores mobiliários, é mestre em administração pela UNESA e ex-aluna da COPPEAD/UFRJ. Trabalhou por longa data na área de investimentos em bancos de primeira linha. Desde 2000 se dedica a treinar pessoas para trabalhar no mercado financeiro e sucessores de famílias empresárias. Por gostar de tecnologia, desenvolveu a Unicertificacao.com.br, que se dedica ao treinamento a distância, principalmente voltado para a área de investimentos.

Dedicatória

Dedico este livro à minha saudosa e dedicada mãe, Leila Massena, que sempre me incentivou na direção do sucesso.

Agradecimentos do Autor

Por mais solitário que seja o trabalho de escrever um livro — uma relação do autor com seu computador e suas ideias —, nenhum trabalho é realizado sem a ajuda de outras pessoas.

Do meu avô Lincoln Massena, já falecido, não posso deixar de reconhecer que sua rigidez com o português escrito foi deveras importante para que, hoje, os conceitos sobre investimentos sejam escritos de forma simples e correta. Ainda nesse campo, agradeço a todos os "–1" e "+1" que recebi da minha professora de português do colégio Pedro II, Da. Maria Tereza.

Ao meu marido, Norberto Freund, agradeço pela paciência; e à minha amiga de coração Fátima Machado Aragão, uma ilustração preciosa.

Neste livro, em especial, contei com a leitura cuidadosa dos capítulos e sugestões de Enrico Martellini, amigo desde a infância e com quem tenho o imenso prazer de apreciar um bom vinho ou cuidar do jardim.

Serei eternamente grata a todos vocês.

Sumário Resumido

Prefácio xxiii

Introdução 1

Parte 1: A Engrenagem dos Investimentos 7
CAPÍTULO 1: Os Mercados e Seus Participantes. 9
CAPÍTULO 2: No Longo Prazo Estaremos Todos Mortos. 15
CAPÍTULO 3: O Economês e os Investimentos 21
CAPÍTULO 4: O Poder dos Juros 29
CAPÍTULO 5: Escolhendo uma Instituição Financeira. 37

Parte 2: Conhecendo os Produtos de Investimento Financeiro. 43
CAPÍTULO 6: Como Funciona o Mercado Acionário 45
CAPÍTULO 7: Explorando o Mercado de Renda Fixa. 65
CAPÍTULO 8: Os Derivativos e Suas Múltiplas Utilidades. 89
CAPÍTULO 9: Ficando Craque em Fundos de Investimento 105
CAPÍTULO 10: Criptomoeda: Uma Bossa que Veio para Ficar 117
CAPÍTULO 11: Investimentos para Além-mar 127
CAPÍTULO 12: Preparando-se para a "Melhor Idade" 147

Parte 3: Analisando os Investimentos. 159
CAPÍTULO 13: Decidindo por uma Ação 161
CAPÍTULO 14: Decidindo por Títulos de Renda Fixa 183
CAPÍTULO 15: Comparando Fundos de Investimento 197

Parte 4: Organizando a Cesta de Investimentos. 207
CAPÍTULO 16: O Diagnóstico 209
CAPÍTULO 17: Analisando Medos e Desejos. 223
CAPÍTULO 18: Separando os Ovos em Mais de uma Cesta. 231
CAPÍTULO 19: Avaliando a Performance e o Risco 241
CAPÍTULO 20: A Pizza de Investimentos 249
CAPÍTULO 21: As Fontes de Informação 265

Parte 5: A Parte dos Dez. 275
CAPÍTULO 22: Os Dez Erros a Evitar. 277
CAPÍTULO 23: Os Dez Mandamentos do Investidor de Sucesso 283

Índice. 291

Sumário

PREFÁCIO xxiii

INTRODUÇÃO 1

    Sobre Este Livro. 2

    Convenções Usadas Neste Livro 2

    Só de Passagem. 3

    Penso que... 3

    Como Este Livro Está Organizado 4

        Parte 1: A Engrenagem dos Investimentos. 4

        Parte 2: Conhecendo os Produtos de
        Investimento Financeiro 4

        Parte 3: Analisando os Investimentos 4

        Parte 4: Organizando a Cesta de Investimentos 5

        Parte 5: A Parte dos Dez 5

    Ícones Usados Neste Livro 5

    De Lá para Cá, Daqui para Lá 6

PARTE 1: A ENGRENAGEM DOS INVESTIMENTOS 7

CAPÍTULO 1: Os Mercados e Seus Participantes 9

    Para Funcionar, Tem que Regular 10

    Os Diferentes Mercados 10

    Os Xerifes do Mercado. 11

    Quem Fala com os Clientes. 12

CAPÍTULO 2: No Longo Prazo Estaremos Todos Mortos . . . 15

    O que É Longo Prazo 16

    A Estratégia É a Alma do Negócio. 16

    Política de Investimento. 17

    Separando Seu Dinheiro 18

CAPÍTULO 3: O Economês e os Investimentos 21

    PIB (Produto Interno Bruto) 22

    Inflação. 22

    Taxa Selic 23

    Dívida Pública. 25

    Taxa de Câmbio 26

    Balanço de Pagamentos. 27

Sumário   XV

CAPÍTULO 4: **O Poder dos Juros** 29

Juros e Usura 30

Taxa Real 32

Compra à Vista ou a Prazo 33

Comparando Taxas em Períodos Diferentes 36

CAPÍTULO 5: **Escolhendo uma Instituição Financeira** 37

Banco Tradicional 38

Banco de Investimento 39

Banco Digital 39

Corretora 40

Fintech 42

PARTE 2: CONHECENDO OS PRODUTOS DE INVESTIMENTO FINANCEIRO 43

CAPÍTULO 6: **Como Funciona o Mercado Acionário** 45

O que É uma Ação 45

O que É a Bolsa de Valores 47

Como Se Ganha Dinheiro com Ações 48

Tipos de Ações 50

O Sobe e Desce da Bolsa 51

Segmentos de Listagem 55

Como Fazer para Negociar Ações 56

Despesas Incorridas na Negociação 58

Uma Operação Interessante: Aluguel de Ações 59

Alguns Termos Adicionais que Merecem
Entrar no Seu Vocabulário 61

A Parte do Leão 62

CAPÍTULO 7: **Explorando o Mercado de Renda Fixa** 65

Quando um Título É Considerado de Renda Fixa 65

A Linguagem da Renda Fixa 66

A Matemática da Renda Fixa 67

Passo 1: Organizar os dados 69

Passo 2: Calcular o valor no vencimento e
desenhar fluxo de caixa 69

Passo 3: Cálculo do preço de mercado (PU)
para $n = 2$ anos 69

Investindo no Tesouro Direto 70

Passo 1: Escolher o título 72

Passo 2: Abrir o carrinho de compras e
completar com o valor desejado 73

Títulos de Emissão de Empresas 74

No que prestar atenção quando investir
em uma debênture 74

Títulos de Emissão de Bancos. 76
Fundo Garantidor de Crédito 79
Mais Letrinhas para Seu Vocabulário de Renda Fixa 81
Benchmarks de Renda Fixa. 83
A Parte do Leão 84
Arrematando o Capítulo. 85
    Cálculo na HP 12C 86
    Cálculo no Excel. 87

CAPÍTULO 8: **Os Derivativos e Suas Múltiplas Utilidades** . 89

Um Pouco de História Não Faz Mal a Ninguém. 90
Mercado a Termo 91
    Tributação do termo. 93
Mercado Futuro. 93
    Cálculo dos ajustes diários da posição compradora 95
    Resultado final da operação compradora 96
    Resultado final da operação vendedora. 96
    Tributação do ganho no mercado futuro. 98
Swap 98
    Tributação do ganho na operação de swap. 99
Mercado de Opções 99
    Tributação da opção. 103

CAPÍTULO 9: **Ficando Craque em Fundos
de Investimento** 105

Como Se Forma um Fundo 105
Como Se Ganha Dinheiro em Fundo. 106
Cada Macaco no Seu Galho. 107
Custos e Despesas de um Fundo. 108
Fundos de Fundos. 109
Tipos de Fundos 110
Principais Estratégias de Gestão 111
Clube de Investimento 113
A Parte do Leão 113
    Come-cotas 115
    Planejamento tributário e FIC. 116
    Fundos X CDB 116

CAPÍTULO 10: **Criptomoeda: Uma Bossa
que Veio para Ficar**. 117

O que É Moeda Digital 117
Tecnologia Blockchain 120
Como Comprar e Vender Criptomoeda 123
Investir ou Não em Criptomoeda; Eis a Questão. 124
A Parte do Leão 125

CAPÍTULO 11: Investimentos para Além-mar 127

Por que Investir Globalmente 127
Vantagens de investir globalmente 128
Sistema Financeiro Internacional 131
Como Investir no Exterior 133
Investindo pelo Brasil no exterior 134
Investindo diretamente no exterior 134
FDIC 135
Apresentando os Produtos 135
Principais Benchmarks 138
Mais famosos índices de ações das bolsas americanas .. 138
Índices de ações de outras regiões 138
Índices de ações regionais 139
Principais benchmarks de renda fixa 140
A Parte do Leão 140
Recursos originariamente em reais —
Ganho de capital 141
Recursos originariamente em moeda estrangeira —
Ganho de capital 143
Recursos de origem mista — Parte em reais e
parte em moeda estrangeira 144
Impostos sobre rendimentos e dividendos 145

CAPÍTULO 12: Preparando-se para a "Melhor Idade" 147

Os Ciclos da Vida 147
Previdência Pública 148
Como e Quanto Juntar para a Aposentadoria 149
Passo 1: Defina a renda extra que necessitará
para custear sua aposentadoria 149
Passo 2: Programando o valor mensal que
será separado para a aposentadoria 150
Passo 3: Em que veículos de investimento juntar 152
Plano Gerador de Benefícios Livre (PGBL) 154
Vida Gerador de Benefícios Livre (VGBL) 154
Dúvidas Frequentes 155
Qual o melhor produto para mim: PGBL ou VGBL? 155
Quem será o beneficiário em caso de
morte do investidor? 156
A Parte do Leão 156

PARTE 3: ANALISANDO OS INVESTIMENTOS 159

CAPÍTULO 13: Decidindo por uma Ação 161

Investir x Apostar 161
O que é análise fundamentalista 163

Onde Tudo Começa 163
   Entendendo o Guia de Ações 164
Os Múltiplos 165
   Preço/Lucro — P/L 166
   Dividend yield 166
   Capitalização de mercado 167
O que Podemos Descobrir nos Principais
Demonstrativos Financeiros 167
   Balanço patrimonial 167
   Demonstrativo de resultado 168
   Fluxo do dinheiro 169
Seguindo em Frente 171
   EPS (earnings per share) 171
   Receita líquida 172
   EBITDA 172
   Valor da firma (EV) 172
   EV/EBITDA 173
   Dívida líquida/EBITDA 173
Outros Indicadores Importantes 173
   Retorno sobre o patrimônio líquido (ROE) 173
   Beta 174
Questões ESG na Análise de Investimento em Ações 177
O Método do Fluxo de Caixa Descontado 179
   Mas o que é e como se calcula o WACC? 179
Afinal, Joga Fora a Análise Técnica? 181

CAPÍTULO 14: **Decidindo por Títulos de Renda Fixa** 183
Avaliando o Risco de Crédito 183
Checando a Liquidez do Título 187
O que Tem Mais Risco: Prefixado ou Pós-fixado? 187
Avaliando o Risco de Mercado 189
   Olhando o problema de forma intuitiva 189
   Duration de Macaulay 191
   Mas será que realmente se usa essa tal
   de duration no mundo real? 194

CAPÍTULO 15: **Comparando Fundos de Investimento** 197
Quais os Principais KPIs dos Fundos? 197
Gestor 198
Comparando Laranja com Laranja 199
   Classificação ANBIMA de fundos 199
Volatilidade 201
Performance: Risco x Retorno 202
   Índice de Sharpe 203
Outras Avaliações Importantes 204

PARTE 4: ORGANIZANDO A CESTA DE INVESTIMENTOS............................. 207

CAPÍTULO 16: O Diagnóstico 209
Orçamento Familiar 209
Demonstrativo Patrimonial Pessoal...................... 216
Análise preliminar.................................... 218
Análise detalhada dos investimentos financeiros........ 219

CAPÍTULO 17: Analisando Medos e Desejos................. 223
O Perfil do Investidor 223
Situação Financeira.. 224
Fonte da riqueza...................................... 224
Necessidade de liquidez 225
Ciclo de Vida... 225
Conhecimento em Matéria de Investimentos 227
Objetivo do Investimento 228
Minha Meta, Minha Vida................................... 229

CAPÍTULO 18: Separando os Ovos em Mais de uma Cesta . 231
O que Significa Diversificar Investimentos 231
O Modelo de Yale 234
Quantos Ovos Colocar na Cesta?......................... 234
Tipos de Diversificação 236
Diversificação em classes de ativos.................... 236
Diversificação de produtos 237
Diversificação por emissor 237
Diversificação por setor 237
Diversificação geográfica............................. 238
Diversificação de Carteira 238

CAPÍTULO 19: Avaliando a Performance e o Risco 241
Calculando a Rentabilidade................................ 241
Rentabilidade no período 242
Rentabilidade acumulada 242
Rentabilidade média.................................. 243
Rentabilidade absoluta x relativa..................... 243
Indicadores de Performance............................... 245
Tracking error 245
Índices de Sharpe e Treynor........................... 246
VaR.. 246
ROE 247
Investir É Ganhar Dinheiro no Futuro 248

XX   Investimento Para Leigos

CAPÍTULO 20: A Pizza de Investimentos 249

Alocação de Recursos.................................... 249

Definição da política de investimento 250

Análise de cenário.................................. 251

Implantação do plano de alocação de recursos 251

Revisão da carteira/Realocação 252

Alocação Estratégica da Carteira 252

Dinheiro de Emergência 253

Dinheiro para Aposentadoria 254

O Perfil de Investidor e a Pizza 255

Perfil conservador................................ 256

Perfil moderado.................................. 258

Perfil agressivo.................................. 259

Análise Periódica da Carteira 261

Rebalanceamento.................................. 262

CAPÍTULO 21: As Fontes de Informação 265

Separando o Joio do Trigo 265

Os Gurus 266

Newsletters 267

Sites na Internet 268

Sites independentes que valem a pena consultar 268

Sites oficiais ricos em informação 269

Blogs, Vídeos no YouTube e Podcasts.................. 269

Informação Disponível nas Corretoras 270

Lâminas de Fundos 270

Cursos Presenciais e Online 271

Jornais e Revistas 271

Programas de TV 272

Livros... 272

Webcast das Empresas 273

Profissional de Relacionamento da Instituição Financeira. ... 273

PARTE 5: A PARTE DOS DEZ 275

CAPÍTULO 22: Os Dez Erros a Evitar........................ 277

Investir sem Ter Conhecimento do Risco 277

Colocar Todo o Seu Dinheiro em um Só Investimento 278

Ignorar Seus Problemas Financeiros.................... 278

Seguir a Manada 279

Recusar-se a Aceitar uma Perda....................... 279

Não Separar um Dinheiro para Emergências............. 280

Não Ter Seus Objetivos de Forma Clara 280

Eleger Gurus....................................... 280

Ficar Comprando e Vendendo Feito um Louco............ 281

Não Se Preocupar com o Futuro Longínquo 282

Sumário xxi

CAPÍTULO 23: Os Dez Mandamentos do Investidor de Sucesso 283

Conheça a Si Próprio 283
Defina Metas Arrojadas e Monitore Seu Caminho 284
Corra Atrás e Não Espere as Coisas Acontecerem 285
Busque Informação Antes de Investir 286
Corra Riscos Calculados 286
Diversifique Seus Investimentos 287
Tenha Disciplina 287
Invista no que É Adequado para Você 288
Busque Investimentos Sustentáveis 288
Não Pare Nunca de Buscar Informação 289

ÍNDICE 291

Prefácio

Tenho o prazer de conhecer a Lilian de longa data. Trabalhamos na mesma instituição financeira duas vezes, a primeira no começo da minha carreira, nos anos 1990, quando ela já era gerente de produtos no mercado de capitais do extinto Banco Nacional. Pude acompanhar seu crescimento profissional e suas habilidades de comunicação com os clientes, como professora e como escritora de livros sobre investimentos. Sou testemunha de que sempre se preocupou que todos, principalmente leigos, pudessem compreender o mundo do mercado financeiro. Lembro-me dela dizendo que esse conhecimento seria muito proveitoso para o investidor, o que facilitaria o seu próprio trabalho, na ocasião, como *private banker*.

Ganhar e preservar dinheiro é fundamental na vida das pessoas e, com seu jeito simples e didático de escrever, Lilian pode ajudar muitas pessoas a alcançar seus sonhos por meio da otimização dos seus investimentos.

Embora o tema "investimentos" seja complexo e difícil, a linguagem utilizada neste livro é simples e o texto flui com muita facilidade. Lilian tem a capacidade de transformar temas como opções — para muitos um bicho de sete cabeças — em algo de fácil compreensão. Além disso, os ícones utilizados são muito úteis, indicando alertas e dicas para o leitor. Eu diria que é um livro informativo, gostoso e fácil de ler.

Achei interessante, também, a divisão do livro, que começa abordando a base das finanças, explicando quem é quem no mercado financeiro e o que é taxa de juros, para em seguida introduzir os produtos de investimento e como estes devem ser analisados. Só então discorre sobre combinação dos diferentes investimentos na busca de maximização do retorno da carteira, ao mesmo tempo em que busca minimizar os riscos. Considero, ainda, imperdível a Parte Dos Dez, quando Lilian selecionou a dedo os principais erros a serem evitados e os mandamentos para obter sucesso no mundo dos investimentos.

Para mim, que lido com decisões de investimento no dia a dia, só posso elogiar e recomendar a leitura cuidadosa deste livro. Diria que é um ponto de inflexão na literatura sobre o tema investimentos e o ponto inicial para qualquer pessoa que não é da área e pretende aumentar seu conhecimento sobre o assunto.

Ricardo Magalhães
Sócio da Argúcia Capital

Introdução

Se você comprou este livro, é porque está empenhado em ganhar dinheiro com seus investimentos ou porque quer seguir uma carreira no mundo do mercado financeiro. Imagino que seguirá lendo, sublinhando e marcando os pontos importantes. Mas, antes de mais nada, gostaria de ressaltar alguns detalhes deveras relevantes para que você obtenha sucesso no seu objetivo.

Para começar, é importante saber que, para ganhar dinheiro e gerar riqueza, são necessárias muita disciplina e perseverança. Construir, manter ou multiplicar a riqueza não é tarefa fácil. Vários estudos já mostraram que pessoas de sucesso têm persistência, são exigentes, comprometidas e curiosas. Mas como conseguir ter tudo isso em um mundo tão cheio de tarefas e redes sociais para interagir? Uma coisa é certa: para dar conta de tudo, temos que ter foco e disciplina. Se não prestarmos atenção no que estamos fazendo, até mesmo uma receita corriqueira de bolo sai errada.

Igualmente importante é ter ciência de que a rentabilidade do produto não é o único detalhe que merece atenção. Há de se verificar o risco e se o produto em questão vai agregar à carteira de investimentos. Vai que estamos levando mais do mesmo? Mas não precisa se preocupar agora com esse detalhe. Esse tópico será um tema deste livro. Afinal, sem risco não há retorno, e você deve aprender a administrá-lo a seu favor.

Tenha também em mente que investimento não é jogo. Existe uma racionalidade por trás das boas decisões. É necessário estudar, ler o noticiário e análises, além de assistir aos programas de comentários. O objetivo é antecipar os fatos e estar pronto para tomar as decisões que agregarão o máximo retorno com o menor risco possível.

Por fim, saiba que, para atuar com investimentos, é necessário o conhecimento não só dos produtos, mas de muitas matérias básicas, como matemática, macroeconomia e contabilidade, tópicos que serão abordados nos capítulos iniciais.

Mas qual o segredo para gerar riqueza? Será que pessoas normais, leigas no assunto e que não entendem do riscado, são capazes de investir seu dinheiro de forma efetiva? Existem regras fáceis de entender sobre investimento que devem ser seguidas? Há muitas perguntas a serem feitas e para as quais você encontrará comentários inteligentes neste livro. Afinal, não apenas os gênios são capazes de vencer nesta área. Basta ter um método e um modo de agir que o leve na direção da riqueza.

Esteja pronto para se tornar um investidor de sucesso, mesmo que hoje você seja um leigo no assunto.

Sobre Este Livro

Ganhar dinheiro é o sonho da grande maioria das pessoas, embora essa mesma maioria não entenda do riscado. Muitos imaginam que o mundo dos investimentos financeiros é algo extremamente sofisticado e complicado. Entretanto, ao longo da minha longa trajetória nesse universo, pude compreender que nada é tão complicado que não possa ser explicado de uma forma simples, quase intuitiva.

Imagino que alguns leitores já tenham algum conhecimento sobre tópicos aqui abordados e desejem ir direto ao ponto, pulando alguns capítulos. Embora este livro tenha sido escrito em um crescente, começando com o mais básico — assim como, em matemática, primeiro se aprende a somar e só depois a tirar a raiz quadrada — para depois falar de alocação de recursos, é possível pular alguns capítulos e ler apenas o assunto para o qual busca aprendizado. Inclusive, para ajudá-lo na construção desse conhecimento, há um capítulo dedicado só à indicação de onde buscar informação sobre diversos assuntos.

Em suma, o objetivo deste livro é traduzir esse mundo dos investimentos ao leitor que pouco ou nada sabe sobre como cuidar do seu dinheiro. O que é importante prestar atenção quando vamos investir dinheiro? Que erros comuns devem ser evitados? O que se deve saber antes de ir ao banco? Como avaliar se um investimento é bom ou ruim? Estas e outras perguntas serão respondidas com a leitura deste livro. Esteja pronto para começar uma jornada rumo ao sucesso financeiro.

Convenções Usadas Neste Livro

Este é um livro de fácil leitura e segue um padrão da série Para Leigos, o que o torna ainda mais palatável às pessoas que têm pouco conhecimento sobre investimentos.

Alguns termos, entretanto, merecem atenção, de tanto que são mencionados, sendo "CVM" o campeão de todos, que é a sigla para Comissão de Valores Mobiliários, o órgão regulador do mercado de capitais.

Outros também muito utilizados são "Mercados", no plural, e "mercado", no singular e com letra minúscula, que se referem ora ao mercado financeiro e de capitais, ora a um mercado específico, como mercado de renda fixa ou de ações, por exemplo. O contexto não deixará dúvidas quanto ao mercado em questão.

Como este livro trata de investimento financeiro, também não posso deixar de mencionar a palavra "juros", uma remuneração que, aparentemente, só quem tem muito dinheiro consegue obter.

Para terminar, não se deixe enganar. Este livro trata de investimentos, e não de aposta ou jogo. Investir corretamente requer a utilização de técnicas que serão desenvolvidas neste livro.

Só de Passagem

Na concepção de um professor e de um autor, tudo em um livro é essencial, e o leitor não deve se restringir apenas ao que o autor deseja transmitir, buscando mais conhecimento em outras fontes. Afinal, quanto mais se aprende, mais se descobre que há mais a aprender.

Entretanto, se você for do tipo que deseja aprender apenas o essencial e não tem tempo para esmiuçar os tópicos, pode pular os trechos destacados em cinza, que trazem ilustrações interessantes sobre o item abordado. Vou ficar triste se pular, mas essas coisas fazem parte da vida.

Penso que...

Ao me programar para uma aula ou pensar sobre um artigo a ser escrito, sempre me preocupo com o público-alvo. Logo, não poderia ser diferente ao escrever este livro. Supus, portanto, que meu leitor:

» Tem pouco ou nenhum entendimento sobre investimentos.

» Está interessado em aprender sobre o tema.

» Gostaria de melhorar a rentabilidade de seus investimentos.

» Tem algum dinheiro para aplicar ou já possui investimentos e não sabe se está investindo da melhor forma.

» Pensa em investir no exterior, mas não sabe como.

» Está preocupado com a sua aposentadoria.

» Desconfia que seu gerente tem mais foco em bater meta do que em atender às suas necessidades.

Se você se enquadra em quaisquer desses itens, esteja certo de que este livro é para você.

Como Este Livro Está Organizado

Parte 1: A Engrenagem dos Investimentos

Na primeira parte deste livro, você aprenderá o básico necessário para tomar decisões sobre investimentos e se posicionar nesse mundo aparentemente mágico. Conhecerá quem regula o mercado financeiro e quem cuida do investidor. Além disso, como juros têm relação com decisões de políticas econômicas, o leitor será apresentado aos principais conceitos de macroeconomia e a simples cálculos de juros. Por fim, como investir dinheiro envolve relacionamento com uma instituição financeira, é importante que você conheça quais são e o que fazem.

Parte 2: Conhecendo os Produtos de Investimento Financeiro

Não é possível ter sucesso sem conhecer o que está fazendo. Por isso, esta parte do livro é dedicada a explicar os principais produtos do mercado financeiro: ações, títulos de renda fixa, derivativos, fundos de investimento, aplicações no exterior e previdência. Há também um capítulo dedicado às criptomoedas, um produto de alta tecnologia que está enchendo os olhos dos mais empolgados com um ganho aparentemente fácil e rápido.

Parte 3: Analisando os Investimentos

Após conhecer os produtos, é hora de analisar o que comprará. É como decidir por comprar laranja; mas de que variedade? Será que estão maduras? Com esse questionamento em mente, você será apresentado à metodologia que determina o preço de uma ação. Sabendo quanto vale, fica mais fácil determinar se o preço no mercado está barato ou caro. Quanto aos produtos de renda fixa, você ficará sabendo como avaliar os riscos, sendo apresentado às métricas capazes de indicar qual o melhor título para determinada situação de mercado. No último capítulo desta parte, você aprenderá a avaliar um fundo de investimento. Afinal, qual gestor fez o melhor trabalho?

Parte 4: Organizando a Cesta de Investimentos

Ao preparar um jantar, o anfitrião pensa no que vai servir, que bebida combina com a comida, quem são os convidados, do que gostam, e por aí vai. Para ter sucesso nos investimentos, é necessário agir da mesma forma. É preciso saber quem é o investidor, quanto ganha, quanto gasta, qual seu patrimônio atual, aonde ele deseja chegar, que medos tem e quais seus objetivos. Esta parte do livro, portanto, foca em questões técnicas fundamentais para fazer um bom investimento. Além do raio x do investidor, serão abordadas técnicas de investimento como diversificação, risco e alocação de recursos. Por fim, como informação é "a alma do negócio", você encontrará várias indicações de fontes seguras para se manter informado.

Parte 5: A Parte dos Dez

Cometer erros é humano, mas sempre podemos evitar alguns se prestarmos atenção nas nossas atitudes. Este é o intuito desta parte do livro: indicar os principais erros que devem ser evitados pelo investidor e o que fazer para obter sucesso nesse mercado tão famoso pela sua matéria-prima: o dinheiro.

Ícones Usados Neste Livro

São informações que explicam de forma simples algum conceito; indicam onde buscar mais informação sobre o assunto; ou indicam um atalho.

Alertas que podem fazer a diferença na hora de investir.

Remetem o leitor para algo já desenvolvido anteriormente ou algum detalhe que não deve ser esquecido jamais.

Usado quando se deseja desenvolver mais o item. Funciona como um "Saiba mais".

De Lá para Cá, Daqui para Lá

A leitura desta obra não tem a mesma lógica de um romance policial, em que você pode ler o último capítulo e conhecer quem foi o assassino, mas decerto não conhecerá suas intenções sem ler os capítulos anteriores.

Este livro foi escrito de forma que cada capítulo possa ser degustado separadamente. Você, por exemplo, não precisa aprender sobre ações para depois aprender sobre renda fixa, embora aqueles leitores completamente leigos nos assuntos aqui abordados tenham um melhor entendimento sobre os últimos capítulos se já tiverem lido as partes anteriores.

Se você tiver curiosidade sobre determinados tópicos deste livro, vai aqui uma dica: a série Para Leigos tem vários livros complementares a esta obra.

1

A Engrenagem dos Investimentos

NESTA PARTE...

Entenda como funcionam os mercados financeiros, o que faz cada instituição e quem manda nos mercados.

Compreenda o jargão mais utilizado nos noticiários econômicos e que tem influência direta nos investimentos.

Aprenda como calcular se vale mais a pena comprar a vista ou a prazo e se seu investimento está ganhando da inflação.

NESTE CAPÍTULO

» **Conhecendo os diferentes mercados financeiros**

» **Sabendo onde reclamar quando se sentir lesado**

» **Aprendendo o que faz cada instituição**

Capítulo **1**

Os Mercados e Seus Participantes

É mais do que normal começar o assunto "investimentos" falando do mercado acionário, algo que ilumina nossa mente com gráficos e muitas cores. Freud certamente explicaria esse eletrizante estímulo. Muitos chegam até a pensar que é um jogo e, portanto, algo excitante. Mas, para quem está iniciando essa trajetória, é fundamental entender primeiro quem faz o que no mercado financeiro. Assim, quando chegarmos ao assunto bolsa de valores, será fácil compreender o passo a passo do investimento e a importância de o mercado ser regulado.

Meu objetivo é, portanto, que você dê um passo por vez, em um entendimento crescente sobre esses Mercados tão fascinantes, a ponto de merecer letra maiúscula por seus participantes.

Pronto para começar? Então, mãos à obra e deixe-se levar por esse incrível mundo dos investimentos e suas instituições.

Para Funcionar, Tem que Regular

Se você é jovem, pode parecer que tudo iniciou há muito tempo, coisa dos séculos passados. Mas, em termos de organização de um sistema complexo, nosso sistema financeiro começou a tomar o jeitão que tem hoje em dia lá nos idos de 1964, quando foi criado o Banco Central do Brasil.

Até chegar ao que somos hoje, já foram feitas muitas reformas, criados muitos órgãos de regulação e fiscalização, muitas associações do mercado e muitos entendimentos sobre o formato que devemos ter. Uma coisa é certa: até os famosos banqueiros entendem que se trata de um mercado em que deve haver confiança e que, portanto, merece ser não só regulado, mas autorregulado. Pode parecer estranho se impor regras rígidas a cumprir, mas é assim que acontece no mercado financeiro.

Não se trata de um mercado de gananciosos, que correm atrás do dinheiro feito loucos, um concorrente matando o outro. Há o entendimento generalizado de que, quando um "quebra a cara", isso traz efeitos perniciosos para todos os outros participantes, sendo ruim para todos. Logo, vale a pena andar na linha e não sair por aí falando mal dos demais participantes.

Daí tratar-se de um mercado cheio de regras e, toda vez que uma instituição financeira bola algum produto novo, tem que estar nos conformes de alguma regra da CVM, Resolução do Banco Central ou Circular da SUSEP.

Os Diferentes Mercados

Hora de, finalmente, apresentar os Mercados. Veja a Figura 1-1.

FIGURA 1-1: Os Mercados financeiros.

Como pode notar, há três grandes Mercados: um voltado para os investimentos que serão abordados neste livro com mais detalhes — os feitos nos bancos e outras instituições financeiras —; outro voltado para o mercado de seguros e previdência privada aberta (os famosos PGBL e VGBL); e um terceiro que cuida dos famosos fundos de pensão, previdências fechadas que só aceitam determinado grupo de funcionários de uma empresa.

O mercado financeiro em si é dividido em dois grupos. Enquanto o Banco Central fica responsável por tudo que acontece nos mercados monetário, creditício e cambial, a CVM é a xerife do mercado de capitais.

Dá-se o nome de mercado de capitais ao mercado em que as empresas emitem títulos para se capitalizar no médio e longo prazo. É um mercado de investimentos, no qual ações, debêntures, Certificados de Recebíveis Imobiliários (CRI), fundos de investimentos e outros produtos são negociados.

Já o mercado monetário é onde acontece a negociação de títulos, que tem interferência direta na produção de moeda. Entenda moeda como dinheiro, que pode ser físico, escritural apenas e, hoje em dia, até digital, invisível, mas que nos permite comprar livros, bons vinhos e pagar viagens fantásticas. São aqui negociados, por exemplo, os títulos públicos federais (Tesouro Direto) e CDB, que é um título de emissão dos bancos.

No mercado cambial trocamos moedas, como comprar dólares ou euros para pagar importação de bens ou, simplesmente, viajar para Nova York ou Paris.

Por fim, no mercado creditício ocorrem os empréstimos e financiamentos sem emissão de títulos. É onde vamos buscar dinheiro para comprar nossa casa própria e nosso carro, por exemplo.

Os Xerifes do Mercado

Como mencionado mais acima, os mercados financeiros são muito regulados e fiscalizados. Não é fácil dizer que vai cuidar do dinheiro dos outros e depois sumir com toda a grana. Logo, tem que ter órgãos fiscalizando e normatizando os serviços e transações nestes mercados. Ter bem claro até onde vai a fiscalização de um órgão e onde começa a do outro é fundamental para que o cidadão possa buscar informação e até ajuda no lugar certo quando se sentir lesado por alguma instituição financeira.

O mais famoso de todos os órgãos é, sem sombra de dúvidas, o *Banco Central do Brasil* (BC). Sua missão é assegurar a estabilidade do poder de compra da moeda e um sistema financeiro sólido e eficiente. Trata-se de um órgão autônomo desde março de 2021, após anos de muita polêmica no Congresso brasileiro. É uma instituição técnica e essencial à estabilidade econômica e financeira, indispensável ao desenvolvimento sustentável e à melhor distribuição de renda no Brasil. É ele que decide quanto e quando o governo deve imprimir moeda. Além de normatizar e fiscalizar os mercados monetário, creditício e cambial, tem um importante papel na fiscalização dos bancos. Se, por algum motivo, o seu banco "pisar na bola" e

CAPÍTULO 1 **Os Mercados e Seus Participantes** 11

você se sentir prejudicado, pode usar o canal *Fale Conosco* do site do Banco Central. Uma vez feita a reclamação, o banco tem até 48 horas para resolver o problema. Já usei mais de uma vez e funcionou.

A *Comissão de Valores Mobiliários* (CVM) é o próximo regulador importante, quando o assunto é investimento. Seu objetivo é estimular as pessoas a aplicar em títulos emitidos por empresas. Para que isso aconteça, a CVM tem papel fundamental na regulação e fiscalização de tudo que acontece no mercado de capitais, como na bolsa de valores e nos fundos de investimento. Um bom trabalho do órgão protege os pequenos investidores de fraudes e manipulação dos grandes investidores e dos administradores de companhias com ações negociadas em bolsa.

DICA

De forma simples, valores mobiliários são títulos ou contratos de investimento coletivo ofertados publicamente, por exemplo, ações e cotas de fundos de investimento.

Não posso deixar de dedicar algumas palavras à Superintendência de Seguros Privados (SUSEP). Afinal, é ela que está dedicada às seguradoras e que as fiscaliza e verifica se elas têm reservas suficientes para pagar as indenizações dos seguros que nós compramos, no caso de sinistros. Também se preocupa com as previdências privadas abertas para ajudar na aposentadoria do investidor. É muita responsabilidade das empresas de previdência com seus clientes, e a SUSEP tem que se certificar de que os investimentos que as previdências fizeram com o nosso rico dinheirinho será multiplicado e, desse modo, poderá honrar com os pagamentos futuros aos clientes. Por fim, a SUSEP também fiscaliza as famosas empresas de capitalização. Lembre-se da solicitação do seu gerente pedindo para ajudá-lo a comprar um título que, caso sorteado, lhe renderá R$100.000,00 ou uma casa e que, ao fim de X prazo, lhe devolverá o dinheiro investido? Pois é, trata-se da tal capitalização, um produto que tem muito a ver com sorte.

Quem Fala com os Clientes

Toda essa fiscalização e regulação só existe para proteger o cliente das instituições que estão na linha de frente com o cliente final, como:

» Bancos: O banco é a instituição financeira especializada em intermediar o dinheiro entre poupadores e aqueles que precisam de empréstimos, além de guardar (custodiar) esse dinheiro. Ele providencia serviços financeiros para os clientes, tais como saques, empréstimos, investimentos e muito mais.

» Caixas econômicas: Atuam como bancos comerciais, mas têm finalidade social, oferecendo empréstimos e financiamentos.

» Corretoras de câmbio ou de títulos e valores mobiliários: Nas quais se compram ações ou trocam-se moedas, por exemplo.

» Fintechs: Empresas que aliam finanças com tecnologia, buscando soluções para as pessoas e empresas de forma tecnológica, por exemplo, bancos digitais (que não têm agência física) e instrumentos de pagamento.

» Cooperativas de crédito: Cooperativa de pessoas com objetivo de oferecer produtos financeiros, ficando os clientes como "donos" da instituição.

» Gestoras de recursos: As famosas "Assets", administram recursos de investidores na busca de rentabilidade.

» Instituições de pagamento: Empresa que presta serviços de pagamento.

» Distribuidoras de valores: Fazem gestão de recursos e também vendem valores mobiliários.

» Administradoras de consórcios: Empresa prestadora de serviços cujo objeto principal é a administração de grupos de consórcio.

» Outras instituições não bancárias: Encontram-se aqui agências de fomento, sociedade de crédito ao microempreendedor, sociedade de crédito imobiliário, entre outras.

Há uma figura muito importante que também se relaciona com os clientes e que merece um parágrafo: os *agentes autônomos de investimento*. Esses profissionais representam as instituições financeiras e são autorizados pela CVM a prestar serviço comercial para essas instituições. Eles normalmente trabalham em escritório próprio, independente. É normal acreditar que o profissional que ajuda o cliente na corretora é um funcionário da casa, porém é muito comum hoje em dia que sejam autônomos, ganhando apenas um percentual do que conseguem de receita com seus clientes.

PARTE 1 A Engrenagem dos Investimentos

> **NESTE CAPÍTULO**
>
> » **Compreendendo os diferentes prazos**
>
> » **Definindo termos importantes em investimento**
>
> » **Traçando a política de investimento**
>
> » **Separando seu dinheiro**

Capítulo **2**

No Longo Prazo Estaremos Todos Mortos

Para John Maynard Keynes, um lorde inglês com rigorosa formação matemática e econômica, "no longo prazo, estaremos todos mortos". Para ele, se não resolvermos o curto prazo, não haverá longo prazo.

Sua lógica faz todo sentido, mas é preciso entender bem o que é prazo para que seja possível desenhar estratégias de investimento que permitam alcançar as metas tão almejadas e realizar sonhos rocambolescos de prosperidade.

Sonhar é sempre bom, e quem não sonha não chega a lugar algum. Mas, na vida real, temos que ser consistentes com nossa realidade; por isso, é importante definir políticas de investimento condizentes com questões internas e externas da nossa vida, que reflitam nossos sentimentos e necessidades.

Vire a página e descubra como é possível, de uma forma prática, dar conta de tudo isso.

O que É Longo Prazo

Uma prática sempre muito útil é a definição dos termos. Muitos profissionais falam, por exemplo, que bolsa é investimento de longo prazo. Mas, afinal, o que é longo prazo?

A definição clássica, inclusive na contabilidade, é que tudo que será executado em até doze meses deve ser considerado curto prazo. Para mim faz todo o sentido, porque é um prazo pequeno para realizarmos algo.

Quando se trata de negócios, entretanto, precisamos de mais tempo. Na média, um ciclo econômico demora em torno de cinco anos. É, por exemplo, o tempo aproximado para um novo negócio deslanchar. Logo, tudo que vai demorar cinco ou mais anos é considerado longo prazo, sobretudo no Brasil. Em países maduros, como Estados Unidos, é normal considerar longo prazo como dez anos, mas, infelizmente, ainda não chegamos ao estágio deles, pois somos um país de muitas incertezas.

Se curto prazo vai até um ano e longo prazo é acima de cinco anos, não precisamos ter muitos neurônios para concluir que médio prazo fica nesse intervalo de tempo: entre um e cinco anos.

DICA

» Curto prazo = até um ano.

» Médio prazo = entre um e cinco anos.

» Longo prazo = mais de cinco anos.

Mas para que é preciso saber isso? Para alinharmos nossa linguagem e porque prazo é uma variável muito importante quando se fala de decisão de investimento.

A Estratégia É a Alma do Negócio

Como tudo na vida, para investir e ganhar dinheiro para realizar seus sonhos, é necessário ter estratégia: uma forma de jogar o jogo que tem direção de longo prazo e regras claras e definidas. Isso possibilita antecipar possíveis eventos inesperados que, caso se tornem realidade, vão nos permitir fazer um desvio temporário para, em tempo certo, seguir rumo ao nosso objetivo maior.

Minha formação é em administração, cursei a graduação e o mestrado e, ao longo de décadas, estudo estratégia, como se fosse uma exímia jogadora de xadrez, embora pouco entenda de tão nobre jogo.

Vários estudos mostram, por exemplo, que a alocação estratégica é responsável por mais de 90% da rentabilidade de uma carteira de investimentos. Não é pouco, certo? Por isso, temos que ter todo cuidado ao definir a alocação estratégica de nossa carteira de investimentos.

Alocação estratégica é a divisão de nossos investimentos nas principais classes de ativos, como renda fixa, ações, multimercados e imóveis.

É mais importante definir o percentual do nosso investimento que será dividido entre essas grandes classes do que se vamos comprar ação da empresa A ou da empresa B.

Acontece que, de vez em quando, somos atingidos por um raio e ficamos amargando um gosto muito ruim na boca. Mas é preciso seguir em frente e, com toda a racionalidade que nos for possível, tomar decisões táticas que permitam tirar vantagem temporária desse fato novo de forma que, tão logo alcancemos nosso objetivo ou as coisas voltem ao normal, retornemos à nossa alocação estratégica.

DICA

» Alocação tática — curto prazo, oportunidade temporária.

» Alocação estratégica — longo prazo.

Política de Investimento

Outro fato importante no quesito estratégia é com relação a definições de requisitos básicos que, conjugadas com a estratégia de investimentos, definem a política de investimentos.

Política é um conjunto de regras. Logo, política de investimentos é o conjunto de regras que serão aplicadas ao investimento, de modo que, junto com a estratégia, seja possível atingir os objetivos traçados. Estamos, portanto, falando das diretrizes em relação às estratégias para alocação dos investimentos em um horizonte de longo prazo.

Estamos tratando de uma ferramenta de planejamento de grande valor, que permite que o investidor compreenda melhor as suas necessidades, assim como ajuda o consultor ou gestor na administração dos recursos. Embora não garanta o sucesso dos investimentos, uma política de investimento ajuda a disciplinar o processo de investimento e reduz a possibilidade de tomadas de decisões inapropriadas. Além disso, cria um padrão pelo qual a performance da carteira e o gestor podem ser avaliados.

A política de investimento especifica os tipos de riscos que o investidor deseja assumir e os seus objetivos e restrições de investimento. Assim, todas as decisões de investimento devem ter como base a política de investimento, que deve ser periodicamente revisada e atualizada, uma vez que as necessidades do investidor mudam com o passar do tempo.

Uma política de investimento para um jovem de 25 anos pode ser:

> "O objetivo da carteira é ganhar no longo prazo da taxa de juros brasileira, por meio do investimento em ações de empresas privadas bem administradas que observem os quesitos ESG (socioambiental e de governança corporativa) e que, além de ter demonstrado agregar valor aos acionistas nos últimos cinco anos, tenha perspectiva de crescimento no longo prazo."

Como se vê, a estratégia da carteira está bem definida: 100% em ações, de controle não estatal, que esteja preocupada com questões sociais, de meio ambiente e governança e cujos relatórios financeiros e as estratégias tenham possibilidade de apresentar crescimento no longo prazo. Esse investidor não parece preocupado com o recebimento de dividendos nos próximos exercícios. Ele deseja ganhar no longo prazo. Afinal, é jovem e tem toda uma vida pela frente.

Política de investimento é um tópico fundamental quando se fala de investimentos. Por isso, fica aqui apenas uma introdução ao tema. Mais adiante voltaremos a falar do assunto.

Separando Seu Dinheiro

De modo geral, as pessoas organizam seus armários conforme o tipo de roupa. É comum que todos os vestidos estejam juntos, todas as camisetas em uma mesma gaveta, todas as calças em outro espaço, assim como as roupas íntimas e as meias.

Se separamos nossas roupas e até nossos talheres, é normal que também separemos nosso dinheiro. Organização é fundamental em tudo na vida. Mas como devemos separar o dinheiro? O mais sensato é separar por prazo, ou seja, dividir em valores e atribuir a eles objetivos com prazos de liquidez predefinidos.

Por exemplo, se você tem planos para viajar daqui a um ano e sabe que vai precisar de R$10.000,00 para a viagem, então, esse valor vai entrar no bolo de investimentos que serão resgatados até esse prazo e que, portanto, não têm tempo para correr grandes riscos.

Outra parte do dinheiro pode correr mais risco, pois foi separada para a aposentadoria. Logo, há o planejamento de que não vamos precisar lançar mão desses recursos nos próximos trinta anos.

Mas, como a vida é incerta, temos que separar um pouco para emergências, algo que cubra seis meses de nossos gastos. Nessa grana, "ninguém tasca". É nosso seguro contra incertezas e, portanto, deve ser alocado em investimentos de baixíssimo risco e com alta liquidez, tipo "pediu resgate, caiu na conta".

O restante da sua poupança deve ir para investimentos de risco mediano, de acordo com o seu perfil de investidor. Mas esse é um papo para o Capítulo 21.

PARTE 1 A Engrenagem dos Investimentos

> **NESTE CAPÍTULO**
>
> » Medindo a economia
>
> » Entendendo como a inflação é domada
>
> » Medindo quanto o governo deve
>
> » Calculando nossas transações com o exterior

Capítulo 3

O Economês e os Investimentos

nvestimento e economia são dois temas interligados. Isso porque, no mercado financeiro, você sempre investe em um instrumento financeiro, um título ou um fundo de investimento, que vai desaguar no governo ou em uma empresa, tanto no mercado de renda fixa como no de ações. Se for renda fixa e a empresa for mal, ela pode não ter dinheiro para pagar o combinado com o cliente. Se for ações, ela não pagará dividendos e pode até quebrar, levando seu rico dinheirinho para o lixo.

Ela pode ir mal por diversos motivos, um deles pode ser externo, por exemplo porque o governo tomou decisões erradas e empurrou a empresa para o buraco. Logo, ficar por dentro do que acontece na economia é mandatório para quem deseja investir bem seu dinheiro e prever possíveis riscos.

Então, esteja preparado para ler os jornais e revistas de negócios, assistir aos noticiários da TV sobre economia e, mais do que isso, entender o que você lê e ouve. Este é meu intuito neste capítulo: que você faça pontes entre os números da economia, os negócios e os investimentos.

PIB (Produto Interno Bruto)

Calculado pelo IBGE, o PIB é um indicador de atividade econômica. Trata-se do somatório de tudo que é produzido em uma região em determinado período. Como a população, via de regra, cresce constantemente, o ideal é que o PIB também cresça. Se em termos percentuais o PIB crescer mais que a população, então a região está enriquecendo. Já se a variação do PIB for negativa, então a região e sua população estarão empobrecendo.

Se a população estiver empobrecendo, consumirá menos e, consequentemente, as empresas produzirão menos e demitirão funcionários. Do lado do governo, ele também arrecadará menos impostos e não poderá fazer todos os investimentos necessários para o desenvolvimento da região.

Para compreender melhor como se calcula o PIB, é fundamental entender que existem três sujeitos que fazem a economia girar: as pessoas (que em economês se chama "família"), as empresas e o governo.

O PIB pode ser calculado pelo lado do gasto e pelo lado da renda. Isso porque a economia é circular. Em termos macro, a renda tem que ser igual ao gasto, mesmo que uns sejam endividados e outros, endinheirados. Isso acontece porque a poupança dos que têm mais do que precisam abastece os que estão no vermelho. Além disso, a renda vira consumo e consumo vira lucro, que vira investimento e salário dos funcionários que trabalham na empresa.

O governo pode ajudar o PIB incentivando o consumo das famílias ou o investimento das empresas. Se nenhum dos dois estiver funcionando, ele pode dar uma ajudinha gastando mais. Foi o que fez o governo durante a pandemia do Covid-19, distribuindo dinheiro para os necessitados. Mas, como nem tudo é perfeito, se ele gastar muito, ficará muito endividado, como aconteceu nos anos 2014/2015. Mas esse é um papo para um pouco mais adiante neste capítulo.

Inflação

Inflação é a desvalorização da moeda. É quando em um determinado mês você comprou feijão a R$10,00 o quilo e, no mês seguinte, o mesmo feijão está custando R$12,00. Ou seja, você precisa de mais dinheiro para comprar a mesma mercadoria.

Existem vários índices de inflação. O **IPCA** é o índice oficial, calculado pelo IBGE. Para o cálculo, são pesquisados os preços, no varejo, de uma cesta de produtos muito consumida pelos brasileiros em diversas capitais do país.

Você pode ter certeza de que caviar não faz parte da lista, mas cenoura e transporte público são itens encontrados.

Outro indicador importante é o **IGPM**, calculado pela Fundação Getúlio Vargas (FGV). Sua importância se dá porque é o índice mais utilizado para o reajuste dos aluguéis. A cesta de produtos do IGPM é diferente da do IPCA. O índice da FGV leva em consideração, além da variação dos preços no varejo, a variação dos preços no atacado e na construção civil, com o peso respectivo de 30%, 60% e 10%.

Acompanhar a inflação passada e a expectativa futura é importante para saber se seu investimento está ganhando da inflação. Além disso, uma inflação alta corrói o salário da população, que acabará consumindo menos. O que se vê então é uma economia esmaecida, e, se nada for feito para corrigir a inflação, entra-se em uma bola de neve, como a que o país entrou no final do século passado. Precisou de muito esforço para colocar o país nos trilhos. Mas, felizmente, o tão comentado Plano Real mexeu em questões estruturais da economia e acabou dando certo depois de vários outros planos que fracassaram. Hoje, esse é um problema que parece superado.

Taxa Selic

A taxa Selic é a taxa de juros que o governo paga aos investidores que compram seus títulos. É a taxa básica da economia.

Existe a **taxa Selic média** (ou diária), que é a média das taxas praticadas no sistema Selic do Banco Central para investimento em títulos públicos federais, e a **taxa Selic meta**, que é anunciada ao final da reunião do Copom.

PAPO DE ESPECIALISTA

O Copom (Comitê de Política Monetária) é composto da diretoria do Banco Central e seu presidente. Eles se reúnem oito vezes ao ano em dois dias. No primeiro dia, analisam o cenário econômico brasileiro e mundial e, no segundo, tomam a decisão de manter, baixar ou subir a taxa de juros. A decisão é comunicada no segundo dia, após o fechamento do mercado. A ata da reunião do Copom, que embasa a tomada de decisão, é disponibilizada alguns dias depois, no site do Banco Central do Brasil.

O Brasil trabalha com o regime de metas de inflação. O Conselho Monetário Nacional — que é formado pelo ministro da Economia (ou da Fazenda, depende do governo), pelo presidente do Banco Central e pelo secretário especial da Fazenda do Ministério da Economia (já foi o ministro do Planejamento e Orçamento, em governos anteriores ao do presidente Bolsonaro) — decide a meta de inflação que o Banco Central do Brasil deve perseguir. Essa meta é dada em IPCA. Além da meta-alvo, é também dado um limite de flutuação aceito. Se o IPCA ficar dentro desse limite, o Banco Central terá cumprido sua meta. Caso não cumpra a meta, o Banco Central tem que dar explicações ao Congresso Nacional.

Em outras palavras, cabe ao Bacen, como é carinhosamente chamado o Banco Central, perseguir a meta de inflação, ao que denominamos executar a política monetária.

DICA

Política é um conjunto de regras e a palavra monetária vem de moeda, dinheiro.

Para executar a política monetária e fazer o dinheiro não desvalorizar nem mais nem menos do que a meta que lhe foi passada, o Bacen dispõe de três ferramentas:

1. Comprar e vender títulos públicos: Quando ele vende títulos, recolhe dinheiro dos investidores aos seus cofres. Ao tirar dinheiro de circulação, este passa a valer mais, pois é mais escasso, conforme a lei da oferta e demanda.

2. Conta de reserva bancária: Toda vez que depositamos dinheiro no banco, a instituição financeira é obrigada a separar um pequeno percentual desse valor e depositá-lo na conta que mantém no Banco Central. Essa conta é chamada de *conta de reserva bancária*. Quando o Bacen aumenta a alíquota do que deve ser depositado, está tirando dinheiro da economia e, portanto, tornando-o mais escasso, o que o torna mais valioso.

DICA

Pense no dinheiro como outra mercadoria qualquer. Ouro vale muito porque é um metal escasso. Já mato nasce em qualquer lugar, até onde você não quer. Logo, não vale nada.

3. Taxa de juros: A taxa de juros é um instrumento poderoso, e aqui me refiro à taxa Selic, tópico central deste item do capítulo. Quando o Copom decide elevar a taxa Selic, ele restringe o consumo, porque tanto as empresas pagarão mais caro pelo dinheiro como o consumidor final vai preferir juntar mais dinheiro antes de fazer um empréstimo para comprar o bem. Por sua vez, as empresas também postergarão seus investimentos, dado que o retorno exigido por elas fica mais elevado. Consequentemente, deixando de consumir, a mercadoria encalhará nas prateleiras das empresas. Logo, para dar vazão ao excesso de oferta, as empresas serão obrigadas a reduzir o preço. Já se a taxa de juros cair, as pessoas começarão a consumir porque ficará barato tomar um empréstimo. Se a demanda aumentou sem o aumento da oferta, então o preço deve subir junto.

Dívida Pública

Enquanto escrevo este livro, há várias discussões rolando entre os políticos e na mídia sobre ajuda financeira do governo para salvar a população menos desfavorecida economicamente. Fala-se em distribuir R$400,00 para uma lista de brasileiros mais necessitados. Como tudo na vida, há os que são a favor e os que são contra.

Os que são contra argumentam que o país não tem dinheiro para essa ação humanitária. Os que são a favor dizem que a solução pode ajudar a economia. É o tal gasto público que foi abordado neste capítulo. E agora, o que fazer? Afinal, o governo é quem decide a impressão de dinheiro. Basta "rodar a maquininha" e mandar brasa. Parece bem simples, mas não é.

Rodar a maquininha significa aumentar a liquidez da economia.

LEMBRE-SE

> Liquidez alta da economia = muito dinheiro em circulação = inflação = dinheiro perde valor

Para resolver esse problema, existe outra saída: emitir títulos públicos e vendê-los aos investidores endinheirados. Dessa forma, o governo terá dinheiro para gastar com a ajuda emergencial e investir em hospitais, escolas e tantas outras coisas mais.

Essa solução mágica, entretanto, traz consigo um problema: o aumento do endividamento do governo.

É verdade que há governos muito endividados, como os Estados Unidos e o Japão. Mas esses países são considerados muito sérios pelos investidores, que não acreditam que seus governos darão calote nas dívidas. Logo, seus títulos pagam juros bem baixos.

Já no caso de países como o Brasil, isso não acontece. Há uma desconfiança muito séria de que esses países podem não ter recursos para pagar o que devem e, portanto, os investidores exigem uma taxa de juros mais elevada para comprar seus títulos.

LEMBRE-SE

Risco maior exige rentabilidade maior.

Se o governo tiver que pagar uma taxa de juros muito alta, o dinheiro começa a ficar muito caro, e essa solução passa a ter mais custos do que benefícios para o próprio governo, as famílias e as empresas.

Tomar decisões de finanças públicas não é tarefa fácil. Todo mundo dá palpites, mas, como a grana é curta, se puxar muito o cobertor, o pé acaba ficando de fora. Afinal, o que fazer?

Como tudo no governo, existem regras para administrar também o seu dinheiro. A esse conjunto de regras sobre finanças públicas damos o nome de *política fiscal*. Na teoria, funciona assim:

No segundo semestre do ano zero, o Executivo, com base no seu planejamento, envia para o Congresso o orçamento público — e até para isso há regras. A Constituição Federal determina quanto do PIB projetado para o ano seguinte deve ser alocado para saúde, educação e assim por diante. Sobra uma parte relativamente pequena para o governo remanejar conforme suas políticas públicas, o que é chamado de despesas discricionárias. E tem mais, os gastos orçados precisam ter origem, ou seja, tem que dizer de onde vem o dinheiro para as despesas. Como não há dinheiro para todos os gastos, o Legislativo tem que autorizar a emissão de títulos públicos e o Governo não pode gastar mais do que o autorizado pelo Congresso. Se furar esse teto de gastos, o presidente do país pode ser responsabilizado e sofrer um impeachment. Essa regra de responsabilidade fiscal vale para as três esferas do governo: municipal, estadual e federal.

Se o gasto do governo está atrelado à taxa de juros, então é importante monitorar como ele está gastando, e esse monitoramento se dá por meio dos seguintes indicadores fiscais: **resultado primário** e **resultado nominal**.

Para entender a conta que se faz para encontrar esse resultado, pense em uma pessoa que ganha R$10.000,00 por mês e gasta R$8.000,00 pagando todas as suas contas de moradia, saúde, alimentação, educação e lazer. O resultado primário dessa criatura é positivo em R$2.000,00 (R$10.000,00 — R$8.000,00). Logo, ele tem um superávit primário.

Porém, antes de chegar a esse patamar, ele gastava muito e vivia endividado, ao ponto de fazer uma negociação com o banco e o cartão de crédito. Hoje, ele paga R$3.000,00 por mês de juros ao banco. Esse pobre coitado tem, no final das contas, um déficit nominal de R$1.000,00 (R$2.000,00 de superávit primário — juros de R$3.000,00), tendo que recorrer a outros empréstimos para fechar sua conta. É assim que funciona o nosso governo.

Se você ficou curioso e deseja saber mais sobre a nossa dívida pública, procure no site do Tesouro Nacional, dentro de `www.gov.br`, informações sobre a dívida pública federal. O conteúdo é muito esclarecedor e há uma infinidade de informações e vídeos disponíveis.

Taxa de Câmbio

Taxa de câmbio tem também sua importância no cenário econômico, porque vivemos em um mundo globalizado, em que muitos bens consumidos em um país são fabricados parcial ou completamente em outra região.

Além disso, exportamos muitas mercadorias, e a taxa de câmbio pode favorecer ou não a venda de nossos produtos no exterior.

Suponha que uma empresa brasileira fabrique caneta e que cada caixa com cem canetas custe R$40,00. No momento zero, a taxa de câmbio era de US$1 (um dólar americano) para R$4,00. Logo, o custo para o comprador externo da caneta fabricada no Brasil era US$10,00 por caixa (R$40,00÷R$4,00). Se a taxa de câmbio subir para R$5,00, cada caixa vai custar US$8,00 (R$40,00÷R$5,00). Como se vê, o custo em reais é igual, mas o custo em dólares é menor, o que impulsiona as vendas brasileiras no mercado externo.

Pense agora no inverso. Se a taxa de câmbio cair para R$3,00, a mesma caixa de canetas custará US$13,33 (R$40,00÷R$3,00). Consequentemente, a empresa brasileira terá mais dificuldade de vender seus produtos.

Há também outros problemas envolvendo a taxa de câmbio. Um deles é a importação de bens. Quando o câmbio sobe, a mercadoria importada fica mais cara, podendo trazer reflexos, inclusive, inflacionários.

Mas que fatores influenciam a variação da taxa de câmbio?

Como se sabe, a taxa de câmbio no Brasil é dada pelo mercado. Se tem mais gente querendo comprar do que vender, a taxa de câmbio sobe. Já se mais gente quer vender, a taxa de câmbio cai. Logo, há de se ficar esperto nesses fluxos de moedas estrangeiras, como o Balanço de Pagamentos, por exemplo, nosso próximo tópico.

Balanço de Pagamentos

O Balanço de Pagamentos é o resultado de todas as transações que o país faz com o exterior. Se vendemos em valores monetários mais bens e serviços do que compramos, teremos um saldo positivo na conta Transações Correntes, uma subconta do Balanço de Pagamentos. Já se o fluxo for negativo, haverá mais empresas querendo comprar dólares para pagar as transações do que empresas para vender moeda.

Além das Transações Correntes, há a conta de Capitais, em que as empresas enviam dinheiro para comprar ou montar empresas no Brasil. Quando é para investimento direto na produção, chama-se IED (Investimento Estrangeiro Direto). Os estrangeiros também enviam dinheiro para fazer investimentos no mercado financeiro, como para comprar ações de empresas brasileiras na nossa bolsa de valores. Esses fluxos também são monitorados e merecem atenção.

Quando o saldo do Balanço de Pagamentos é positivo, há aumento das Reservas cambiais brasileiras, o que é bom para o país, que é visto no exterior como um país com recursos para pagar suas dívidas e as negociações lá fora.

Certamente o fluxo do dinheiro entrando e saindo do país não é a única questão a influenciar a taxa de câmbio. Fatores como inflação também contribuem para a desvalorização ou não do real, além de fatores econômicos e até políticos nos demais países de moedas fortes, como Estados Unidos com o dólar e Europa com o euro. Mas é necessário ficar atento; um olho na missa e outro no padre.

NESTE CAPÍTULO

» Entendendo a diferença entre juros e usura

» Calculando a taxa de juros

» Sabendo quando é melhor comprar à vista ou a prazo

» Comparando taxas em períodos diferentes

Capítulo **4**

O Poder dos Juros

É normal ouvir críticas aos banqueiros. Segundo uma parcela significativa da população, os banqueiros são "pessoas do mal" que nos emprestam dinheiro a "juros escorchantes", sem nenhuma pena do pobre cidadão que está buscando ajuda da instituição financeira para satisfazer seus desejos de consumo ou pagar faturas obrigatórias para sua sobrevivência. Na visão dessas pessoas, o simples ato de cobrar juros não passa de usura.

Lembro-me da telenovela *Chocolate com Pimenta*, da TV Globo, que tinha um personagem banqueiro muito sovina, o Conde Klaus Van Burgo. Quando chegava gente na casa dele na hora da refeição, todo mundo tinha que esconder a comida nas gavetas que ficavam embaixo da mesa. Acho que essa é a imagem que fica na mente do ser humano quando se fala em banqueiro. Pitoresco para uma novela leve, mas mito fantasioso na vida real.

Será isso verdade? Venha descobrir comigo o mundo dos juros neste capítulo. A compreensão do valor do dinheiro no tempo e como calcular esse valor devem fazer parte da sua vida daqui por diante. É fundamental para tomar decisões corretas de investimento.

Juros e Usura

Imagine que você ganhou R$1.000.000,00. Você pode investir esse dinheiro ou simplesmente comprar algo que lhe dê prazer no momento. Se colocar no banco, estará postergando a realização de seu desejo, certo? Logo, é justo que seja recompensado por deixar para amanhã o que gostaria de fazer hoje.

Por outro lado, imagine que eu quero comprar uma linda casa hoje, mas não tenho dinheiro. Também é justo que o banco cobre uma compensação por satisfazer meu desejo neste momento.

Chamamos de juros esse valor pago para alguém — ou recebido, dependendo do lado em que está —, a fim de que, mesmo sem dinheiro, seja possível realizar hoje um desejo de consumo. Embora seja justo, muita gente chama o ato de emprestar dinheiro de usura.

Entretanto, juro é diferente de usura, que é o ato de emprestar dinheiro a uma taxa de juros que é considerada excessivamente alta ou superior à taxa permitida por lei.

PAPO DE ESPECIALISTA

Talvez a confusão venha de questões históricas, já que, no final do século XV e início do século XVI, o termo "usura" se referia à cobrança de qualquer quantia de juros sobre empréstimos em dinheiro. Na verdade, ainda hoje em dia, algumas religiões acreditam que a cobrança de juros é pecado.

Pecado ou não, é muito bom ganhar juros. Acredito que muita gente gosta, principalmente quem lê este livro. Por isso estou dedicando esse espaço para ensinar um pouco como se faz as contas de juros.

Existem dois tipos de juros: **simples** e **compostos**. Como o nome já diz, simples é sem complicação. Veja o exemplo a seguir.

Apliquei R$1.000,00 a uma taxa de juros de 4% ao ano. Se for pelo regime de juros simples, quanto terei ao final de três anos?

O primeiro passo de tudo na vida é a organização. Então, vamos organizar os dados:

    Valor Presente = R$1.000,00

    Taxa de juros = 4% a.a.

    Prazo = 3 anos

    Cálculo dos juros anuais = R$1.000,00 x 4% = R$40,00

    Juros em 3 anos = R$40,00 x 3 = R$120,00

    Valor Futuro = R$1.000,00 + R$120,00 = **R$1.120,00**

Acompanhe, a seguir, os cálculos pelo regime de juros compostos.

Antes de começar a calcular, entenda a diferença entre juros simples e compostos. Nos juros simples, como calculado acima, a taxa de juros incide sempre sobre o Valor Presente. Já nos juros compostos, a taxa de juros incide sobre o valor cheio, já adicionado das taxas anteriores.

Organizando os dados mais uma vez:

Valor Presente no ano zero = R$1.000,00

Taxa de juros = 4% a.a.

Prazo = 3 anos

Cálculo dos juros no final do ano 1 = R$1.000,00 x 4% = R$40,00

Valor no final do ano 1 = R$1.000,00 + R$40,00 = R$1.040,00

Valor inicial no ano 2 = R$1.040,00

Cálculo dos juros no final do ano 2 = R$1.040,00 x 4% = R$41,60

Valor no final do ano 2 = R$1.040,00 + R$41,60 = R$1.081,60

Valor inicial no ano 3 = R$1.081,60

Cálculo dos juros no final do ano 3 = R$1.081,60 x 4% = R$43,26

Valor no final do ano 3 = R$1.081,60 + R$43,26 = **R$1.124,86**

Note que o resultado encontrado nos juros compostos (R$1.124,86) foi maior que o dos juros simples (R$1.120,00). Isso acontece porque, nos juros compostos, calculamos os juros do período seguinte com base em um número mais "gordo", já incorporado dos juros anteriores. É o que se chama de "juros sobre juros", que muita gente confunde com usura.

Para quem gosta de matemática, você acaba de aprender — se já não souber — o que de mais importante existe em matemática financeira, as fórmulas de juros simples e compostos:

Juros Simples: **F = P(1+in)**

Juros Compostos: **F = P(1+i)^n**

Em que:

F = Valor Futuro.

P = Valor Presente.

i = taxa de juros.

n = prazo.

DICA

Se você quer aprender tudo sobre cálculo de juros, a série Para Leigos tem um ótimo livro de matemática financeira.

E qual regime de juros é utilizado pelos bancos brasileiros? Juros compostos. Por isso, se você deseja ser um exímio investidor, tenha a fórmula de juros compostos na sua veia, de modo que surja como uma intuição, espontaneamente, toda vez que você pensa em investimento, mesmo que em ações.

CUIDADO

Juros simples são simples e a taxa incide sempre sobre o valor inicial. A relação é linear. Juros compostos são mais sofisticados e a taxa incide sempre sobre o valor já reajustado até o período anterior. A relação é exponencial.

Taxa Real

Ainda com relação a juros, é importante explicar a conta dos títulos que pagam um indexador mais uma taxa de juros, por exemplo, IPCA + 3%; TR + 4% e outros mais. Nesses casos, o indexador serve apenas para corrigir o título. A taxa de x%, chamada de cupom, incidirá sobre o valor corrigido pelo indicador (IPCA, TR ou outro qualquer). Taxa real nada mais é que esse cupom.

Suponha, por exemplo, que um investidor aplicou R$10.000,00 por 1 ano em um título que paga IPCA + 3%. Sabendo que neste período a variação do IPCA foi de 4%, quanto receberá o investidor, antes de descontar o imposto de renda?

Organizando:

    Aplicação = R$10.000,00

    Prazo = 1 ano

    Var. IPCA = 4%

    Cupom = 3%

    Correção do IPCA = R$10.000,00 x 4% = R$400,00

    Valor corrigido pelo IPCA = R$10.000,00 + R$400,00 = R$10.400,00

    Juros recebidos = R$10.400,00 x 3% = R$346,67

    Valor bruto recebido = R$10.400,00 + R$346,67 = **R$10.746,67**

Se você prestar atenção às contas feitas, notará que o valor total dos juros recebidos foi maior do que 7% (4% do IPCA + 3% do cupom). Se fosse uma simples soma da variação do IPCA com o cupom, o investidor teria recebido R$700,00. No entanto, ele recebeu R$746,67 (R$400,00 da variação do IPCA + R$346,67 do cupom).

Para quem gosta de matemática, a taxa de juros final recebida pelo investidor, conhecida como juros nominais, é dada pela seguinte fórmula:

(1 + juros nominais) = (1 + indexador) x (1 + cupom)

DICA

Dá-se o nome de taxa real à taxa do cupom quando o indexador é um índice de inflação.

Taxa nominal é a taxa cheia, que incorpora a inflação mais um cupom.

Agora vamos à prática. Suponha que o gerente do banco lhe apresentou duas sugestões de investimento: aplicar seus R$10.000,00 por 1 ano à taxa de 5% ao ano ou à IGPM + 2. Por qual decidir?

Para responder a essa pergunta, você terá que entender o mínimo de economia para tirar suas próprias conclusões sobre os rumos da inflação e da taxa Selic, aquela que você aprendeu no capítulo anterior, a base de tudo.

Se você não tem ideia das previsões de juros, pode "consultar os universitários". Lá no site do Banco Central tem uma cola bem legal. Estou falando do Relatório Focus, divulgado toda segunda-feira, que traz a previsão do mercado sobre os principais indicadores econômicos.

Imagine que você não tem noção da previsão e viu que, para os próximos 12 meses, a projeção do mercado para o IGPM é 3,5%. Agora você tem todos os dados que precisa para tomar sua decisão.

Organizando:

Projeção mercado: IGPM = 3,5% = 0,035

Cupom = 2% = 0,02

Decidir sobre 5% (juros nominais) ou IGPM+2 (cupom)

Cálculo: (1 + juros nominais) = (1 + IGPM) x (1 + cupom)

(1 + juros nominais) = (1 + 0,035) x (1 + 0,02)

1 + juros nominais = 1,035 x 1,02 = 1,0557

Juros nominais = 1,0557 – 1 = 0,0557 = **5,57%**

Conclusão: Se você acredita que o IGPM será 3,5%, a melhor opção será aplicar em IGPM + 2, que renderá 5,57%, contra a outra opção de 5%, que tem menor rendimento esperado.

Compra à Vista ou a Prazo

Uma dúvida muito comum e de fácil resolução matemática é se o pagamento de algo deve ser feito à vista com desconto ou a prazo. Para melhor explicar essa dúvida, vou dar um exemplo real do pagamento do IPTU do meu apartamento.

CAPÍTULO 4 **O Poder dos Juros**   33

A prefeitura me enviou a seguinte opção: pagar em dez prestações de R$98,32 ou à vista com 3% de desconto.

A primeira pergunta que devo me fazer é se tenho dinheiro para pagar à vista. Se não tiver, nem preciso fazer conta, certo? Mas, supondo que tenha esse dinheiro no banco e que ele esteja sendo remunerado a 3,1% ao ano, será que vale a pena me descapitalizar e pagar à vista? Serão os juros do banco realmente maiores que o desconto concedido pela prefeitura?

Como você já sabe, vamos começar organizando os dados.

Prestação = PMT = R$98,32

Número de prestações = n = 10

Valor do IPTU = 10 x R$98,32 = R$983,20

Desconto: 3% x R$983,20 = R$29,50

Valor à vista = Valor Presente = PV

PV = R$983,20 — R$29,50 = R$953,70

Como um bom desenho sempre ajuda o entendimento, lá vai:

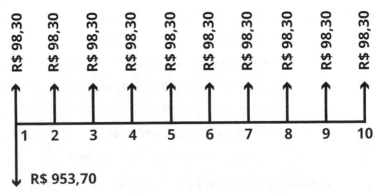

FIGURA 4-1: Fluxo de caixa do IPTU em estudo.

Se tiver uma calculadora financeira, tipo a HP12C, terá uma grande ajuda. Neste caso, você começará limpando os registros e, depois, entrará com os dados anteriores, na seguinte ordem:

[g][BEG] 953,70[CHS][PV] 98,30[PMT] 10[n]

Você apertou o [g][BEG] porque a primeira parcela será paga no mesmo dia em que pagaria o valor à vista.

Por fim, apertará [i], taxa de juros, pois o que quer saber é qual a taxa de juros que a prefeitura está cobrando, já que você tem a possibilidade de pagar à vista por R$953,70.

Como em um passe de mágica, aparecerá no visor da calculadora o número 0,68354, que significa uma taxa de 0,68% ao mês.

Se não tiver uma calculadora financeira, poderá fazer essa conta em uma planilha eletrônica. Usei o Excel e inseri a função financeira TAXA, conforme a Figura 4-2, encontrando o mesmo resultado: 0,68% ao mês.

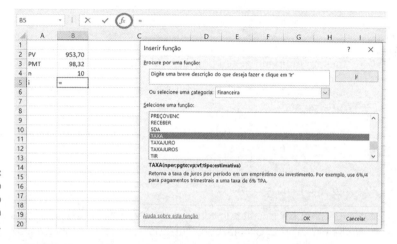

FIGURA 4-2: Inserindo função financeira TAXA.

A Figura 4-3 mostra a inserção dos argumentos da função. Note que o Valor Presente é inserido como negativo (-B2). Note que esse pagamento tem a linha para baixo. Trata-se de uma convenção.

FIGURA 4-3: Inserindo os argumentos na função.

Mas nem tudo está resolvido, porque você agora tem uma taxa ao mês (a da prefeitura: 0,68%) e seu dinheiro está aplicado em uma taxa anual de 3,1%. Será que 0,68% ao mês é maior ou menor que 3,1% ao ano? Esse tema de equivalência de taxas de juros será abordado no item seguinte.

CAPÍTULO 4 **O Poder dos Juros**

Comparando Taxas em Períodos Diferentes

Como visto no item anterior, a taxa mensal cobrada pela prefeitura é de 0,68% e o seu dinheiro está aplicado a 3,1% anual. A dúvida continua. O que será melhor, pagar à vista com desconto ou parcelado em dez vezes? Para responder a essa pergunta, é necessário encontrar a taxa equivalente.

DICA

Duas taxas são equivalentes quando aplicadas ao mesmo capital e pelo mesmo intervalo de tempo, e produzem o mesmo juro ou montante.

Então, mãos à obra. Será que 0,68% ao mês é igual, maior ou menor que 3,1% ao ano?

A conta não é complicada, embora pareça. Basta usar a referência a seguir:

$(1 + \text{taxa mês})^{12} = (1 + \text{taxa ano})$

Porque 1 ano = 12 meses

Se eu quiser calcular ao contrário, ou seja, achar a taxa ao mês equivalente à taxa ao ano, basta fazer o contrário da função exponenciação, que é a raiz 12, que pode ser escrita de duas maneiras: $\sqrt[12]{x}$ ou $x^{1/12}$. Logo:

$(1 + \text{taxa mês}) = (1 + \textit{taxa ano})^{1/12}$

Agora que sabemos como calcular, o próximo passo é organizar os dados.

Custo = taxa prefeitura = 0,68% ao mês

Ganho = taxa aplicação = 3,1% ao ano

Como $(1 + \text{taxa mês})^{12} = (1 + \text{taxa ano})$

$(1 + 0,0068)^{12} = (1 + \text{taxa ano})$

1,0847 = 1 + taxa ano

Taxa ano = 1,0847 - 1 = 0,0847 = 8,47%

Matando a curiosidade e fazendo a conta ao contrário:

$(1 + \text{taxa mês}) = (1 + 0,031)^{1/12}$

1 + taxa mês = 1,0025

Taxa mês = 1,0025 — 1 = 0,0025 = 0,25%

Conclusão: 8,47% ao ano é maior do que 3,1% ao ano e 0,25% ao mês é menor do que 0,68% ao mês. Traduzindo, a taxa que eu recebo no banco ao ano é menor que a taxa que a prefeitura me cobra se eu pagar meu IPTU parcelado. Logo, é melhor pagar à vista.

> **NESTE CAPÍTULO**
>
> » Decidindo a melhor instituição para fazer investimentos
>
> » Conhecendo a diferença entre as instituições
>
> » Respondendo à pergunta se é melhor uma instituição digital ou tradicional

Capítulo **5**

Escolhendo uma Instituição Financeira

FIGURA 5-1: Diálogo entre neto e avô.

Quer saber o que é melhor para você? Vire a página e descubra respostas para essa pergunta.

CAPÍTULO 5 **Escolhendo uma Instituição Financeira** 37

Banco Tradicional

Quando abri minha primeira conta bancária, nos idos de 1978, o fiz em um grande banco. Até hoje me lembro da emoção de quando recebi meu primeiro talão de cheques, essa coisa ultrapassada.

Naquela época, não havia muitas escolhas, mas, hoje em dia, é uma profusão de instituições financeiras. É fácil ficar confuso. Resolvi, então, começar falando das vantagens e desvantagens de ter uma conta em um banco tradicional.

O bom de ter uma conta em um banco grande, de varejo, é a quantidade de serviços que eles prestam. Neles é possível saber até se já pagamos IPVA e licenciamento do carro. Além disso, podemos aplicar em previdência privada, comprar seguro, fazer empréstimos, investir nossas economias, pegar financiamento para compra de carro e de imóvel, além de comprar dólares para viajar e até trocar milhas em passagens aéreas. É muito prático.

O que me pergunto sempre é se é a melhor opção. Afinal, quem lida com tudo não pode ser especialista em tudo. E ser grande não quer dizer que é melhor ou mais seguro.

Por falar em segurança, os bancos têm um "seguro" chamado **Fundo Garantidor de Crédito (FGC)**, que garante até R$250.000,00 por depositante ou aplicador, limitado ao saldo existente (valor válido em fevereiro de 2022). Nas contas conjuntas, o valor da garantia é dividido em partes iguais pelo número de titulares da conta. Essa regra é válida independentemente da relação entre os titulares.

O FGC é uma entidade privada sem fins lucrativos, e você aprenderá mais sobre ele no Capítulo 7, que se dedica aos produtos de renda fixa. Por enquanto, basta saber que um percentual bem pequeno do nosso dinheiro que está no banco em conta-corrente, caderneta de poupança, CDB, LCI, LCA e alguns outros produtos tem que ser depositado pelo banco no FGC. Se o banco quebrar, quem tem dinheiro nesses produtos recebe até o valor da garantia em um prazo bem rápido. É um alívio para os pequenos investidores. Mas atenção! Fundos de investimento não contam com a garantia do FGC. No Capítulo 9 você entenderá melhor por que esse produto não é coberto por essa garantia.

Banco de Investimento

Dedico aqui um item para os bancos de investimento. Talvez você esteja lendo este livro para aprender somente sobre investimento e já tenha uma conta bancária. Portanto, seria uma dúvida pertinente questionar se não deveria ser o caso de você abrir uma conta em um banco de investimento, em vez de um banco comercial.

O banco de investimento, como o próprio nome já diz, é uma instituição financeira semelhante ao banco comercial, só que não tem agência e é voltado para prestar serviço para empresas, como organizar um I.P.O., fazer emissão de debêntures ou alguma operação estruturada. Esse tipo de instituição é especializada em operações de participação societária de caráter temporário, de financiamento da atividade produtiva tanto para capital de giro como fixo e pode administrar recursos. No caso da pessoa física, seu foco são os endinheirados.

DICA

Um I.P.O. acontece quando a empresa estreia na bolsa.

Eles não oferecem conta-corrente, como o banco comercial. Se você comprar um CDB de um banco de investimento e depois resgatar para aplicar em um fundo de investimento uns dois dias depois, por exemplo, terá que enviar seu dinheiro para uma conta-corrente em outro banco para depois retorná-lo para o banco de investimento. O dinheiro não pode ficar dormindo na sua conta do banco de investimento enquanto espera o próximo investimento.

Banco Digital

O banco digital é, hoje, uma realidade. Nele você pode abrir sua conta e fazer todas as transações pela internet, sem precisar se deslocar até uma agência bancária. Tudo, desde a abertura de conta até o atendimento, é feito de forma virtual, com utilização de aplicativo.

São instituições bancárias reguladas pelo Banco Central do Brasil. As contas bancárias abertas em um banco digital são também protegidas pelo Fundo Garantidor de Crédito (FGC). A grande diferença dos bancos convencionais é que os bancos digitais não têm agências físicas.

Com receio da concorrência, muitos bancos tradicionais estão oferecendo contas digitais, que são muito práticas, mas, no fundo, a instituição continua sendo tradicional, com tarifas caras e a exigência de que muitas transações sejam feitas apenas nas agências.

Há bancos que se dizem digitais, mas para fazer investimentos é necessário ter um assessor que o oriente. Essa não é a ideia de um banco digital. Eles vendem "gato por lebre".

É importante conferir se a instituição tem uma licença completa do Banco Central. Caso não tenha, não terá a garantia do FGC. Como exemplos de bancos digitais, pode-se citar o AgiBank, Banco Inter, Banco PAN, Banco Original, C6 Bank, Neon e Nubank. Como este é um mercado em ascensão, a qualquer momento podem surgir novos bancos digitais. Tendo em vista que essa modalidade é relativamente nova, vale a pena pegar referência com alguém que tenha conta no banco antes de abrir sua conta.

Se não quer pagar tarifas, este é o modelo ideal para você; mas, antes de abrir a conta, confira que serviços o banco oferece, por exemplo, quantidade de saques por mês, possibilidade de pagamento de contas e serviço de câmbio.

DICA

No site vidacigana.com, na parte "melhores bancos digitais", você encontra uma lista de bancos digitais e as vantagens e desvantagens de cada um.

Corretora

A corretora é uma instituição fiscalizada pelo Banco Central e pela CVM. Atua nos mercados financeiro e de capitais e no mercado cambial, intermediando investidores que desejam comprar e vender títulos e valores mobiliários.

Mas o que são títulos e valores mobiliários?

Segundo a CVM, são "quaisquer títulos ou contratos de investimento coletivo que gerem direito de participação, de parceria ou remuneração, inclusive resultante da prestação de serviços, cujos rendimentos advêm do esforço do empreendedor ou de terceiros".

Por achar que essa definição complicou mais do que esclareceu, vou tentar destrinchar um pouco. Em regras gerais, se não for título da dívida pública federal, estadual ou municipal, CDB, LCI, LCA, caderneta de poupança, títulos cambiais de responsabilidade de instituição financeira e outros títulos de emissão de bancos, praticamente todo o restante é valor mobiliário.

Exemplo de valores mobiliários: ações, debêntures, bônus de subscrição, BDR, cotas de fundos de investimento, ETF, opções, contratos futuros, derivativos, CRI e CRA. Um montão de investimentos, certo? E todos eles ficam na aba da fiscalização da CVM.

Se as corretoras estão fazendo o meio de campo entre os investidores no mundo dos valores mobiliários, então, para fazer o serviço bem feito, elas oferecem os seguintes serviços, entre outros:

» Plataformas de investimento pela internet (*home broker*), que permitem que o cliente negocie em bolsa sem falar com um corretor.

» Consultoria financeira.

» Preparação de relatórios sobre as empresas negociadas em bolsa.

» Montagem e gestão de clubes de investimentos.

» Gestão de fundos de investimento.

» Financiamento para compra de ações (conta margem).

» Administração e custódia de títulos e valores mobiliários dos clientes.

É importante comentar que ter conta em uma corretora não significa ter uma conta-corrente, como a que temos no banco. Na corretora não se paga boleto e o dinheiro parado na conta não rende juros, a menos que você mande aplicar o dinheiro. É apenas uma conta de registro. O dinheiro fica quieto lá para pagar as liquidações dos investimentos.

Se você deseja operar ações, precisará ter uma conta em uma corretora. Mas como escolher uma corretora? Além disso, será seguro deixar as suas ações custodiadas na corretora?

Para começar a responder a tantas perguntas possíveis nesse campo, é importante dizer que as ações que você tem nas corretoras — que podem ser de instituições que fazem parte de um grande conglomerado financeiro, como o Itaú, Banco do Brasil, Bradesco ou Santander — não contam com a garantia do FGC. Até aí, tudo bem. Ações são pequenos pedaços que representam a propriedade de uma empresa. Mas, se a corretora quebrar, o que acontece com as ações sob sua custódia?

Por serem fiscalizadas pelo Banco Central do Brasil e CVM, as corretoras têm que seguir muitas regras e, caso o BC ou a CVM note algo que possa ameaçar os investidores, eles atuam imediatamente, de forma a garantir as operações dos clientes. Além disso, a bolsa é que faz, no frigir dos ovos, a custódia das operações em bolsa, inclusive do Tesouro Direto. Logo, não é fácil para uma corretora passar a mão nas ações dos investidores, que estão custodiadas embaixo do guarda-chuva dela, lá na B3. Isso traz um alívio muito grande para o investidor.

Talvez você já tenha ouvido falar que é a CBLC quem faz o serviço de custódia e liquidação da bolsa. Na verdade, a CBLC não existe mais formalmente, tendo sido incorporada, em 2008, pela antiga BM&FBOVESPA (atual B3). Mas o mercado ainda cita seu nome até hoje. O serviço por ela prestado é

CAPÍTULO 5 **Escolhendo uma Instituição Financeira** 41

deveras importante, porque, além de tudo, administra riscos tanto operacionais quanto financeiros.

Para saber se alguma corretora presta um bom serviço, vale a pena checar na CVM se tem alguma reclamação com relação à instituição e trocar uma ideia com os conhecidos que fazem negócios com ela.

Para um investidor novato no mercado, é bom saber se a corretora dá alguma assessoria para investir. Além disso, vale a pena checar os custos da corretora. Pode ter grande diferença entre uma e outra e os diferentes tipos de serviços prestados, mesmo dentro de uma mesma instituição. Via de regra, quanto mais autônomo for seu atendimento, menor a taxa cobrada.

Fintech

Fintech não é um banco, embora seja autorizada a funcionar pelo Banco Central do Brasil. Seu objeto, segundo o próprio Banco Central, é introduzir inovações nos mercados financeiros usando intensivamente a tecnologia, podendo criar novos modelos de negócios.

Sabe aqueles nerds que ficam por aí tendo ideias de como utilizar a tecnologia para ganhar dinheiro usando a grana dos outros? Isso é uma fintech. Só que, como faz parte do sistema financeiro, tem que seguir uma série de regras.

Existem fintechs de crédito, de pagamento, gestão financeira, empréstimo, investimento, financiamento, seguro, negociação de dívidas, câmbio e multisserviços. Não tem banco nessa lista. No Brasil existem dois tipos de fintechs de crédito autorizadas até agora: a Sociedade de Empréstimo entre Pessoas (SEP) e a Sociedade de Crédito Direto (SCD).

Elas fazem coisas muito legais utilizando a tecnologia para descobrir se as pessoas são merecedoras de crédito. As SEP, por exemplo, fazem operações de intermediação entre quem tem dinheiro e quer emprestar e quem quer dinheiro emprestado, ganhando uma taxa por essa intermediação conhecida no mercado como *peer-to-peer lending* (empréstimo entre pessoas). Já para montar uma SCD, é necessário ter recursos próprios.

Não há como negar que a inovação inerente às fintechs aumenta a eficiência e a concorrência no mercado de crédito, traz rapidez e celeridade nas transações, diminui a burocracia no acesso ao crédito e cria condições para redução do custo do crédito.

Porém, como já mencionado, fintech não é banco e, para as operações do dia a dia, será necessário ter uma conta-corrente em um banco, seja digital, seja convencional.

42   PARTE 1 **A Engrenagem dos Investimentos**

2
Conhecendo os Produtos de Investimento Financeiro

NESTA PARTE...

Entenda como funcionam os mercados acionário, de renda fixa e de derivativos.

Compreenda a indústria de fundos de investimento.

Aprenda a investir no mercado de criptomoedas.

Saiba como se tornar um(a) investidor(a) globalizado(a).

Descubra como planejar a sua aposentadoria.

NESTE CAPÍTULO

» **Conhecendo o funcionamento do mercado acionário**

» **Aprendendo como negociar uma ação**

» **Ficando por dentro do vocabulário de um acionista**

» **Entendendo o sobe e desce da bolsa**

Capítulo **6**

Como Funciona o Mercado Acionário

Hora de começar a falar dos investimentos de verdade. Preparado? Então, venha navegar no mundo da bolsa de valores, aquele lugar mágico, cheio de gráficos e números, alguns verdes (quando o preço das ações sobe) e outros vermelhos (quando é hora de chorar ou de aproveitar a oportunidade de compra). Afinal, como tudo na vida, há sempre dois pontos de vista diferentes para um mesmo evento.

O que É uma Ação

Uma ação é a menor parte da propriedade de uma empresa. Logo, quando você tem ação da Vale, você é um dos proprietários da Vale. Tudo bem, pode ser de um pedaço bem pequenininho, mas é. A diferença de ter uma pequena quantidade de ações da Vale ou ser dono de uma padaria é, antes de tudo, que o dono da padaria manda no negócio e define seus rumos sem dar satisfação a ninguém. Já o pequeno acionista de uma empresa que tem ações negociadas na bolsa não tem poder de mando total. Em compensação, quando essa empresa precisa de dinheiro para fazer um investimento, ela pode emitir novas ações e colocá-las à venda no mercado. Já o dono da padaria terá que fazer das tripas coração e se virar em dinheiro.

Tudo começa com um empreendedor. Imagine que você e um amigo abrem uma loja de roupas esportivas. Como vocês são muito bons de negócio, vocês crescem e, após sete anos, já têm quarenta lojas pelo país e vendem horrores pela internet. Como bons empresários que são, vislumbram uma oportunidade de negócio no exterior. Porém, para fechar esse negócio, precisam de R$750.000.000,00. Catando daqui e dali vocês conseguem reunir o seguinte:

» Recursos pessoais (seu e do seu amigo): R$ 50.000.000,00.
» Empréstimo: R$ 200.000.000,00.

Nitidamente estão faltando recursos para fechar o grande negócio, que vai tornar a empresa a "número um" do segmento. Como conseguir mais dinheiro?

Consultando a instituição financeira em que a empresa tem bom relacionamento, é sugerido abrir o capital da empresa, o que significa ter os títulos da empresa negociados publicamente, para quem quiser comprar. Pode até colocar no jornal que está emitindo títulos. Vocês decidem, então, se tornar empresários modernos e ter as ações da sua empresa negociadas na bolsa.

Chega então o grande dia em que o acontecerá o I.P.O. da empresa.

LEMBRE-SE

I.P.O. = *Initial Public Offering*, do inglês = Oferta Pública Inicial, quando a empresa faz a primeira emissão pública de um título, o que acontece, via de regra, na bolsa, com toda pompa e circunstância que a ocasião merece, com direito a chuva de papel picado e champanhe.

A partir de então, a empresa muda de patamar. No seu caso, como a empresa precisava de dinheiro, foi feita uma **oferta primária** de ações, o que significa que a empresa emitiu novas ações e foi capitalizada. Em outras palavras, o dinheiro proveniente da venda das novas ações foi para o caixa da empresa. Agora ela tem recursos para fazer a expansão.

Existem, também, as **ofertas secundárias**. Neste caso, estamos falando de acionistas que vendem parte ou a totalidade de suas ações. Um exemplo pode ser a privatização de empresas. Imagine que o governo esteja precisando de dinheiro e decida vender uma grande parte das ações de uma companhia. Ele, então, vende essas ações em uma Oferta Pública de Ações (OPA) para terceiros. A empresa não é capitalizada, e quem "fica rico" é o governo.

O que É a Bolsa de Valores

A bolsa de valores é um ambiente de negociação, totalmente eletrônico hoje em dia, o que traz mais segurança às operações. Trata-se de um grande sistema supervisionado pela CVM, permitindo que os investidores, por meio de suas corretoras, comprem e vendam títulos e valores mobiliários.

A bolsa brasileira se chama B3 (Brasil, Bolsa, Balcão). Já se chamou BOVESPA e depois BM&FBOVESPA, mas, após a fusão com a CETIP, uma empresa de balcão focada em negociação e liquidação de renda fixa, mudou o nome para o atual B3.

DICA

Tudo que não é negociado em bolsa é negociado em balcão, um ambiente menos rígido que o da bolsa.

Negociam-se em balcão os títulos e valores mobiliários que não têm autorização para ser negociados em bolsa. Logo, há mais flexibilidade de registro e negociação que em uma bolsa. Isso não quer dizer que os negócios feitos em balcão sejam uma bagunça. Aliás, eles podem ser organizados ou não. Ser organizado significa que tem um lugar físico ou eletrônico para negociação, registro das operações e que é administrado por entidade autorizada pela CVM.

Ficou confuso? Vou tentar esclarecer.

Voltando à nossa B3, um dos seus pilares é o processo de formação de preços dos ativos ali negociados, que deve ser transparente e atraente. Para que isso se torne realidade, a bolsa tem que ter **práticas equitativas de mercado**, segundo as quais todos os que compram e vendem ações na bolsa tenham o mesmo tratamento, obedeça aos mesmos procedimentos e tenham idêntico acesso à informação. Essa é uma grande diferença entre bolsa e balcão. As regras de uma bolsa são muito rígidas e os ativos ali negociados têm código.

A nossa B3 se define como "uma companhia de infraestrutura de mercado financeiro de classe mundial que oferece, [entre outros], serviços de negociação (bolsa), pós-negociação (*clearing*) e registro de operações de balcão. (...) É a maior depositária de títulos de renda fixa da América Latina e a maior câmara de ativos privados do país". Não sou eu que estou falando isso, é a própria B3.

A B3 faz outro serviço muito relevante ao mercado: ela calcula vários índices, entre eles o famoso Ibovespa, aquele que é anunciado na televisão e que informa quanto a bolsa subiu ou caiu. Falaremos dele mais adiante neste capítulo.

Como Se Ganha Dinheiro com Ações

Você pode ganhar dinheiro de várias maneiras com ações:

1. Porque o preço da ação subiu: ao que se dá o nome de ganho de capital.

2. Recebimento de dividendos: que é uma forma de distribuir os lucros da companhia.

3. Recebimento de juros sobre capital próprio: um rendimento que parece dividendos.

4. Venda de direito de subscrição: que acontece quando você desiste de subscrever às novas ações a que tem direito e vende esse direito a um terceiro.

5. Aluguel de ações: parecido com emprestar dinheiro.

6. Bonificação: os famosos "filhotes".

Para que você compreenda melhor, vamos para o mundo do faz de contas. Digamos que você comprou 2 mil ações da Vale (VALE3) em 11/05/2020 por R$48,27. Um ano já se passou e você decidiu se desfazer do investimento. No momento, não será levado em consideração nenhum custo de transação, ok? Vamos deixar esse negócio de despesas mais para frente. Vejamos, então, quanto você teria ganhado na hipótese de vender suas ações por R$116,85, o preço médio no dia 11/05/2021. Logo, algo totalmente realista. Quero deixar claro que não estou inventando números!

FIGURA 6-1: Variação de preço das ações VALE3 entre 11/05/2020 e 11/05/2021.

Fonte dos dados: http://www.vale.com/brasil/PT/investors/equity-debt/stock-price/Paginas/default.aspx

Cálculo do ganho com a compra das 2 mil ações de VALE3 no período:

TABELA 6-1 ## Cálculo do Ganho Total com a Compra de VALE3

Descrição	R$
Investimento (a)	96.100,00
Venda (b)	233.700,00
Ganho de capital (c=b-a)	137.600,00

Outros rendimentos	R$	Rendimento	Cálculo
Dividendos recebidos (d)	9.671,82	10,1%	(d)/(a)
JCP* recebidos (e)	3.665,47	3,8%	(e)/(a)
Bonificação	-		
Venda de subscrição	-		
Aluguel ações** (aproximado) (f)	706,28	0,7%	(f)/(a)
Total outros rendimentos (g)	14.043,57	14,6%	
Total dos rendimentos (h=c+g)	**151.643,57**	157,8%	(g)/(a)

Notas: * JCP (Juros sobre Capital Próprio)
** Pressupõe que o investidor colocou suas ações para alugar nesse período.
A operação aluguel de ações será explicada em item próprio, ainda neste capítulo.

Como termo de comparação, imagine que você tivesse aplicado em renda fixa e pelo mesmo período, a uma taxa de 100% do CDI. Seu retorno teria sido 2,14%. Em termos de grana e tendo por base o mesmo valor investido, teria sido assim, conforme Tabela 6-2:

TABELA 6-2 ## Comparação entre Investimento em VALE3 e 100% CDI

Ativo	Investimento	Rendimento		Resgate bruto*
Renda fixa	R$ 96.100,00	2,14%	R$ 2.056,54	R$ 98.156,54
VALE3	R$ 96.100,00	157,80%	R$ 151.645,80	R$ 247.745,80
			Diferença	R$ 149.589,26

Nota: * Sem descontar o imposto de renda nem custos de transação.

Como se vê, a diferença no ganho bruto (sem descontar imposto de renda) entre uma aplicação e outra é da ordem de R$ 149.589,26. Mas lembre-se sempre de que nem todas as ações performaram bem como a Vale. Algumas perderam valor e deixaram um gosto amargo na boca. Mas pode ser que tenham pagado dividendos e JCP e que você as tenha alugado. Já melhora um pouco.

Tipos de Ações

Existem dois tipos de ações: ordinárias e preferenciais. As ações ordinárias dão direito a voto, ou seja, no caso de Assembleia de Acionistas, o detentor dessas ações tem direito a votar. Elas são representadas pelo número 3 na B3, assim como a VALE3 (Vale ON), mencionada no item anterior.

Já o número que representa as ações preferenciais na B3 é o 4 ou 5. Como exemplo temos PETR4 (Petrobras PN).

Pausa para explicação do significado de PN e ON

>> PN = Preferencial Nominativa

>> ON = Ordinária Nominativa

DICA

Todas as ações no Brasil são nominativas, o que significa que têm um dono conhecido. Não existem ações ao portador desde as priscas eras do governo Collor.

As ações preferenciais não dão direito a voto, mas o acionista preferencial tem prioridade em algumas situações, conforme dita a Lei das Sociedades Anônimas, e que podem consistir em:

>> Prioridade na distribuição de dividendo, fixo ou mínimo.

>> Prioridade no reembolso do capital, com prêmio ou sem ele, no caso de falência ou liquidação da companhia.

Alguns desejam ter direito a votar, principalmente os que têm uma participação expressiva no capital da companhia. Já os pequenos acionistas preferem, muitas vezes, ter outros direitos, daí escolherem as preferenciais. Uma vantagem muito interessante das PN é o direito ao recebimento de dividendo pelo menos 10% maior do que o atribuído a cada ON.

No final das contas, o preço das ações preferenciais de uma mesma empresa costuma ser mais alto que o da ação ordinária. E, se é muito procurada no mercado, tais ações acabam tendo mais liquidez que as ordinárias.

A lei não permite que as empresas tenham somente ações preferenciais. Atualmente, para cada emissão de uma PN, a empresa é obrigada a emitir uma ON.

Por fim, os acionistas preferenciais só podem vir a ter direito de voto caso a empresa não pague proventos por mais de três anos.

O Sobe e Desce da Bolsa

É comum ouvirmos falar que a bolsa subiu ou caiu. O que significa esse movimento e como calculamos essa variação percentual?

Primeiro é preciso entender o que é o Ibovespa, o principal índice da bolsa brasileira. Ele tenta representar, da melhor forma possível, o movimento das ações mais negociadas no mercado, correspondendo a cerca de 80% do número de negócios e do volume financeiro da nossa bolsa.

É composto de ações e Units de ações que estejam entre os ativos que representem, em ordem decrescente do chamado Índice de Negociabilidade, pelo menos 95% de presença em pregão e 0,1% do volume financeiro no mercado à vista. Logo, quanto mais negociada, maior o seu peso no índice. É importante acrescentar que, como tudo na vida, a negociabilidade de uma ação pode variar ao longo do tempo. Logo, a carteira que compõe o Ibovespa é rebalanceada a cada quatro meses (1ª segunda-feira de janeiro, maio e setembro).

PAPO DE ESPECIALISTA

Units são ativos compostos de mais de uma classe de valores mobiliários. No caso de Units de ações, referem-se a um conjunto que mistura uma quantidade de ações ordinárias e preferenciais. A decisão de emitir Units decorre de estratégias ou restrições societárias da companhia. No site da B3 você pode conhecer a composição das Units.

Em 25/02/2022, o Ibovespa era composto de 84 ativos. Conheça o peso de 30 deles no índice na Tabela 6-3.

TABELA 6-3 Composição do Ibovespa — Ativos Selecionados — Carteira Janeiro a Abril 2022

Código	Ação	Tipo	Quantidade teórica	Part. (%)
VALE3	VALE	ON NM	3.843.570.705	16,463
ITUB4	ITAUUNIBANCO	PN EJ N1	4.780.002.924	5,648
PETR4	PETROBRAS	PN N2	4.566.442.248	7,206

(continua)

(continuação)

Código	Ação	Tipo	Quantidade teórica	Part. (%)
BBDC4	BRADESCO	PN N1	4.691.427.537	4,431
B3SA3	B3	ON NM	6.065.856.318	4,105
PETR3	PETROBRAS	ON N2	2.703.343.822	4,564
ABEV3	AMBEV S/A	ON	59.908.680	3,076
MGLU3	MAGAZ LUIZA	ON NM	2.896.234.638	0,808
NTCO3	GRUPO NATURA	ON NM	844.296.775	0,907
BBAS3	BRASIL	ON NM	1.420.530.937	2,322
JBSS3	JBS	ON NM	1.290.736.673	2,150
LREN3	LOJAS RENNER	ON NM	979.060.006	1,151
RENT3	LOCALIZA	ON NM	593.944.309	1,586
GGBR4	GERDAU	PN N1	1.097.534.498	1,297
CSNA3	SID NACIONAL	ON	642.398.790	0,748
VVBR3	VIBRA	ON NM	1.131.883.365	1,239
RADL3	RAIADROGASIL	ON NM	1.071.076.905	1,161
BBDC3	BRADESCO	ON N1	1.378.842.305	1,092
VIVT3	TELEF BRASIL	ON EJ	433.476.952	1,008
AMER3	AMERICANAS	ON NM	571.352.399	0,809
ELET3	ELETROBRAS	ON N1	358.028.908	0,578
BRKM5	BRASKEM	PNA N1	264.642.296	0,586
EMBR3	EMBRAER	ON NM	734.558.205	0,600
ELET6	ELETROBRAS	PNB N1	242.987.127	0,388
SULA11	SUL AMERICA	UNT N2	284.771.028	0,465
PCAR3	PÃO DE AÇÚCAR - CBD	ON NM	156.946.474	0,170
CIEL3	CIELO	ON NM	1.144.359.228	0,137
ECOR3	ECORODOVIAS	ON NM	339.237.914	0,102
OUTROS ATIVOS			50.854.941.900	35,530
Quantidade teórica total			**95.442.393.866**	**100,000**

Fonte: http://www.b3.com.br/pt_br/market-data-e-indices/indices/indices-amplos/indice-ibovespa-ibovespa-composicao-da-carteira.htm

Nota importante: *a seleção não se trata de recomendação de compra ou venda. Foram selecionados os dez primeiros em termos de peso no índice e os demais por serem marcas bem divulgadas na mídia.*

Se você prestou atenção ao quadro com a composição do Ibovespa, pode ter algumas dúvidas:

FIGURA 6-2: Dúvidas sobre Ibovespa e tipo de ação.

Para ilustrar o que a professora acaba de ensinar, tomemos como exemplo VALE3 e ITUB4:

TABELA 6-4 Participação de VALE3 e ITUB4 no Ibovespa

Código	Participação (%)	Quantidade Teórica	Preço — R$ 19/05/21	Qtde x Preço — R$
VALE3	12,634	2.456.887.211	110,71	272.001.983.130
ITUB4	6,19	4.770.095.054	28,95	138.094.251.813

Como se vê na Tabela 6-4, embora a quantidade teórica de VALE3 no índice seja menor que de ITUB4, quando multiplicamos a quantidade pelo preço de mercado da ação, encontramos um resultado maior para VALE3.

Para calcular o Ibovespa, a B3 multiplica a quantidade teórica de cada ação pelo seu valor de mercado, soma tudo e depois aplica um redutor, para que o resultado, que é dado em pontos, não fique tão grande. Analise o gráfico a seguir e acompanhe o raciocínio.

CAPÍTULO 6 **Como Funciona o Mercado Acionário** 53

FIGURA 6-3: Variação Ibovespa, 25/02/2022.

Fonte: http://www.b3.com.br/pt_br/market-data-e-indices/servicos-de-dados/market-data/cotacoes/

Como se vê na Figura 6-4, que mostra a variação do Ibovespa no dia 25/02/2022, o índice fechou a 113.142 pontos. No entanto, no pregão anterior, ele havia fechado a 111.592 pontos. Logo, a variação do Ibovespa no dia 25/02 foi 1,39% ((113.142/111.592)–1)x100).

Mas o Ibovespa, embora seja o principal, não é o único índice de ações. Existe uma variedade de índices, que são agrupados em:

» Amplos: Escolhe os ativos que comporão sua carteira por algum critério de liquidez.

» De governança: Os ativos das empresas que compõem os índices deste grupo têm preocupações de governança corporativa, por exemplo fazendo parte do Novo Mercado da B3, ou oferecendo condições especiais aos acionistas minoritários.

» De segmentos e setoriais: Neste caso, há índices que buscam representar o desempenho dos ativos de determinados segmentos econômicos do mercado, como de empresas pequenas, do segmento de consumo, de empresas que têm boa política de dividendos e outros mais.

» De sustentabilidade: Para fazer parte da carteira desses índices, as empresas têm que ter preocupações com sustentabilidade, como ser carbono eficiente.

» Em parceria com S&P Dow Jones: São índices calculados em parceria com a S&P ou Dow Jones.

DICA

Para saber mais sobre os índices e conhecer suas carteiras e metodologias detalhadas, consulte o site da B3 (b3.com.br), aba "Market e Índices".

Conhecer os índices é importante porque eles servem como benchmark para avaliar o desempenho das carteiras de ações.

LEMBRE-SE

Quando um índice de bolsa é positivo ou negativo, não quer dizer que todas as ações que compõem a carteira desse índice subiram ou caíram. O preço de algumas pode ter subido e o de outras, caído, mas na média o resultado do índice foi positivo ou negativo.

Segmentos de Listagem

As exigências do investidor têm ficado cada vez mais refinadas em termos de governança. Os acionistas querem (e merecem) ser bem tratados. A bolsa, antenada que é, percebeu as mudanças não só dos investidores como das empresas e criou os diferentes segmentos de listagem de forma a atender variados perfis de empresas e desenvolver o mercado de capitais brasileiro, uma importante fonte de captação de recursos para investimento das empresas e, consequentemente, para o desenvolvimento do país.

Mas o que é essa tal governança corporativa? Estamos falando de um sistema pelo qual as organizações são dirigidas e envolve o relacionamento entre os controladores, minoritários e administradores da empresa. Empresas que têm boas práticas de governança corporativa são transparentes, e sua forma de trabalhar contribui para sua longevidade e o bem comum.

As regras de listagem são mais rígidas que as da própria Lei das S.As. e a adesão da empresa a algum nível de governança é facultativo. Ao se tornarem mais transparentes, as informações ficam acessíveis a todos os investidores de forma simétrica, o que é bom para o mercado. Várias empresas já aderiram a algum nível de governança da B3, e aquelas que hoje em dia fazem seu I.P.O. já começam no mais alto nível de segmento de listagem da B3: Novo Mercado.

Existem cinco segmentos especiais, sendo dois deles (Bovespa Mais e Bovespa Mais Nível 2) para empresas que ainda têm o capital fechado, mas que desejam se preparar para abrir o capital em determinado momento. Essas empresas se comprometem a seguir uma série de regras não exigidas para uma empresa não negociada na bolsa, mesmo antes do seu I.P.O. A diferença principal entre os dois níveis é que, no Bovespa Mais Nível 2, a empresa pode ter ações ordinárias e preferenciais e no Bovespa Mais só pode ter ações ordinárias.

Para as companhias de capital aberto, são três níveis: Nível 1, Nível 2 e o Novo Mercado. As regras do Nível 1 são menos rígidas que as do Nível 2. As empresas que fazem parte do Novo Mercado devem seguir as regras do Nível 2, mas só podem ter ações ordinárias.

CAPÍTULO 6 **Como Funciona o Mercado Acionário** 55

DICA

Ficou curioso? Uma boa ideia é consultar as regras da B3 disponíveis no site da bolsa — b3.com.br — em Produtos e serviços / Soluções para emissores / Segmentos de listagem / Sobre segmentos de listagem.

Como Fazer para Negociar Ações

Hoje em dia é muito fácil negociar ações. Se você é cliente de um grande banco, pode fazer isso direto de sua conta, bastando se *logar* no aplicativo do banco e clicar em "Investimentos/Ações" (ou algo parecido), e você irá direto para o site da corretora do banco. Se seu banco não lhe oferece essa facilidade ou você deseja operar por alguma corretora específica, basta fazer seu cadastro na corretora. É muito simples e pode ser feito online.

Cadastro feito, é hora de enviar dinheiro para a corretora, e essa informação pode ser obtida com facilidade no site da corretora. Se você opera diretamente com a corretora do seu banco, esse passo costuma ser eliminado, pois a corretora debitará o valor da liquidação da sua conta-corrente para pagar as compras e creditará no caso das vendas.

Com dinheiro em conta, fica tudo fácil. Escolha que ação comprar e entre no home broker da corretora, o sistema que vai conectá-lo com a bolsa. A Figura 6-5 é do home broker da corretora do Itaú.

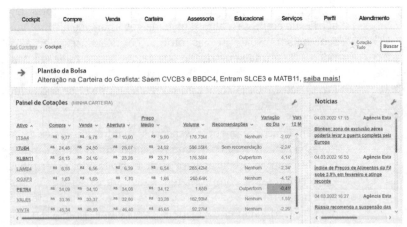

FIGURA 6-4: Home broker.

Fonte: itaucorretora.com.br

56 PARTE 2 **Conhecendo os Produtos de Investimento Financeiro**

Cada corretora tem uma tela, mas são todas mais ou menos a mesma coisa. No caso aqui, para comprar, basta clicar na aba "Compre". Como em um passe de mágica, aparecerá a janela da Figura 6-6, que você deve preencher os campos solicitados, com o código do ativo que deseja negociar (ou nome), a quantidade e o preço que deseja pagar pelo ativo. Feito isso, é só acompanhar se sua ordem foi realizada. A qualquer momento você pode editar sua ordem, alterando preço e quantidade (antes de a negociação ter sido fechada, lógico). Pode até desistir.

No book de ofertas você pode ver a que preço o ativo tem saído para compra e venda. Lembre-se de que quem compra quer pagar menos, e quem vende quer receber um preço maior.

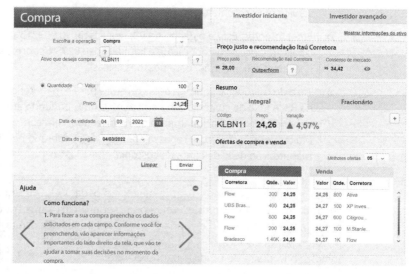

FIGURA 6-5: Como colocar uma ordem de compra.

Diversas vezes falei em código dos ativos. Foi VALE3, PETR4 e agora KLBN11 (Klabin). Para conhecer todos os ativos que são negociados na B3 e seus códigos, basta entrar no site da bolsa. No caso das ações, são sempre quatro letras seguidas de um número. Pode ter certeza de que não será isso que atrapalhará você. No site da B3, em Produtos e Serviços/Negociação/Renda variável/Ações, você encontra, por ordem alfabética, todas as empresas listadas, seus códigos de negociação e o gráfico com o histórico de até doze meses dos preços negociados das ações.

Despesas Incorridas na Negociação

Como é de se esperar, ninguém trabalha de graça, muito menos empresas que visam ao lucro. Logo, ao negociar um ativo na bolsa, o investidor incorre nos seguintes custos:

» Taxa de corretagem: É paga à corretora que intermediou a negociação, mesmo quando você não fala com ninguém e usa o home broker. Pode ser variável, como um percentual da negociação, ou um valor fixo, variando normalmente entre R$10 e R$20. Neste caso, em cada ordem de compra ou venda realizada, é cobrada a corretagem. Há de se checar o serviço que elas oferecem para saber se vale a pena pagar mais por um serviço mais completo ou menos.

» Emolumentos: Este é o ganho da B3, negociação (0,003219% sobre o valor financeiro da operação) e liquidação (0,0275% sobre o valor financeiro da operação, para pessoas físicas).

» Taxa de custódia: É cobrada pela corretora para a manutenção das ações na B3. A taxa de custódia varia entre corretoras, podendo até ser gratuita, dependendo do relacionamento que o investidor tem com a instituição. Muitas vezes a corretora repassa apenas o valor cobrado pela bolsa pela manutenção de cada conta de custódia.

Como exemplo, podemos usar a negociação da VALE3 mencionada no segundo item deste capítulo. Veja como seria o custo incorrido nas duas negociações (Compra [C] e Venda [V]) — para o caso de corretagem fixa de R$10,00 por negociação —, e o ganho de capital do investidor, sobre o qual incidirá o imposto de renda, quando devido.

TABELA 6-5 Cálculo das Despesas na Compra das Ações

C/V	Ativo	Qtde	Preço	R$
C	VALE3	2.000	48,05	96.100,00
Corretagem fixa				10,00
Emolumentos			0,003219%	3,09
Liquidação			0,0275%	26,43
Valor total da liquidação				96.139,52
PU* por ação				**48,07**

Nota: * PU = preço unitário

TABELA 6-6 Cálculo das Despesas na Venda das Ações

C/V	Ativo	Qtde	Preço	R$
V	VALE3	2.000	116,85	233.700,00
Corretagem fixa				-10,00
Emolumentos			0,003219%	-7,52
Liquidação			0,0275%	-64,27
Valor total da liquidação				233.618,21

Você deve estar se perguntando sobre a taxa de custódia. Ela é cobrada periodicamente pela corretora e não incide diretamente sobre a ação.

Agora é hora de calcular o ganho de capital sobre o qual incidirá o imposto de renda, quando devido.

TABELA 6-7 Cálculo do Ganho de Capital

Valor de venda	233.700,00
Despesas sobre a venda	-81,79
PU de compra (2.000 x 48,07)	-96.139,52
Ganho líquido	**137.478,69**

Mas você não deve se preocupar em fazer esse monte de contas de corretagem, porque, toda vez que opera, a corretora emite uma nota de corretagem, detalhando os custos da transação. Você só precisa guardar as notas de corretagem toda vez que operar para poder calcular o imposto de renda quando devido.

Uma Operação Interessante: Aluguel de Ações

Acredito que você deve entender o que é emprestar dinheiro. Logo, facilmente compreenderá o que é alugar ações, que alguns chamam de empréstimo de ações.

CAPÍTULO 6 **Como Funciona o Mercado Acionário** 59

Imagine que, após uma longa investigação, você decidiu comprar ações da Aeris (AERI3) porque vê um futuro brilhante para a empresa no longo prazo. A ideia é mantê-la por bastante tempo. Se não vai se desfazer, pode colocar suas ações para alugar, um procedimento administrado pela bolsa. Normalmente, os contratos de aluguel giram em torno de alguns meses, não havendo um período de vigência mínimo ou máximo.

Por colocar suas ações para alugar, você recebe uma quantia, determinada pela B3. Dependendo da ação, você vai receber um percentual maior ou menor.

Mas por que alguém tomaria uma ação em aluguel?

A resposta é simples: porque ele acha que o preço da ação cairá e ele precisa de dinheiro hoje para fazer outra operação que julga mais lucrativa. Pode ser também que ele queira dar essas ações alugadas como margem (nome técnico para garantia) em alguma outra operação.

Suponha que um investidor A alugou 5 mil ações de ITUB4 (Banco Itaú) ao investidor B por 90 dias, sendo A o doador e B o tomador. Por esse aluguel, B terá que pagar, digamos, 0,5% ao ano sobre o valor estipulado no contrato. Imagine que esse valor seja de R$29,13. Quanto receberá o investidor A por esse aluguel?

Organizando os dados: Quantidade de ações = 5.000

Prazo = 90 dias

Taxa = 0,5% ao ano = 0,005

Aluguel = R$29,13/ano/ação

R$29,13 x 5.000 = R$145.650,00

R$145.650,00 x $(1+0,005)^{90/252}$ = R$145.909,67

R$145.909,67 — R$145.650,00 = **R$259,67**

No caso do doador, é tudo muito fácil. Basta informar à corretora que deseja colocar determinado papel para alugar. Já do lado do tomador, exige-se uma garantia. É igualzinho ao banco. Ele empresta dinheiro, mas o cliente tem que dar alguma garantia. No caso do aluguel de ações, essa garantia pode ser dada por títulos do Tesouro Direto, CDBs, LCI, LCA e até outras ações. A garantia é necessária caso, na hora do vencimento do contrato, o tomador não tenha como comprar as ações no mercado para devolvê-las ao doador. Neste caso, o rombo será coberto pelas garantias.

Até aqui, tudo bem, mas será que o doador perde o direito aos proventos que receberia caso se mantivesse como titular das ações? Pode ficar tranquilo que não. Os dividendos e os juros sobre capital próprio serão recebidos apenas pelo doador, como se titular ainda fosse. No caso de bonificações, os valores são corrigidos e repassados na data de liquidação da operação.

Já no que se refere aos custos da transação, a regra é a seguinte: não existe nenhum custo para os doadores. Quem paga as despesas de emolumento e corretagem é quem tomou as ações emprestadas.

Alguns Termos Adicionais que Merecem Entrar no Seu Vocabulário

Para se tornar um investidor de verdade, você deve estar preparado para ler relatórios de mercado e discutir sobre o tema com outros investidores. Logo, é importante conhecer alguns termos normalmente ventilados.

» Acionista controlador: Uma sociedade, pessoa física ou jurídica que de fato exerce o poder de controle da empresa. Pode ser um grupo de pessoas que, juntas ou de forma individualizada, tem o poder de modo permanente para dirigir as atividades da companhia e orientar o funcionamento dos seus órgãos.

» Acionista minoritário: Aquele que não é controlador.

» *Circuit breaker*: Paralização da bolsa por tempo determinado. Ocorre quando a bolsa fica muito volátil e o preço dos ativos cai significativamente. Essa variação é dada pelo Ibovespa. Quando o índice varia 10% negativo em relação ao índice de fechamento do dia anterior, o mercado é interrompido por trinta minutos. Reaberto o mercado, se a bolsa cair mais 5%, o pregão é interrompido por mais uma hora. Reabertos os negócios, se o Ibovespa cair mais 5%, os negócios são suspensos até o próximo dia de pregão.

» *Day trade*: São as operações realizadas em um mesmo dia, considerando-se o mesmo ativo, a mesma quantidade e as mesmas corretoras.

» ESG: O termo é uma sigla na língua inglesa, *Environment, Social and Governance*, que em português significa meio ambiente, social e governança. Utiliza-se esse termo para indicar a atuação de uma empresa com relação a esses três quesitos. Devido à importância do tema, já existe até uma metodologia que atribui uma pontuação à empresa quanto à gestão ESG.

» Ex-dividendos: Uma ação ex-dividendos significa que quem adquirir a ação naquele momento não terá direito aos dividendos já anunciados.

» Ex-JCP: Uma ação ex-JCP significa que quem adquirir a ação naquele momento não terá direito aos juros sobre capital próprio já anunciados.

» *Follow on*: Ocorre quando uma empresa já fez seu I.P.O. (abriu o capital) e volta ao mercado para ofertar mais ações, em uma oferta subsequente.

» *Free float*: Refere-se à quantidade de ações que uma empresa listada na bolsa possui em livre circulação no mercado, não contando, portanto, com a parte dos controladores da companhia. O percentual em *free float* mostra, na prática, quão aberta é determinada empresa ao mercado.

» I.P.O.: Termo em inglês (*Initial Public Offering*) que significa Oferta Pública Inicial. Ocorre quando uma empresa abre o capital e, pela primeira vez, ela oferece seus títulos ao mercado publicamente, via de regra, em bolsa.

» *Tag along*: Proteção legal concedida aos acionistas minoritários em casos de mudança no controle da sociedade. Se o *tag along* de uma empresa for de 100%, isso significa que, caso o controlador venda o controle da empresa, o minoritário receberá 100% do valor da ação recebido pelo controlador.

A Parte do Leão

Chegou a hora de falar de imposto de renda. Ninguém gosta dessa parte, mas todo mundo gosta de ganhar dinheiro. Meu sonho, por exemplo, é pagar um imposto de renda bem alto. Isso significará que estarei ganhando MUITO dinheiro.

A regra no mercado de ações é a seguinte: dependendo do tipo de ganho, a tributação é diferente. Então, melhor apresentar tudo bem separado.

» Ganho de capital: Tributado em 15% e pago pelo investidor no mês subsequente ao ganho, por meio de carnê leão, código no DARF 6015. Ganhos podem ser compensados com perda.

» *Day trade*: Neste caso, a tributação é de 20%.

» Dividendos: Até o momento, é isento de tributação, mas conjectura-se no Congresso começar a taxar os dividendos.

» Juros sobre capital próprio: 15% sobre o valor recebido de JCP. O investidor já recebe na sua conta o valor líquido.

» Bonificação: São incorporadas ao estoque de ações do investidor pelo valor definido pela companhia emissora, em conjunto com o mercado, alterando o custo médio do investidor.

» Aluguel de ações, posição doadora: Tributado pela tabela regressiva de renda fixa sobre o valor recebido. O valor é retido na fonte.

» Aluguel de ações, posição tomadora: Quando há ganho, aplica-se a alíquota de 15% sobre o ganho líquido (ganho menos despesas da operação).

Importante: se o total da liquidação (venda) de ações dentro de um mesmo mês não ultrapassar R$20.000,00, o investidor está isento de imposto de renda. Se você for um pequeno investidor, é um bom incentivo. Vale ressaltar, entretanto, que perdas em operações de *day trade* só são compensadas com operações de *day trade*.

E, para garantir o farnel do leão, toda vez que o investidor liquida uma operação no mercado à vista, a Receita Federal vai lá e come um pedacinho pequenino. Ou seja, ele foi dedurado para a Receita e não dá para escapar da mordida final.

Operações normais no mercado à vista estão sujeitas a esse "dedo duro" de 0,005% sobre o valor liquidado. Operações de *day trade* têm um dedo duro mais gordo: 1%. Em ambas as hipóteses, quem recolhe esse valor é a instituição intermediadora da operação.

64   PARTE 2 Conhecendo os Produtos de Investimento Financeiro

> **NESTE CAPÍTULO**
>
> » Entendendo o que é um título de renda fixa
>
> » Aprendendo a investir no Tesouro Direto
>
> » Respondendo à pergunta: Renda fixa é fixa mesmo?
>
> » Diferenciando os demais títulos oferecidos no mercado

Capítulo **7**

Explorando o Mercado de Renda Fixa

A tradição de juros altos no Brasil sempre incentivou a aplicação em renda fixa. Mesmo sem entender muito bem, investidores compram títulos sem saber dos eventuais riscos atrelados aos investimentos. Afinal, para o leigo, se o investimento é de renda fixa, não tem risco. Será?

Prepare-se para conhecer a sopa de letrinhas a que você será apresentado neste capítulo e descubra a verdade que se esconde atrás desse universo que, embora não pareça, é cheio de matemática.

Quando um Título É Considerado de Renda Fixa

Para a Receita Federal, existem dois tipos de investimentos: de renda fixa e de renda variável. Você há de concordar que ações são um título de renda variável. Afinal, ao adquirir uma ação, você não sabe qual será o rendimento, nem mesmo se será positivo. Entretanto, ao adquirir um título de renda fixa, você faz uma combinação prévia de quanto receberá se ficar **até**

o vencimento do título. Friso essa informação porque, do mesmo jeito que se negociam ações a preço de mercado, um título de renda fixa também é negociado a Mercado. Isso significa que você pode ganhar mais ou menos do que imaginava receber se vender o título antes do vencimento, como será apresentado neste capítulo.

Resumindo, se você, antes de investir, combinar com o vendedor o rendimento que o título pagará, estará investindo em renda fixa. Caso contrário, estará no universo da renda variável.

Existem dois tipos de renda fixa:

» Prefixada: Quando se sabe de antemão, em valores absolutos, quanto receberá de juros no vencimento. Como exemplo, podemos citar a Letra do Tesouro Nacional (LTN), chamada Tesouro Prefixado no Tesouro Direto, com vencimento para 01/01/2026, que está sendo negociada em 20/05/2021 a 8,85% ao ano. Se o investidor ficar até o vencimento do título, esta será a rentabilidade.

» Pós-fixada: Quando a taxa depende da variação de um indicador e, portanto, só na liquidação do título é que se terá conhecimento dos juros a receber. Por exemplo, um Certificado de Depósito Bancário (CDB) com vencimento para 1.080 dias que paga 101% do CDI. Não se sabe hoje quanto será a variação do CDI até lá. Logo, a taxa é pós-fixada e, neste caso, flutuante, pois o CDI varia diariamente.

Há também títulos pós-fixados que têm cupom, como a Nota do Tesouro Nacional série B (NTN-B, chamada de Tesouro IPCA+ no Tesouro Direto), que paga a variação do IPCA (índice de inflação) mais uma taxa, chamada de *cupom*. Em 20/05/2021, o Tesouro IPCA+ com vencimento em 15/08/2030 estava sendo negociado a IPCA + 3,99% ao ano. O IPCA é o indexador do título e o "3,99%" é o cupom (a taxa) do papel.

Como pode ver, chamar um título de papel é normal no mercado financeiro, embora seja difícil encontrar um título que seja emitido em papel, por conta da dificuldade de negociação neste caso. Hoje em dia, é tudo digitalizado, ao que chamamos de escritural.

A Linguagem da Renda Fixa

Conheça alguns termos utilizados para caracterizar um título de renda fixa:

» Valor nominal: Valor de resgate do título prefixado ou valor de emissão do título pós-fixado.

>> Data de emissão: Data em que o título foi emitido e creditado na conta de custódia.

>> Juros acruados: Valor acumulado de juros entre a data de emissão e a data atual.

>> Valor nominal atualizado: Valor nominal do título pós-fixado, atualizado pelo indexador de referência.

>> Preço unitário: Conhecido como PU, é o preço de negociação e liquidação do título em determinada data.

>> Cupom: Taxa do título prefixado ou o cupom do título pós-fixado e indexado.

>> Principal: Valor investido e atualizado no caso de título indexado.

>> Título zero cupom: Título que não paga juros intermediários e que é negociado com deságio (preço de compra menor que o valor no vencimento).

>> *Yield*: Termo em inglês muito utilizado em renda fixa e que significa rendimento (taxa de mercado).

>> *Yield to Maturity* (YTM): Rendimento que o investidor terá se ficar com o título (carregar) até o vencimento.

A Matemática da Renda Fixa

Renda fixa é puro cálculo de juros e, portanto, de matemática financeira. É um mercado para quem gosta de usar calculadora e Excel, muito embora as instituições financeiras hoje em dia já façam a conta para o investidor e para o gerente do banco. Mas nada melhor do que entender o que a máquina está fazendo para você.

Para começar, é preciso entender que renda fixa não é tão fixa assim. Entenda o porquê.

Imagine que você aplicou R$40.000,00 em um título que paga 8% ao ano e que vence em 4 anos. Passados 2 anos, você precisa resgatar o título para pagar a compra de um carro novo. Acompanhe o diálogo provável entre dois investidores.

FIGURA 7-1: Diálogo 1: Taxa de juros de mercado subiu.

Como se vê, o investidor comprou um título que paga 8%, mas o mercado está pagando 8,5% pelo mesmo título. Parece que o título vai encalhar na carteira do investidor e que ele não terá dinheiro para comprar o seu carro.

Mas tem uma solução. Se a nossa investidora pagar menos do que o vendedor esperava receber, é provável que ele consiga vender o título. Isso quer dizer que, se a taxa de juros do mercado subir, ficará difícil vender o título. Mas, se o vendedor baixar o preço, a conversa toma outro rumo.

Suponha agora uma hipótese contrária.

FIGURA 7-2: Diálogo 2: Taxa de juros de mercado caiu.

No segundo diálogo, há o caso inverso, e provavelmente o investidor não consultou o mercado antes de oferecer o título. No momento em que o fizer, notará que está vendendo o título muito barato, o que atrairá muitos investidores querendo comprar seu título. Se o investidor tiver mais de um neurônio, ele certamente subirá o preço do título para ajustá-lo ao valor de mercado. Afinal, é a lei de oferta e demanda.

Vejamos agora em termos matemáticos como acontece.

Passo 1: Organizar os dados

Valor inicial investido: R$40.000,00

Cupom: 8% ao ano

Vencimento: 4 anos

Passo 2: Calcular o valor no vencimento e desenhar fluxo de caixa

$F = P(1+i)^n$

$F = 40.000,00\ (1+0,08)^4 = $ **54.419,56**

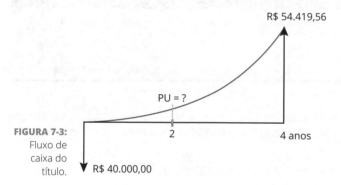

FIGURA 7-3: Fluxo de caixa do título.

Passo 3: Cálculo do preço de mercado (PU) para n = 2 anos

Hipótese 1: taxa de mercado subiu para 8,5%.

Cálculo do valor presente descontado ao novo *yield* de 8,5%, para n = 2 e F = R$54.419,56:

Usar fórmula de juros compostos, sendo P = PU => $PU = \dfrac{F}{(1+i)^n}$

$PU = \dfrac{54.419,56}{(1+0,085)^2} = 46.226,98$

Hipótese 2: taxa de mercado caiu para 7,3%.

$PU = \dfrac{54.419,56}{(1+0,073)^2} = 47.266,73$

O que foi feito, afinal?

O valor nominal do título no vencimento (R$54.419,56) foi trazido a valor presente (PU) pela nova taxa de mercado. Resumindo, quando a taxa subiu de 8,0% para 8,5%, a investidora pagou menos do que quando a taxa caiu.

Se a taxa tivesse permanecido em 8%, a investidora pagaria:

$$PU = \frac{54.419,56}{(1+0,08)^2} = 46.656,00$$

Conclusão:

Para YTM = 8% a.a. e vencimento em 2 anos...

TABELA 7-1 Variação no Preço Dada Variação nas Taxas de Juros

Se a taxa	PU - R$	Negociado com	Porque
Subir para 8,5%	46.226,98	deságio	46.226,98 < 46.656,00
Cair para 7,3%	47.226,73	ágio	47.226,73 > 46.656,00
Permanecer igual em 8%	46.656,00	ao par	46.656,00 = 46.656,00

O valor de mercado de um título é sempre dado pelo valor presente dos seus fluxos futuros descontados pelo *yield* de mercado.

LEMBRE-SE

» Se a taxa de juros sobe, o preço do título cai.
» Se a taxa de juros cai, o preço do título sobe.

Investindo no Tesouro Direto

Para quem não gosta de imaginar a possibilidade de não receber seu rico dinheirinho aplicado, o Tesouro Direto (TD) pode ser uma solução. Isso porque, ao comprar um título no Tesouro Direto, o investidor está emprestando o dinheiro para o governo federal.

Como visto no Capítulo 3, quando o governo precisa de dinheiro, ele pede autorização ao Congresso Nacional e o Tesouro Nacional emite títulos públicos. São esses títulos que são negociados no Sistema SELIC do Banco Central para os investidores institucionais e no Tesouro Direto para os pequenos investidores pessoas físicas.

São títulos muito seguros em termos de crédito, porque a emissão é da União e nada é mais seguro que um título da União, pelo menos em nosso país.

Pessoas físicas morrem ou dão calote; empresas vão à falência, mas o país deve permanecer existindo por muito tempo. Pelo menos é o que se espera! Em outras palavras, sempre há de quem cobrar o título do governo federal.

É muito fácil investir no Tesouro Direto. Basta seguir os passos a seguir:

1. Escolher uma instituição financeira. Pode ser onde você já tem conta.
2. Ter dinheiro nessa conta.

Entrar no site do Tesouro Direto: https://www.tesourodireto.com.br/

Fazer seu login onde indicado. Se você ainda não tiver conta no TD, basta se cadastrar na hora.

Uma vez logado, é só clicar em Investir e escolher os títulos, adicionando no carrinho de compras, como se estivesse comprando um eletrodoméstico em um site de vendas normal.

O mercado fica aberto de 9:30h às 18h, mas você pode deixar itens no seu carrinho fora desse horário. Nesse caso, só será liquidado quando o mercado abrir.

DICA

Resgate efetuado até 13h será creditado no mesmo dia.

Mas quais os títulos disponíveis para venda?

São basicamente cinco títulos. Conheça as características na Tabela 7-2.

TABELA 7-2 Títulos Negociados no Tesouro Direto (TD)

	LFT	LTN	NTN-F	NTN-B	NTN-B Principal
Nome formal	Letra Financeira do Tesouro	Letra do Tesouro Nacional	Nota do Tesouro Nacional série F	Nota do Tesouro Nacional série B	Nota do Tesouro Nacional Principal
Nome no TD	Tesouro Selic	Tesouro Prefixado	Tesouro Prefixado com juros semestrais	Tesouro IPCA+ com juros semestrais	Tesouro IPCA+
Remuneração	Selic	Prefixado	Prefixado	Pós-fixado em IPCA + cupom	Pós-fixado em IPCA + cupom
Pagamento do principal	No vencimento	No vencimento	No vencimento	No vencimento	No vencimento
Pagamento de juros	No vencimento	Vendida com deságio	A cada seis meses	A cada seis meses	No vencimento

CAPÍTULO 7 **Explorando o Mercado de Renda Fixa** 71

O que é interessante no Tesouro Direto é que o investidor não precisa de muito dinheiro para comprar um título. Com R$30,00 ele já pode começar, mas não vale muito a pena, porque terá que pagar taxa de custódia na instituição financeira.

Note que 1 (um) título vale na emissão R$1.000,00. Logo, se o investidor pode comprar R$30,00, é permitido comprar partes do título, o que não é normal no mercado. Isso ocorre porque o governo deseja que o investidor entenda como funcionam as finanças públicas, além de ser sempre uma fonte de captação de recursos para o Tesouro.

Também não há limite máximo de estoque de títulos no TD, apenas limite mensal. O máximo de aplicação permitido por mês é R$1.000.000,00.

As aplicações podem ser em quantidade de títulos ou por volume financeiro. Confira o passo a passo do investimento nas imagens que se seguem, retiradas diretamente do site do Tesouro Direto, em 28/02/2022.

Passo 1: Escolher o título

Suponha que você tenha R$10.000,00 para aplicar no TD e decidiu por um título prefixado com vencimento para 2026, sem pagamento de juros semestrais, com vencimento para daqui a 5 anos.

FIGURA 7-4: Escolha do título.

O link VER DETALHES E SIMULAR mostra uma série de informações sobre o título, como PU (preço unitário), custos, gráfico com histórico de taxas e dispõe até de uma simulação de retorno, comparando a rentabilidade esperada do título com a poupança, CDB, LCI/LCA e fundo DI, caso o investidor fique investido até o vencimento. É bem interessante. Faz até a conta das taxas da B3 e do imposto de renda. Só não tira a taxa da instituição financeira que, em muitos casos, é zero.

Passo 2: Abrir o carrinho de compras e completar com o valor desejado

Carrinho carregado, é só clicar na imagem do carrinho para finalizar seu investimento. Você ainda pode adicionar mais títulos no seu carrinho, caso deseje.

Onde indicado na página, selecione a sua instituição financeira que liquidará a operação, e, em "Valor a Investir", coloque o valor disponível (no caso, R$10.000,00). O sistema calculará o valor exato que é possível comprar com o montante e ajustará esse valor. Tudo feito, é só clicar em "Investir". Muito fácil! É como comprar um liquidificador na internet.

Note que é possível fazer operação fora do horário em que o mercado está aberto e até agendar sua compra. Nesses casos, pode haver ajustes no preço, na taxa e no valor a ser liquidado, pois as condições de mercado mudam constantemente.

CUIDADO

Os sites alteram suas telas com certa frequência. Logo, pode haver divergência dos passos. Mas não tem mistério. É como um e-commerce normal.

Assim como na compra de ações, ao negociar um título no Tesouro Direto, serão cobradas as seguintes taxas:

» Taxa de custódia cobrada pela B3: 0,25% ao ano sobre o valor dos títulos, acruada diariamente. Em geral, a instituição financeira avisa quando será cobrada. Investimentos em Tesouro Selic com estoque de até R$10.000,00, inclusive, estão isentos em taxa de custódia.

» Taxa cobrada pela instituição financeira: Pactuada livremente entre a instituição e o cliente, podendo ser um valor fixo ou um percentual do valor aplicado, pago normalmente no início de cada semestre. Algumas nem cobram taxa para aplicação em TD.

Título comprado, agora é só acompanhar a rentabilidade. No site do Tesouro Direto e na instituição financeira escolhida, você pode acompanhar a performance da sua carteira de títulos.

Todo início de mês, o Tesouro Direto envia um e-mail com a posição do investidor atualizada.

Para vender, também é bem fácil. Do mesmo jeito que se compra o título, é possível vender os títulos que estão na carteira, bastando clicar em "Resgatar". Tudo muito amigável com o investidor.

Para conhecer os títulos, preços e *yields* do Tesouro Direto basta entrar no site do Tesouro Direto e escolher "Títulos/Preços e taxas". O site também tem uma série de vídeos bem didáticos e muito bem produzidos. Basta entrar na aba "Como investir/Aprenda a investir".

Títulos de Emissão de Empresas

Nem todos os investimentos que fazemos nos bancos e corretoras são de emissão de bancos. As empresas também emitem títulos. O mais famoso é a **debênture**.

Muita gente não entende bem a diferença entre debênture e ação. Ambos são emitidos por sociedades anônimas e são valores mobiliários, mas são fundamentalmente diferentes. Então, hora para uma explicação especial.

DICA

Debênture = título de dívida; ação = título de propriedade

Depois dessa definição bem objetiva, é melhor detalhar mais o papel, para que você compreenda mais a fundo como funciona esse investimento.

As debêntures são títulos de longo prazo e pagam juros, normalmente semestrais ou anuais, o que dá um caráter de mais segurança ao investidor.

Algumas debêntures podem até ser adquiridas na bolsa, mas, na maioria das vezes, são distribuídas pelas instituições financeiras, normalmente para os clientes mais abastados, embora hoje em dia as grandes corporações, como Petrobras e Vale, já emitam debêntures com valor unitário menor, para ter um alcance maior junto ao público de varejo.

No que prestar atenção quando investir em uma debênture

O primeiro detalhe é o risco de crédito do emissor, ou seja, se a empresa tem capacidade de caixa para pagar o que está dizendo que vai pagar nas datas previstas. Uma forma de avaliar esse risco é por meio da nota de *rating*, que é dada por uma agência classificadora de risco de crédito.

RATING

Rating é uma nota de risco de crédito que uma agência especializada no assunto atribui ao emissor do título após analisar aspectos quantitativos da empresa, como análise do seu fluxo de caixa e questões qualitativas, jurídicas e percepções gerais sobre a empresa, como a qualificação do seu corpo gerencial e tecnologias utilizadas. Para chegar à nota final, são levados em consideração os seguintes itens:

1. Capacidade e vontade do emissor para pagar completamente e no prazo acordado, tudo que foi combinado no período de vigência do título.

2. Severidade da perda em caso de inadimplência.

As principais agências de *rating* são S&P e Moody's e as notas variam de AAA, o famoso *triple A*, no caso do S&P ou Aaa, no caso da Moody's. Daí em diante, os "A"s vão desaparecendo até dar vez ao B, C ou mesmo D, quando o não pagamento é eminente. Pode ter sinais de "+" e "-" ao lado da letra, o que significaria, na linguagem das redes sociais, os emoticons alegre e triste, respectivamente.

Quando o *rating* fica entre AAA e BBB, diz-se que a empresa tem grau de investimento. Caso contrário, está no campo do ativo especulativo ou, para ser mais chique, dizemos que o título é *High Yield*, o que dá um ar de muito bom, embora não seja essa "Brastemp" toda. É verdade em termos de rendimento, apesar de o título ter maior risco de crédito.

Como qualquer título de renda fixa, as debêntures podem ser emitidas prefixadas ou pós-fixadas e vendidas com ágio ou deságio, dependendo da percepção do mercado.

Existem três tipos de debêntures:

» **Simples**: Como o nome já diz, pagam simplesmente juros e devolvem o principal no vencimento do título ou em parcelas ao longo de sua vida. Tudo combinado na emissão. Fique tranquilo que você não será pego de calça curta.

» **Conversíveis em ações**: Neste caso, na escritura do título já fica estipulada a regra de conversão, ou seja, como será calculado o valor de cada ação da empresa por debênture emitida. Quando isso acontece, o investidor deixa de ser um credor da empresa e passa a ser um acionista.

» **Permutáveis**: Parecidas com a debênture conversível em ações, só que agora, em vez de receber ações da própria companhia emissora, as debêntures serão trocadas (permutadas) por outros ativos da

CAPÍTULO 7 **Explorando o Mercado de Renda Fixa** 75

companhia, como títulos de crédito ou ações de outras companhias nas quais ela tenha participação acionária.

Se é um título de crédito, então que tal receber alguma garantia em troca do investimento? Por isso, muitas debêntures são emitidas com garantia. Investigue se é o caso da debênture que você está analisando. Se disser que é uma debênture quirografária (nome bonito, né?), então é sem garantia.

Algumas debêntures são emitidas junto com uma opção de compra (call) ou de venda (put). Isso significa que, em determinadas datas, definidas na escritura do título, a empresa poderá, se achar que é um bom negócio para ela, recomprar o título (caso da call). Já no caso da put, menos frequente, quem tem esse direito de decidir é o investidor, que poderá vender a debênture de volta para a empresa, se assim desejar. E quanto ao valor de recompra ou revenda? É necessário verificar a regra no material de venda do título, a escritura.

Hoje em dia, um caso muito moderno são as **debêntures incentivadas**, também chamadas de debêntures de infraestrutura. Também é um título de emissão de sociedades anônimas não financeiras, só que, por terem por objetivo captar recursos para investimentos em projetos de infraestrutura considerados prioritários pelo governo, têm alguns benefícios extras, como a não incidência de imposto de renda (IR) sobre os rendimentos recebidos. No final das contas, o rendimento acaba ficando muito bom por causa dessa isenção de IR. Entretanto, a liquidez desse título é baixa. Ao investir em uma debênture de infraestrutura, certifique-se das regras de liquidez com cuidado.

As empresas também emitem **notas promissórias** (NP), também chamadas de *commercial papers*, que nada mais são que títulos de curto prazo de emissão de empresas, normalmente zero cupom e negociadas com deságio.

Títulos de Emissão de Bancos

Os bancos, assim como as demais empresas, estão sempre precisando de dinheiro. De uma forma simplificada, a grande diferença de um banco para uma empresa comercial é que a empresa pega o dinheiro emprestado, que pode ser na forma de emissão de um título, e compra produtos para revender e fazer caixa. Já um banco emite um título, vende esses títulos para os investidores e esse dinheiro arrecadado é utilizado como sua matéria- -prima para emprestar para terceiros que estejam precisando de dinheiro. Esta é uma das receitas de um banco: a diferença entre o que o banco paga para captar dinheiro (custo) e o que ele cobra para emprestar para clientes, ao que se dá o nome de *spread*.

Os principais títulos emitidos por instituições financeiras e vendidos ao público são: CDB, LCI, LCA, LF e DPGE. Além desses, os bancos também fazem operações compromissadas e vendem caderneta de poupança. Outro produto importante é o CDI, mas esse só é negociado entre instituições financeiras. Conheça a diferença entre esses produtos.

O Certificado de Depósito Bancário (**CDB**) talvez seja o título mais popular de emissão exclusiva de bancos vendido para os investidores em geral. Ele pode ser prefixado ou pós-fixado e os juros são pagos no vencimento. Na grande maioria das vezes, é emitido com prazo de 1.080 dias e, se o investidor desejar resgatar antes do seu vencimento, o banco descontará o título a preço de mercado, o que significa dizer que pode haver ágio ou deságio na recompra do título.

LEMBRE-SE

Se a taxa de juros subir, o preço de mercado cairá; se a taxa de juros cair, o preço do título subirá.

O Certificado de Depósito Interbancário, ou Interfinanceiro (**CDI**), é semelhante ao CDB, mas só é negociado entre instituições financeiras. Investidores pessoas físicas, jurídicas ou institucionais não aplicam em CDI. O que eles fazem é comprar um título que remunera igual à média das taxas negociadas no mercado de CDI, ao que se dá o nome de Taxa DI, também chamada popularmente de CDI. A taxa DI é divulgada diariamente no site da B3, no qual também é possível encontrar sua série histórica.

Chegou a vez de falar da Letra de Crédito Imobiliária (**LCI**) e da Letra de Crédito do Agronegócio (**LCA**). Ambas têm o mesmo jeitão, só que uma é lastreada por créditos imobiliários garantidos por hipoteca ou por alienação fiduciária (a LCI) e a outra é por créditos emitidos contra negócios realizados no segmento do agronegócio (a LCA). O mesmo se dá entre produtores rurais ou suas cooperativas e terceiros, inclusive financiamentos ou empréstimos relacionados com produção, comercialização, beneficiamento ou industrialização de produtos ou insumos agropecuários ou de máquinas e implementos utilizados na produção agropecuária.

Do lado de quem emite, é um instrumento muito importante, pois é uma forma de captar recursos junto ao público, contribuindo para ativação e crescimento do setor imobiliário (caso da LCI) ou do agronegócio (caso da LCA). Além disso, a instituição financeira, por não precisar aguardar o vencimento dos créditos concedidos, pode recuperar o capital emprestado e fica livre para reinvesti-lo em novos empreendimentos.

DICA

Ao investir em LCI ou LCA, você estará incorrendo no risco do banco, e não do lastro que está por trás dessas letras.

Imposto de renda no rendimento da LCI ou LCA? Nem pensar para a pessoa física. É isento.

Próximo investimento: Letra Financeira (**LF**), também conhecida como debênture bancária, por ter características semelhantes às debêntures, e prazo mais longo (mínimo de dois anos). Não apenas bancos emitem LF, mas uma gama de instituições financeiras. A diferença da LF para o CDB e para LCI e LCA é que a LF não tem liquidez antes de dois anos, tem um investimento mínimo de R$50.000,00 e não conta com a garantia do Fundo Garantidor de Crédito (FGC), próximo tópico deste capítulo.

O Depósito a Prazo com Garantia Especial (**DPGE**) é um investimento para quem não precisa de liquidez antes do prazo de vencimento, que varia de 6 a 36 meses. O interessante do produto é que tem garantia de até R$20 milhões do FGC. Costuma ter boa rentabilidade, como as Letras Financeiras, porque são produtos sem liquidez.

As **operações compromissadas** funcionam da seguinte maneira: imagine que um banco tem, na sua carteira, uma debênture de uma empresa do mesmo grupo, como uma debênture de sua empresa de leasing, que paga IGPM+5%. Agora o banco precisa de recursos e decide vender essa debênture para seus clientes. Só que ninguém quer comprar um título de uma empresa de leasing ou não está muito satisfeito com a rentabilidade do título. Suponha que o mercado aceitaria comprar esse título a 105% do CDI. O que faz o banco? Combina outra rentabilidade que não a da escritura do título. É feita uma operação em que o banco se compromete a recomprar o título a essa taxa combinada (105% do CDI, no caso), e o cliente, a revender o título por essa mesma taxa. Há o compromisso de ambas as partes, daí o nome "operação compromissada".

Parada final em aplicações bancárias: **caderneta de poupança**, dessa vez sem letrinhas para identificá-la, assim como as operações compromissadas.

Na minha humilde opinião, esse tipo de aplicação está mais para juntar valores pequenos do que para investimento, porque sua rentabilidade é meio pobre, embora não haja cobrança de imposto de renda sobre seus rendimentos.

Para início de conversa, a poupança não rende todo dia. Precisa esperar um mês para ganhar os rendimentos. É o que se chama "dia de aniversário da poupança". Para aplicações feitas entre os dias 29 e 31, o aniversário vai para o dia 1º. Se o aniversário da sua poupança for dia 15 e no dia 14 você precisar resgatar, perderá toda a rentabilidade de praticamente um mês inteiro.

Mas, afinal, quanto rende a poupança e qual a diferença da rentabilidade para um Tesouro Selic, por exemplo? A rentabilidade da poupança depende da taxa Selic. Aplicações feitas a partir de 04/05/2012 seguem a seguinte regra: sempre que a taxa Selic for igual ou menor que 8,5% ao ano, o rendimento é de TR + 70% da Selic. Se passar de 8,5%, a remuneração é TR + 0,5% ao mês.

DICA

A TR é uma taxa com rendimento zero ou perto de zero.

Se o aniversário da poupança fosse no dia 28, veja como teria sido a rentabilidade na Tabela 7-3, para o período em estudo, comparada com os demais indicadores. Note que a poupança teria rendido menos que todos os indicadores apresentados. Como se vê, teria perdido com força para a inflação, mesmo levando em consideração que o rendimento da poupança é isento de imposto de renda.

TABELA 7-3 Rentabilidade Passada da Poupança e Demais Indicadores

	Fev-2022	12 meses	24 meses	36 meses
Poupança	0,50	3,84	5,73	9,99
100% do CDI	0,79	5,66	8,16	14,19
CDI — 15% de IR*	0,67	4,81	6,93	12,06
IPCA	0,31	6,76	8,88	14,06
IGP-M	1,83	16,12	49,73	59,97

Nota: supondo aplicação mínima de 720 dias

Fundo Garantidor de Crédito

O Fundo Garantidor de Crédito (FGC) é um fundo privado sem fins lucrativos cujo objetivo é proteger depositantes e investidores no âmbito do Sistema Financeiro Nacional. É uma forma muito eficaz de contribuir para a estabilidade do nosso sistema, evitando crises bancárias.

O FGC garante o dinheiro que depositamos no banco em vários produtos, como alguns mencionados neste capítulo e listados a seguir:

- » Conta-corrente.
- » Depósitos em caderneta de poupança.
- » CDB.
- » DPGE.
- » LCI e LCA.
- » Operações compromissadas que têm como objeto títulos emitidos após 8 de março de 2012 por empresa do mesmo grupo empresarial.

» Depósitos mantidos em contas não movimentáveis por cheques destinadas ao registro e controle do fluxo de recursos referentes à prestação de serviços de pagamento de salários, vencimentos, aposentadorias, pensões e similares.

CUIDADO

Produtos como fundos de investimento, CRI, CRA, debêntures e Letra Financeira não são cobertos pelo FGC.

O FGC não cobre todo o dinheiro que temos nesses produtos garantidos. Em fevereiro de 2022, o limite de cobertura era de R$250.000,00 por CPF ou CNPJ, para uma mesma instituição financeira. Para entender melhor como funciona a cobertura, acompanhe com atenção o exemplo que se segue.

Suponha quatro investidores de um mesmo banco que quebrou: João, Maria, José e Regina. Nessa data fatídica, apresentavam a posição da Tabela 7-4.

TABELA 7-4 Posição e Cobertura por CPF e por Conta

Conta	Titulares	Saldo em conta	Cobertura por conta	Cobertura por titular
01	João	R$300.000,00	R$250.000,00	R$125.000,00
	Maria			R$125.000,00
02	João	R$100.000,00	R$100.000,00	R$50.000,00
	José			R$50.000,00
03	João	R$400.000,00	R$250.000,00	R$125.000,00
	Regina			R$125.000,00
Total		R$800.000,00		

Pergunta: quanto receberá cada cliente?

Maria: R$125.000,00

José: R$50.000,00

Regina: R$125.000,00

João: R$250.000,00, o limite máximo por CPF, embora R$125.000,00 + R$50.000,00 + R$125.000,00 = R$300.000,00

Logo, o total a ser pago pelo FGC para o caso apresentado será R$550.000,00 (R$125.000,00 + R$50.000,00 + R$125.000,00 + R$250.000,00).

Note que havia um total em conta de R$800.000,00 e que, entretanto, o FGC só ressarcirá R$550.000,00.

Vale, por fim, mencionar que o DPGE é uma exceção a essa regra dos R$250.000,00, uma vez que sua cobertura é de R$20.000.000,00. Mas, neste caso, estamos falando de outro nível de produto e investidor.

DICA

Para aprender mais sobre o Fundo Garantidor de Crédito, vale uma navegada em www.fgc.org.br. O site deles é bem didático. É sempre bom saber se alguma regra ou valor da garantia do FGC mudou. Nós vivemos em um país onde, como já dizia o ex-Ministro da Fazenda Pedro Malan, "até o passado é imprevisível".

Mais Letrinhas para Seu Vocabulário de Renda Fixa

O mundo da renda fixa pode ser comparado a uma sopa de letrinhas. CDB, CDI, LCI, LCA, CRI, CRA, LIG e muito mais. Vou me ater aqui às letrinhas mais negociadas, com exceção de CDB, CDI, LCI e LCA, às quais você já foi apresentado em item anterior deste capítulo.

Comecemos pelo começo, como o bom senso determina. Falemos de **CRI** e **CRA**, Certificado de Recebíveis Imobiliários e Certificado de Recebíveis do Agronegócio, respectivamente. Ambos são títulos de crédito de livre negociação, o que não significa que tenham liquidez com facilidade. Entenda como funciona a emissão de um CRI e de um CRA. Observe a Figura 7-5.

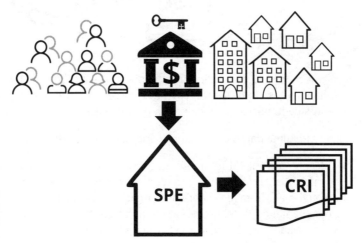

FIGURA 7-5: Esquema da emissão de CRI.

Como se pode observar, para emitir um CRI é necessário haver recebíveis imobiliários, que podem ser, por exemplo, de uma construtora que financiou a obra do imóvel para seu cliente. Uma vez de posse desses recebíveis, é montada uma Sociedade de Propósito Específico (SPE), uma companhia securitizadora. Seu papel é securitizar os recebíveis em títulos. Em outras palavras, o conjunto de CRIs emitidos é lastreado naquele montão de recebíveis imobiliários.

DICA

Securitizar significa transformar uma quantidade significativa de recebíveis em valores mobiliários. Um processo estruturado e devidamente fiscalizado pela CVM.

A emissão de CRA é a mesma coisa, só que, em vez de existirem créditos imobiliários, há créditos do agronegócio. Dito de outra maneira, os CRAs são lastreados em empréstimos contraídos por empresas e agricultores do agronegócio, e esses recebíveis darão origem ao processo de securitização pela SPE para transformar esse monte de empréstimos em valores mobiliários.

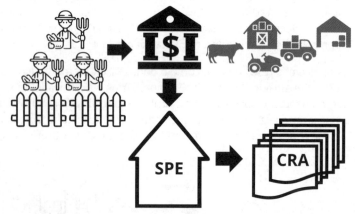

FIGURA 7-6: Esquema da emissão de CRA.

Para fechar com chave de ouro a explicação sobre CRI e CRA, vale mencionar que os rendimentos advindos desses dois valores mobiliários são isentos de imposto de renda para a pessoa física.

Próxima parada: Letra Imobiliária Garantida (**LIG**).

A LIG é uma versão tupiniquim dos *covered bonds*, negociados no mercado internacional. É um título lastreado em ativos e bens imobiliários. A LIG tem algumas vantagens sobre os demais títulos. Além de ter a garantia do próprio balanço do banco emissor, a carteira de financiamentos imobiliários usada para lastrear a Letra fica separada do patrimônio do banco. Assim, se a instituição emissora quebrar, esse conjunto de créditos imobiliários e empreendimentos honrarão os pagamentos aos investidores. A liquidez desse título só é possível após doze meses; e comece a sorrir: os rendimentos da LIG são isentos de imposto de renda.

Os rendimentos dos títulos do mercado imobiliário e do agronegócio são isentos do imposto de renda e IOF. Isso porque o governo tem interesse em incentivar a compra da casa própria e em colocar comida na mesa do cidadão.

Benchmarks de Renda Fixa

Definir um benchmark correto é de suma importância para medir a performance de um investimento. Logo, é fundamental utilizar um índice de renda fixa para avaliar uma carteira de renda fixa e outro para uma carteira de renda variável. Para ações, utilizamos o Ibovespa ou outro índice e agora vamos escolher um dos seguintes indicadores para renda fixa: CDI, Selic, PTAX, IPCA, IGP-M ou IMA. Entenda como é calculado cada um para poder tomar a decisão correta na hora de escolher o seu parâmetro de análise.

» CDI: Tecnicamente chamado de Taxa DI, é a média ponderada por volume financeiro dos negócios realizados no mercado de CDI de 1 dia. Para consultar a série histórica da Taxa DI, consulte o site da B3 na aba Market Data e Índices/Índices/Índices de Segmentos e Setoriais/Índice DI B3.

» Taxa Selic: É a média ponderada por volume financeiro de todos os negócios realizados com títulos públicos federais no sistema SELIC do Banco Central. É conhecida como Selic over e remunera as LFTs.

» PTAX: Para calcular a PTAX, utiliza-se a média ponderada dos negócios realizados no mercado interbancário de dólar (ou euro, conforme o caso) de um dia.

» IPCA ou IGP-M: Os índices de inflação, já apresentados no Capítulo 3, são uma boa opção de benchmark para investimentos de longo prazo ou para aqueles que desejam preservar patrimônio.

» IMA: O IMA é uma família de índices calculados pela ANBIMA e tem por base a média das taxas de títulos públicos federais. Cada IMA é direcionado para uma família de títulos. Para conhecer os IMAs, pesquise no site da ANBIMA em https://www.anbima.com.br/pt_br/informar/precos-e-indices/indices/ima.htm.

A Parte do Leão

A tributação de renda fixa segue uma tabela regressiva, pois depende do tempo da aplicação. Quanto maior o prazo, menor a alíquota que incidirá sobre os rendimentos, conforme Tabela 7-5.

TABELA 7-5 **Alíquota de Imposto de Renda sobre Rendimentos de Renda Fixa**

Prazo	Alíquota
Até 180 dias	22,5%
181 dias até 360 dias	20%
361 dias até 720 dias	17,5%
Acima de 720 dias	15%

Qualquer investimento que não tenha sido citado neste capítulo, mas que tenha caráter de renda fixa, é tributado dessa forma, com exceção daqueles já mencionados, cujo governo tem interesse de incentivar e, por isso, isenta de tributação.

Além do imposto de renda, os rendimentos recebidos de investimentos em renda fixa estão sujeitos a cobrança do IOF (Imposto sobre Operações Financeiras), que é zerado do trigésimo dia em diante. Conheça a Tabela 7-6 de IOF, também regressiva conforme o número de dias desde a aplicação.

TABELA 7-6 **Alíquota de IOF**

Nº de dias	% Limite do rendimento	Nº de dias	% Limite do rendimento	Nº de dias	% Limite do rendimento
1	96	11	63	21	30
2	93	12	60	22	26
3	90	13	56	23	23
4	86	14	53	24	20
5	83	15	50	25	16

Nº de dias	% Limite do rendimento	Nº de dias	% Limite do rendimento	Nº de dias	% Limite do rendimento
6	80	16	46	26	13
7	76	17	43	27	10
8	73	18	40	28	6
9	70	19	36	29	3
10	66	20	33	30	0

Arrematando o Capítulo

Visando não deixar nenhuma dúvida de como funciona o mercado de renda fixa e sua tributação, preste atenção neste caso hipotético.

Suponha que você tem R$100.000,00 e deseja aplicar em uma debênture que tem cupom de 8% ao ano, paga juros anuais, vence em 4 anos, com amortização no vencimento. Você comprou na emissão e pagou o preço de 99,625. O valor nominal de cada título é R$1.000,00. Façamos as contas.

TABELA 7-7 Cálculos da Debênture

Prazo	Alíquota
Valor nominal unitário	R$1.000,00
Valor disponível para investir	R$100.000,00
Preço na emissão	R$996,25
=R$100.000,00/R$ 996,25	100,38
Quantidade de títulos adquiridos*	100
Valor desembolsado = 100 x R$996,25	R$99.923,88
Cupom	8%
Cupom/título = R$1.000,00 x 8%	R$80,00
Cupom a receber anualmente = R$80,00 x 100	R$8.000,00

Nota: * Não pode ser valor quebrado. Logo 100,38 foi arredondado para 100.

Desenhando o fluxo da operação:

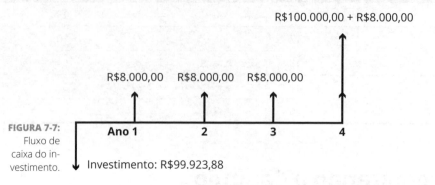

FIGURA 7-7: Fluxo de caixa do investimento.

Calculando o *yield* do investimento:

Agora teremos que entrar mais a fundo em matemática financeira e serei muito prática neste momento. Como se trata de cálculo de taxa, o melhor é utilizar ou o Excel ou a HP 12C, pois o cálculo do YTM, aquele rendimento que você terá se ficar até o vencimento do papel, é dado pelo cálculo da Taxa Interna de Retorno (TIR).

PAPO DE ESPECIALISTA

TIR é a taxa que o investidor receberá se ficar até o vencimento, dado um determinado fluxo de caixa. Em outras palavras, é a taxa utilizada para trazer os fluxos futuros do título a valor presente e iguala a soma desses valores encontrados ao valor do investimento.

Na HP 12C, TIR = IRR, *Internal Rate of Return*

No caso aqui apresentado, a TIR, que em renda fixa é chamada de YTM, é a taxa que traz as 3 parcelas de R$8.000,00 e uma final de R$108.000,00 no tempo 4 a valor presente, encontrando como resultado R$99.923,88.

Cálculo na HP 12C

Seguir o fluxo a seguir:

f[REG] 999*23.88 [CHS] g[PV] 8000 g[PMT] 3 g[Nj] 108000 g[PMT] f[IRR]

E, como em um passe de mágica, a calculadora dá o resultado: **8,02%** ao ano.

86 PARTE 2 **Conhecendo os Produtos de Investimento Financeiro**

PAPO DE ESPECIALISTA

As teclas da HP 12C:

» F[REG]: Limpar os registros f — acessa as funções laranjas.

» [CHS]: Inverter o sinal g — acessa as funções azuis.

» [PV]: Valor presente.

» [PMT]: Pagamento, parcela.

» g[Nj]: Número de parcelas.

» f[IRR]: Taxa interna de retorno.

Como pode ver, o cupom é 8%, mas o mercado está exigindo mais pelo título: 8,02%. Como a taxa subiu (8,02%>8,0%), o preço do título caiu de R$1.000,00 para R$999,2388.

Se você não tem ainda a calculadora, não se desespere. É possível calcular a TIR no Excel. Acompanhe os passos a seguir.

Cálculo no Excel

O primeiro passo é inserir o fluxo de caixa na planilha, como é possível ver nas colunas B e C da Figura 7-8. A seguir, estipule a célula na qual deseja encontrar o resultado (B9 no caso do exemplo). Clique em *fx*, circundado na figura. Escolher categoria Financeira e selecionar função TIR, ambas marcadas. Dar OK.

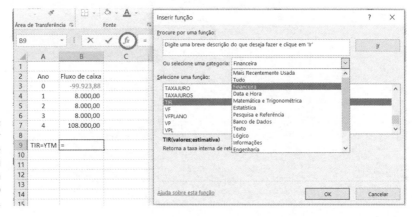

FIGURA 7-8: Como dizer ao Excel que você deseja calcular a TIR do fluxo de caixa.

CAPÍTULO 7 **Explorando o Mercado de Renda Fixa** 87

Tudo devidamente organizado? É hora de calcular o yield do título. Após o "OK", a janela da Figura 7-9 abrirá. Em Valores, marque as células do fluxo de caixa e, em Estimativa, adicione um número aleatório. Pode ser 1. Mais uma vez dê OK. O resultado encontrado na célula B9 será 8,02%, o mesmo da calculadora, como esperado.

FIGURA 7-9: Calculando o *yield* do título.

> **NESTE CAPÍTULO**
>
> » **Alavancando investimentos**
>
> » **Mitigando riscos**
>
> » **Ganhando dinheiro com pouco desembolso**

Capítulo **8**

Os Derivativos e Suas Múltiplas Utilidades

O mundo dos derivativos é um universo de criatividade. No primeiro contato, pode até parecer complicado, mas, à medida que se avança no seu conhecimento, ele se torna um produto de múltiplas utilidades. Isso ocorre porque ele tanto serve para diminuir os riscos de uma carteira de investimentos como para alavancar ganhos.

Toda vez que menciono derivativos, eu me lembro de um estagiário que tive, na época, um rapaz muito curioso e dedicado. Conheça sua história.

Após aprender sobre opções e a possibilidade de ganhar muito dinheiro investindo pouco, pediu demissão porque queria aprender fazendo. Ficaria em casa operando diretamente do seu *home broker*. Era sua chance de ganhar muito dinheiro. Resultado? Depois de um mês, perdeu suas economias e pediu para voltar.

Histórias como essa são muito comuns. Investidores desavisados muitas vezes se deixam levar por ideias mirabolantes de seus assessores de investimento sem ter noção do risco que correm com os derivativos.

Mas nem sempre é assim. Como tudo tem dois lados, os derivativos têm uma função muito importante no mercado, pois servem, quando bem utilizados, para mitigar os riscos da carteira. Essa será a tônica deste capítulo: mostrar como funcionam o termo, as opções, o mercado futuro e o swap.

Um Pouco de História Não Faz Mal a Ninguém

A história dos derivativos começa no século XVII, no Japão feudal. Conta-se que os senhores feudais viviam nas cidades e arrendavam suas terras para plantação de arroz. Devido à instabilidade nas receitas, os senhores feudais começaram a vender recibos de armazenagem desses bens estocados em armazéns.

Do outro lado, os comerciantes compravam esses recibos para antecipar suas necessidades, pois também sofriam com a irregularidade das safras. Fim da história: esses recibos se tornaram amplamente aceitos como moeda corrente.

Daí para frente, foi só sofisticação, até chegarem ao mercado futuro, no qual são negociados os contratos que têm por base ativos. Já no mercado de opções são negociados os direitos sobre os ativos. O swap, que em inglês significa troca, é um produto em que os agentes econômicos trocam entre si a diferença de variação de preços entre dois indexadores.

Tem também uma outra história, talvez mais conhecida, sobre a origem dos derivativos. É o caso das tulipas nos países baixos, que já virou até filme — *A Febre das Tulipas*, de Justin Chadwick, 2017 —, que conta a história, em meio a um romance, da formação de uma bolha no preço das tulipas. Foi assim que, na década de 1630, surgiram contratos futuros para negociar os bulbos antes mesmo da colheita. E, como em toda bolha, o final não foi feliz. Em 1637, houve uma perda de confiança e muita gente foi à falência. Como o mercado é de soma zero, do outro lado, muitas pessoas saíram rindo à toa. Mas o que será que aconteceu com o casalzinho do romance do filme? Não posso contar para não dar *spoiler* e, ademais, este capítulo não se dedica a essas coisas do mundo imaginário. Vamos nos ater às finanças e seus investimentos.

Mercado a Termo

Negociar a termo é como comprar a prazo, levando a mercadoria hoje e pagando no futuro. Em outras palavras, comprador e vendedor concordam com uma regra de fixação de preço no momento da realização do negócio, para liquidação em data futura.

DICA

Termo = Contrate agora e pague depois.

Os contratos a termo podem ser negociados em bolsa e em balcão e são, normalmente, liquidados no vencimento. Porém, caso o comprador deseje e o vendedor concorde, pode antecipar a liquidação, mas pagará o valor acertado, não havendo nenhum desconto por conta dessa antecipação, se negociado na B3. Já em balcão, pode haver alguma flexibilidade, a combinar entre as partes.

A liquidação do termo pode ser feita de duas formas:

> » Liquidação financeira: Caso em que o pagamento é feito pela diferença entre o preço acertado e o preço do ativo no mercado à vista.
>
> » Liquidação física: Neste caso, o ativo é entregue contra o pagamento do valor acordado.

Mas nada melhor que um exemplo para clarear a operação. Acompanhe a seguir.

Um produtor deseja vender uma partida (carga) de soja de mil toneladas métricas (tm) para pagamento contra entrega em 1º de julho na fábrica de um processador de soja, perto de sua propriedade. O processador aceita comprar, desde que o preço seja fixo, de modo a garantir seu resultado na operação. Afinal, ele processará a soja e venderá os subprodutos (farelo e óleo). Ele está com medo de que, no futuro, o preço da soja em grãos seja mais alto. Do outro lado está o produtor, que tem receio que o preço da soja no futuro seja mais baixo. Digamos que o preço acordado tenha sido R$2.850,00 por tm. O que pode acontecer?

1. **O mercado no começo de julho pode estar acima do contratado.**

- Neste caso, o vendedor deixa de ganhar a diferença entre o preço acordado e o preço de mercado, mas o preço acordado foi alto o suficiente para pagar custos de produção e garantir uma margem de lucro.

- O comprador, na sua posição conservadora, também não se beneficiou da subida, pois ao mesmo tempo que acertou a compra a termo, liquidou os subprodutos, garantindo sua margem de lucro.

2. **O mercado pode cair e o preço da soja, na época da entrega, pode estar mais baixo que o contratado.**

- Neste caso, o produtor deixa de perder a diferença entre seu preço de venda e o preço atual do mercado, mas sua margem já estava garantida na época da venda.

- O comprador nada perde se teve uma posição conservadora, pois vendeu os subprodutos com base no preço de compra da soja.

A função do termo acordado foi para ambos, vendedor e comprador, garantirem um resultado líquido satisfatório, como se fosse um seguro.

Como se vê, a função do comprador e do vendedor do exemplo era proteger preços. Mas o termo tem outras funções além dessa. Confira a seguir.

Imagine o caso de um investidor que aposta na valorização do preço de uma ação, mas que não tem esse ativo na carteira, nem tem dinheiro no momento. O que fazer? Ele pode comprar a termo a ação por seu preço no mercado à vista mais juros, deixando apenas uma margem na B3. Passado um tempo, suas suspeitas se confirmam e o preço da ação sobe. Ele ganha quando, na liquidação da operação no futuro, o preço da ação no mercado à vista estiver mais caro que o preço que ele pagou pelo termo (R$ X + juros).

Pausa para perguntar à professora:

FIGURA 8-1: Diálogo sobre proventos durante o termo.

Do lado do vendedor que não está preocupado em proteger preço, tudo que ele ganha é a taxa de juros da operação.

Como você aprendeu, houve um compromisso assumido entre comprador e vendedor e, quando feito na bolsa, ela tem responsabilidades sobre a liquidação da operação. Logo, a B3 exige de ambas as partes o seguinte:

» **Do vendedor:** Cobertura, o que significa que ele tem que depositar a ação ou o ativo objeto do termo.

» **Do comprador**: Depósito de margem, que pode ser em dinheiro, títulos públicos ou privados, ações, ouro ou fiança. A bolsa calcula o valor da margem e, às vezes, quando a variação de preço do ativo-objeto é muito grande, solicita um aumento da margem.

Em suma, são negociados em balcão os termos de moedas, mercadorias e índices e na bolsa apenas termo de ações por prazos que podem ir de 12 dias úteis até 999 dias corridos, sendo o mais usual 30, 60, 90, 120 e 180 dias.

Tributação do termo

A alíquota sobre o ganho líquido para o comprador do termo (diferença entre o valor de venda das ações menos o valor desembolsado na compra do termo) é de 15%. No caso do vendedor coberto, por já conhecer seu ganho de antemão, é considerada uma operação de renda fixa, aplicando-se a tabela regressiva.

As operações de venda a descoberto, quando o vendedor deposita apenas a margem, não tendo em carteira o ativo objeto, são tributadas como renda variável, com alíquota de 15% sobre o ganho líquido.

Mercado Futuro

No meu entender, o mercado futuro é mais criativo do que o mercado a termo e pode ser considerado uma sofisticação do termo.

Em ambos os mercados, o investidor se compromete a comprar ou a vender um ativo por um preço estipulado para liquidação em data futura. A grande diferença entre os dois é que:

» No mercado a termo, os contratos são liquidados integralmente no vencimento.

» No mercado futuro, os compromissos são ajustados diariamente em termos financeiros, tendo por base as expetativas do mercado acerca do preço futuro do bem, ao que se dá o nome de **ajuste diário**.

» O mercado futuro ocorre somente em bolsa e, logo, tem contratos padronizados, sendo muito líquidos e tendo a bolsa, no caso do Brasil a B3, como contraparte da operação.

PAPO DE ESPECIALISTA

Embora o investidor A só venda ou compre contratos futuros porque tem um investidor B interessado em fazer a operação contrária, formalmente, o negócio é fechado com a bolsa que, portanto, funciona como contraparte da operação. A posição da bolsa é sempre de soma zero porque a quantidade de contratos que tem de compra é a mesma que tem de venda.

Como tudo que é negociado em bolsa, os contratos futuros são padronizados e, por gerarem uma obrigação, para começar a negociar nesse mercado, é necessário depositar uma margem de garantia definida pela própria bolsa, conforme o objeto de negociação e sua volatilidade. O objetivo, como sempre, é mitigar o risco de não cumprimento do contrato, em caso de eventual diferença entre o preço futuro negociado e o preço à vista no vencimento do contrato.

Vamos agora ao que interessa: o exemplo.

Suponha dois agentes de mercado: importador e exportador.

Imagine que o importador comprou uma grande quantidade de mercadorias de Natal (US$10.000.000) para vender para os supermercados. Do outro lado, temos o exportador de frango, que vendeu uma grande partida (US$10.000.000) para a China.

O vendedor no exterior das mercadorias deu prazo (60 dias) para o importador pagar pelas compras e o mesmo aconteceu no caso do exportador, que concedeu prazo (60 dias) para a empresa chinesa pagar pelos frangos.

Ambos têm visão pessimista e estão com medo de o preço do câmbio variar muito no momento do desembolso (caso do importador) e do recebimento (caso do exportador). O importador acredita que o preço do dólar pode subir muito, e o exportador, que pode cair. Se o preço do dólar subir, o importador terá que pagar mais reais por sua compra e, se cair, o exportador receberá menos reais ao trocar os dólares recebidos por reais. Há de se fazer algo para garantir o preço da operação.

O que eles fazem? **Um hedge** no mercado futuro de dólar. O importador compra contratos futuros e o exportador vende contratos futuros.

DICA

Hedge = proteção

O que eles ganham negociando contratos futuros? Acompanhe as contas a seguir.

> Na B3, 1 contrato de dólar = US$50.000
>
> Logo, US$10.000.000 / US$50.000 = 200 contratos de dólar
>
> Vencimento = 01/02/202X (60 dias úteis desde a negociação na bolsa)

94 PARTE 2 Conhecendo os Produtos de Investimento Financeiro

Preço do contrato na B3: US$1.000 = R$5.600,00

PAPO DE ESPECIALISTA

A B3 também negocia minicontratos de dólar e de outros ativos, o que facilita o pequeno investidor.

1 minicontrato de dólar = US$5.000.

A bolsa funciona como contraparte, o que significa que o contrato será assinado pela bolsa. Ela assina com o comprador porque também assinou com o vendedor. Logo, para a bolsa a soma será zero.

Margem de ambos depositada segundo valor dado pela bolsa, hora de fazer as contas, lembrando sempre que eles estão apostando no valor do dólar comercial (PTAX800 de venda) no dia do vencimento, 01/02/202X que, segundo a conta de ambas as partes, será US$1,00 = R$5,60. Neste caso, o importador tem garantido que desembolsará R$56.000.000,00 para pagar suas compras, e o exportador receberá R$56.000.000,00 pela venda. Ambos estão tranquilos, não importando a direção que o mercado tome. A única coisa que pode acontecer é a bolsa exigir que aumentem sua margem por causa de um aumento na volatilidade no preço do dólar, mas até aí, tudo bem, porque a margem volta para o investidor na liquidação do contrato.

Cálculo dos ajustes diários da posição compradora

TABELA 8-1   Ajustes Diários — Posição Compradora

Data	Último preço	Fechamento mercado Informado pela bolsa	Diferença Fechamento — Último preço	Ajuste diário Diferença x qtd. de contratos x 50	Ajuste acumulado Ajuste D+(n-1) + Ajuste D+n
\multicolumn{6}{c}{Quantidade de contratos: 200}
D+0	5.600,00	5.610,00	10,00	100.000,00	100.000,00
D+1	5.610,00	5.621,00	11,00	110.000,00	210.000,00
D+2	5.621,00	5.579,60	-41,40	-414.000,00	-204.000,00
D+3	5.579,60	5.591,20	11,60	116.000,00	-88.000,00
...	...	...	...	...	...
D+59		5.721,00			1.210.000,00
D+60	5.721,00	5.703,40	-17,60	-176.000,00	1.034.000,00

CAPÍTULO 8 **Os Derivativos e Suas Múltiplas Utilidades**   95

Resultado final da operação compradora

Lembrando que o importador estava com medo de o dólar subir e, portanto, comprou os contratos de dólar. Como demonstrado na Tabela 8-1, todo dia a posição do comprador sofreu um ajuste, que é a diferença entre a posição da véspera com a do dia do ajuste. Às vezes ele recebe dinheiro e outras vezes tem que pagar. Ele pode vender a posição dele para terceiros antes do vencimento, mas, para fins didáticos, estou supondo que ficará até o vencimento do contrato, quando terá juntado R$20.680,00 de ajuste.

Pode até parecer estranho, mas o negócio termina por aí. O comprador sai ganhando R$20.680,00 e o vendedor dos contratos saiu desembolsando o mesmo valor. Para a bolsa, o ganho foi zero. O importante é saber que não há entrega de dólares, o que não faz a menor diferença. Quer saber o porquê? Então preste atenção na explicação que se segue.

Em D+60, dia do vencimento, o dólar utilizado para fazer a conta do ajuste é o mesmo dólar no mercado à vista.

LEMBRE-SE

Durante toda a vida do contrato, foi negociado quanto seria a taxa de câmbio no dia do vencimento do contrato e esse dia chegou. Logo, o dólar utilizado no ajuste vai coincidir com o dólar no mercado à vista.

Nosso importador, nesse dia, telefonará para o seu banco e fechará um câmbio de US$10.000.000 para pagar sua importação, e lhe será dada a mesma taxa de câmbio utilizada pela bolsa para fazer as contas do ajuste.

Sabemos que o comprador estava confiante que iria desembolsar R$56.000.000,00, e assim será, como comprovado a seguir.

Taxa de câmbio em D+60: US$1 = R$5,7034

US$10.000.000 x R$ 5,7034 = **R$57.034.000,00**

Note que o valor do contrato de câmbio será R$57.034.000,00 e que ele esperava desembolsar R$56.000.000,00, o que aconteceu porque a diferença foi paga com o ajuste que ganhou no mercado futuro (R$1.034.000,00).

R$56.000.000,00 + R$1.034.000,00 do ajuste = **R$57.034.000,00**

Resultado final da operação vendedora

Do lado do exportador, que entrou no mercado vendendo dólar, se dá exatamente o oposto:

TABELA 8-2   Ajustes Diários — Posição Vendedora

		Número de contratos: 200			
Data	Último preço	Fechamento mercado	Diferença	Ajuste diário	Ajuste acumulado
		Informado pela bolsa	Fechamento — Último preço	Diferença x qtd. de contratos	Ajuste D-(n-1) + Ajuste D+n
D+0	5.600,00	5.610,00	-10,00	-100.000,00	-100.000,00
D+1	5.610,00	5.621,00	-11,00	-110.000,00	-210.000,00
D+2	5.621,00	5.579,60	41,40	414.000,00	204.000,00
D+3	5.579,60	5.591,20	-11,60	-116.000,00	88.000,00
...	...	...	...	...	...
D+59	5.689,00	5.721,00			-1.210.000,00
D+60	5.721,00	5.703,40	17,60	176.000,00	-1.034.000,00

No vencimento, o exportador ligará para o banco e venderá os US$10,000,000 a uma taxa de US$1 = R$5,7034, recebendo R$57.034.000,00.

Ele tinha se programado para receber R$56.000.000,00 e assim aconteceu, porque ele pagou um total de ajuste negativo para a bolsa no valor de R$1.034.000,00 e:

R$57.034.000,00 — R$1.034.000,00 do ajuste = **R$56.000.000,00**

Pausa para perguntar à professora:

Que contratos futuros são negociados na B3?

Moedas, juros, commodities e IBOVESPA. E tem também os minicontratos!

FIGURA 8-2: Contratos futuros negociados na B3.

CAPÍTULO 8 **Os Derivativos e Suas Múltiplas Utilidades**   97

DICA

Nem todo mundo que opera futuro quer fazer hedge. Alguns investidores com mais apetite ao risco, por exemplo, não plantam soja, mas entram no mercado comprando ou vendendo contratos de soja porque acreditam em uma direção no preço da soja. Pode dar certo, mas pode dar errado.

Tributação do ganho no mercado futuro

O imposto de renda sobre o ganho no mercado futuro é calculado sobre o ganho líquido (resultado positivo da soma dos ajustes diários desde o início da operação até a liquidação). Basta multiplicar o ganho líquido (menos os custos de corretagem, lógico!) por 15% e *voilá*: você terá encontrado o valor devido ao nosso leão faminto de nome pomposo, Receita Federal.

Swap

O swap, de todos os derivativos, é o mais simples de entender. Bom, já me disseram que, depois de opções, qualquer produto é simples. Será? Hora de conferir.

Swap significa troca em inglês. Logo, fazer uma operação de swap é trocar um indexador por outro. Como assim? Preste atenção! Você tem um ativo que vale R$100.000,00. Ele está aplicado em CDB ou é dinheiro a receber de clientes, por exemplo. Esse ativo rende 100% do CDI. Você também tem um passivo (uma dívida) em dólar. Você está com medo que a taxa de câmbio suba e, portanto, que o descasamento ocasione um prejuízo. O que fazer? Um swap é uma opção interessante neste caso.

Você troca com a instituição financeira uma rentabilidade em CDI por uma em dólar. Por que a instituição financeira faria isso? Porque ela tem uma posição contrária que também está descasada. Lembre-se de que ela faz isso o dia todo, com diversos clientes, em diversas posições.

Funciona assim: a instituição financeira checa o mercado e passa as taxas. Suponha que o negócio seja feito com as seguintes taxas: 100% CDI x dólar + 3%, para vencimento em 120 dias. O banco está apostando no CDI e o cliente em dólar + 3%. Acompanhe na Tabela 8-3 o resultado da operação, que pode ter duas direções.

TABELA 8-3 Cálculo do Ajuste no Swap

Direção 1		Valor do swap:	R$100.000,00
100% CDI no período:	3,0%	dólar + 3% no período:	3,5%
Rendimento:	R$3.000,00	Rendimento:	R$3.500,00
Ajuste	**+R$500,00**	Valor que o cliente receberá do banco	
Direção 2			
100% CDI no período	3,0%	dólar + 3% no período	2,8%
Rendimento	R$3.000,00	Rendimento	R$2.800,00
Ajuste	**-R$200,00**	Valor que o cliente pagará ao banco	

Tributação do ganho na operação de swap

O ajuste positivo em operação de swap é tributado em 15%. Se o ajuste for negativo, não há o que cobrar.

CUIDADO

Perdas em swap não são abatidas de ganhos em investimentos.

Mercado de Opções

Como tudo na vida, primeiro devemos compreender em português o significado das palavras, o que me fez buscar o Aurélio na internet que, segundo informa, opção é a "ação de optar, de escolher entre duas ou várias coisas". Resolvido o problema. No mercado de opções, o investidor tem o direito de escolher entre negociar ou não o ativo. Se ele tiver uma opção de compra, terá o direito de comprar o ativo objeto se achar que é um bom negócio. Se tiver uma opção de venda, seu direito será de vender o ativo.

DICA

» Call: Opção de compra.
» Put: Opção de venda.

O mercado de opções pode ser usado com qualquer ativo. Para clarear o entendimento, vou usar o exemplo de um imóvel.

Suponha que João alugue um apartamento de que gosta muito, mas a proprietária não deseja vendê-lo. Recentemente, soube que José, seu vizinho de porta, vai colocar à venda o seu apartamento daqui a seis meses, em 05/06/202X. João, então, teve uma ideia: ele paga R$3.000,00 para ter a opção de comprar o apartamento do José daqui a seis meses, pelo preço de R$600.000,00. José só poderá vender o apartamento a outra pessoa se João desistir da compra e os R$3.000,00 não serão devolvidos ao João em hipótese alguma, nem será abatido dos R$600.000,00.

Trocando em miúdos:

» Tipo de opção: Call

» Titular: João

» Lançador: José, o vizinho

» Ativo-objeto: apartamento do vizinho

» Prêmio = R$3.000,00

» Preço de exercício = R$600.000,00

» Data de vencimento: 05/06/202X

Chegada a data de vencimento, João tem a opção de comprar ou não o apartamento. Após pesquisa de mercado, ele pode concluir que o preço dos imóveis caiu nesse prazo e que o valor justo seria R$570.000,00. Neste caso, porque João pagaria R$600.000,00 por um imóvel que vale menos? Ele prefere perder os R$3.000,00 que pagou de prêmio.

Entretanto, pode ser que os imóveis tenham se valorizado no período, após anúncio da construção de uma estação de metrô perto de sua casa e o valor de mercado seria R$640.000,00. João se anima e compra por R$600.000,00 um imóvel que vale mais, ganhando R$37.000,00 na operação (R$640.000,00 — R$600.000,00 — R$3.000,00).

Outro exemplo no lado inverso:

Desta vez, quem está querendo fazer negócio é o vizinho, José. Ele só venderá o imóvel se receber a promoção tão almejada, o que o obrigará a mudar em apenas uma semana. Ele, então, propõe a João o seguinte: José paga R$3.000,00 a João para ter o direito de vender o seu apartamento para ele por R$600.000,00 em 05/06/202X. Se ele não receber a promoção, poderá desistir do negócio, mas não receberá os R$3.000,00 de volta.

Trocando em miúdos:

- Tipo de opção: Put.
- Titular: José, o vizinho.
- Lançador: João.
- Ativo-objeto: apartamento do vizinho.
- Prêmio = R$3.000,00.
- Preço de exercício = R$600.000,00.
- Data de vencimento: 05/06/202X.

Chegando o dia do vencimento, quem tem o direito de decidir se quer ou não fazer o negócio é o vizinho, José. Recebida a promoção, se o valor dos imóveis tiver aumentado, por que ele venderia seu apartamento por menos? Já se o mercado imobiliário tiver desvalorizado, ele poderá fazer um ótimo negócio. Exercerá seu direito e venderá seu apartamento por um preço maior que o do mercado. Em qualquer dos dois casos, João embolsará os R$3.000,00 do prêmio.

Agora podemos transplantar o mesmo produto para ações, dólar, Ibovespa, debênture e muitos outros ativos.

Na B3, as opções de ações têm vencimento toda terceira segunda-feira de cada mês ou dia subsequente, caso caia em algum feriado. Neste dia, somente é permitido o exercício das opções entre 10h e 13h.

LEMBRE-SE

Quem exerce é que tem o direito: o titular. O lançador tem a obrigação.

Resumindo, a opção deve ser exercida quando:

Opção	O preço do ativo no mercado à vista estiver	Porque
Compra	Mais caro que o preço de exercício	O comprador quer comprar barato
Venda	Mais barato que o preço de exercício	O vendedor quer vender caro

CUIDADO

O prêmio pago não deve ser levado em consideração para a tomada de decisão de exercer a opção. Este é um custo afundado e só é usado para o cálculo do lucro líquido da operação.

Conclusão:

1. O titular da call começa a ter resultado final positivo na operação quando o preço do ativo no mercado à vista for maior que o preço de exercício mais o prêmio pago.

2. O lançador da call começa a ter resultado final negativo na operação quando o preço do ativo no mercado à vista for menor que o preço de exercício menos o preço recebido.

3. O titular da put começa a ter resultado final positivo na operação quando o preço do ativo no mercado à vista for menor que o preço de exercício menos o prêmio pago.

4. O lançador da put começa a ter resultado final negativo na operação quando o preço do ativo no mercado à vista for maior que o preço de exercício mais o prêmio pago.

5. A perda máxima de um titular, seja de compra, seja de venda, está limitada ao prêmio pago.

6. O lucro máximo de um lançador, seja de compra, seja de venda, está limitado ao prêmio recebido.

Se você chegou até aqui, é porque é uma pessoa que quer aprender tudo sobre mercado financeiro, e há alta probabilidade de que seja curioso. Portanto, vale perguntar à nossa professora:

FIGURA 8-3: Fatores que influenciam o preço da opção.

Trocando em miúdos o que disse nossa professora, o prêmio de uma opção depende da probabilidade de ganhar dinheiro com o negócio, o que significa que, quanto maior for a probabilidade de exercício, mais caro será o prêmio. Além disso, quanto maior for o prazo a decorrer até o vencimento, maiores as chances do preço da ação no mercado à vista atingir um preço passível de exercício, ao que se dá o nome de **valor tempo**.

DICA

O valor tempo tem um componente de juros e de risco. Quanto maior a volatilidade do preço do ativo-objeto e o prazo até o vencimento, maior a probabilidade de exercício e, portanto, maior o prêmio.

Antes de chegar aos "finalmentes" de opção, gostaria de acrescentar que:

» O titular pode vender sua opção antes do vencimento, auferindo um resultado positivo ou negativo conforme a diferença entre os prêmios negociados na venda e na compra.

» É possível juntar opções de compra e venda sobre o mesmo ativo com preços de exercício diferentes, travando ganhos e perdas e até transformando a operação em renda fixa.

» O **Certificado de Operações Estruturadas (COE)** é um investimento que tem por base duas operações, sendo uma com opções. Este produto pode ser feito com o capital nominal protegido, caso em que o investidor, se não ganhar, recebe de volta o capital investido, ou com valor nominal em risco. Nesta hipótese, a perda do investidor está limitada ao valor investido.

Tributação da opção

Assim como toda aplicação de renda variável, a alíquota do imposto de renda é de 15% sobre os rendimentos líquidos (levam em conta o prêmio desembolsado) e pago pelo investidor até o último dia útil do mês subsequente, com a emissão de DARF.

Para fechar o capítulo, gostaria de dizer que, como tudo na vida, à primeira vista esse negócio de derivativos parece complicado para quem nunca foi apresentado a ele. Mas, como visto até aqui, é um mercado muito criativo e interessante, permitindo que os investidores se protejam da variação de preços e até ganhem dinheiro desembolsando apenas uma pequena quantia, ao que chamamos alavancagem.

104   PARTE 2 Conhecendo os Produtos de Investimento Financeiro

NESTE CAPÍTULO

» Entendendo como se ganha dinheiro em fundo de investimento

» Entendendo cada tipo de fundo de investimento

» Conhecendo as estratégias de gestão

Capítulo **9**

Ficando Craque em Fundos de Investimento

magine uma forma de investir em que várias pessoas se juntam e fazem uma vaquinha. Melhor dizendo, uma vaquinha abastada! Como não querem ter trabalho de gerir esse dinheiro, ou não entendem do riscado, passam essas e outras tarefas para profissionais do mercado que, com base em técnicas e instrumentos de gestão, são capazes de trazer rentabilidade ao mesmo tempo em que administram os riscos. Tudo feito conforme regra e objetivo previamente definidos. A essa forma moderna de investir dinheiro sem se preocupar com o dia a dia damos o nome de *fundo de investimento*, cujos detalhes serão esmiuçados neste capítulo.

Como Se Forma um Fundo

Tudo começa com uma estratégia de investimento, normalmente dentro da área de gestão de recursos de uma instituição financeira. Pode também vir da área comercial, que detectou alguma necessidade nova no mercado. Passo contínuo, e em conformidade com a regulamentação de fundos da CVM, é dada a forma jurídica para esse veículo de investimento. São redigidos o regulamento do fundo e os demais documentos exigidos pela norma e enviados para aprovação da CVM e da Receita Federal, onde obterá o CNPJ do fundo.

DICA

O fundo é um produto apartado do balanço da instituição financeira. Por ter vida própria, sua contabilidade é separada. Logo, a instituição financeira pode quebrar e o fundo continuar existindo, assim como o fundo pode quebrar e a instituição financeira seguir em frente.

Tudo aprovado, começa a captação de clientes pela área comercial. Normalmente, o fundo começa com cota R$1,000000. Logo, se você aplicar R$80.000,00 e for o primeiro investidor do fundo, vai adquirir:

R$80.000,00 ÷ R$1,000000 = 80.000,000000 cotas

Segundo as normas da CVM, uma cota é divisível em várias casas decimais.

Como Se Ganha Dinheiro em Fundo

Suponha que o gestor do fundo é muito bom e capaz de escolher os investimentos corretos para o fundo. Isso significa que os ativos do fundo vão se valorizar e, por consequência, o valor de sua cota.

Mas como se calcula a cota do fundo?

A cota é o resultado da divisão do Patrimônio Líquido do fundo pela quantidade de cotas. Por sua vez, o Patrimônio Líquido é a diferença entre o Ativo do fundo e o seu Passivo.

LEMBRE-SE

No Ativo registram-se todos os bens e direitos, e no Passivo, todas as obrigações.

Se no Passivo são registradas todas as dívidas do fundo e se o Patrimônio Líquido é o resultado do Ativo menos o Passivo, logo, a cota do fundo é líquida de todos os custos e despesas do fundo, como a taxa de administração.

A regra dos fundos determina que todos os seus ativos sejam registrados a valor de mercado. Essa é uma regra importante e justa. Entenda o porquê.

Se o investidor for na bolsa comprar ou vender uma ação, ele negociará o ativo a valor de mercado. Portanto, é justo que, ao calcular a cota do fundo, a contabilidade precifique os ativos ao seu valor de mercado. Dessa forma, garantirá que a cota reflita o valor de mercado dos seus investimentos. Assim, quando o investidor comprar ou resgatar cotas desse fundo, ele estará negociando as cotas a valor de mercado. É o que se chama de **Marcação a Mercado**.

Essa regra é fundamental para evitar a transferência de riqueza entre cotistas porque, se os ativos estiverem sobrevalorizados, quem aplicar no fundo estará fazendo um mau negócio e beneficiará quem já é cotista. Já se estiver subvalorizado, o investidor vai se dar bem, prejudicando quem está investido.

No caso de resgate do fundo, cotas sobrevalorizadas beneficiam quem está saindo do fundo e prejudicando quem está aplicado. Já no caso de aplicação, prejudica o aplicador e beneficia quem já está no fundo.

Há fundos que trabalham com cota de abertura. Esses são os fundos com baixíssima volatilidade, tipo Fundo DI. Ter cota de abertura significa que, no início do dia, já se conhece o valor da cota que será utilizada para aplicações e resgates naquele dia. Já os fundos que têm cota de fechamento são aqueles com ativos de maior volatilidade, como os fundos de ações. Neste caso, a cota do dia de hoje (D+0) só é calculada no fim do dia, após o fechamento do mercado, refletindo, portanto, a variação do mercado deste dia.

Ficou curioso para saber o que é um fundo DI? Calma que, logo, logo, você conhecerá os tipos de fundos que existem no mercado.

Cada Macaco no Seu Galho

Assim como uma empresa tem várias áreas diferentes e cada uma tem um diretor, um fundo de investimento também tem diferentes participantes no processo de sua administração. Conheça quais são:

» Gestor: É o cara ou a empresa especializada em selecionar os ativos para o fundo, conforme sua política de investimento. Ele é o responsável pela rentabilidade do fundo e tem que ser autorizado pela CVM a prestar esse tipo de serviço.

DICA

A política de investimento é o conjunto de regras de investimento que rege um investimento qualquer, tipo no que pode e não pode aplicar.

» Administrador: Instituição que responde pela burocracia do fundo e é o responsável legal do fundo. É como se fosse o diretor geral do fundo.

» Custodiante: Faz a guarda dos ativos do fundo e calcula o valor de mercado de cada um deles.

» Auditor: Checa para ver se tudo está correto, conforme a regulamentação contábil e da CVM.

> Distribuidor: É a instituição que tem o contato direto com o cliente, que faz a parte comercial e distribui as cotas do fundo. Pode ser um banco, uma corretora ou uma empresa de agente autônomo de investimentos.

Custos e Despesas de um Fundo

Um fundo tem muitas despesas, como taxa de fiscalização da CVM, corretagem quando opera, despesas com custódia e auditoria, entre outras, sendo a taxa de administração a principal. Mas tudo isso já está no passivo do fundo e, relembrando, considerado no cálculo da cota. O único custo do cliente, que não está no cálculo da cota, é o imposto de renda e o IOF, quando aplicável, que serão apresentados no final deste capítulo.

A **taxa de administração** é a remuneração do gestor e do administrador e é provisionada diariamente.

PAPO DE ESPECIALISTA

Muitos investidores dão importância exagerada ao custo da taxa de administração. É verdade que ela tem um peso na rentabilidade do fundo, mas não é o fator determinante da rentabilidade, principalmente em fundos mais arriscados. Tudo depende do tipo de fundo e da capacidade do gestor de entregar retorno.

Alguns fundos têm **taxa de performance**, que é aquela que se paga se a rentabilidade do fundo ultrapassar um patamar determinado. Normalmente cobra-se performance quando o fundo tem uma estratégia de gestão mais agressiva, como alguns fundos multimercados.

Existem fundos que cobram **taxa de entrada**, calculada sobre o valor sendo aplicado. Outros cobram **taxa de saída**, ou seja, paga no momento do resgate. Normalmente essa taxa é cobrada quando o investidor precisa receber o dinheiro antes do prazo da liquidação normal do fundo. Esse custo faz todo sentido no caso de fundos que precisam de tempo para maturar o investimento feito, porque uma venda antecipada de um ativo da carteira do fundo pode trazer perda para o fundo e, neste caso, os demais cotistas estariam sendo prejudicados por conta de um cotista "apressado", que não quer respeitar o prazo da liquidação financeira do fundo.

Fundos de Fundos

Existem fundos que, em vez de ter ativos como ações ou títulos de renda fixa, têm cotas de outros fundos. São os chamados FICs, fundos de investimento em cotas de outros fundos de investimento.

A montagem de um FIC, e não de um fundo de investimento normal, pode se dar por dois motivos:

1. Fundo espelho: Acontece quando uma instituição financeira quer ter um fundo que espelhe a rentabilidade de um outro fundo, separando cada fundo por um valor mínimo inicial de aplicação, por exemplo. Neste caso, cada FIC teria uma taxa de administração diferente, mas todos aplicariam em um mesmo fundo-mãe e o gestor teria apenas um trabalho para gerenciar esse fundo-mãe. Desta forma, os cotistas desse fundo-mãe seriam os diversos FICs do próprio banco.

FICs também são montados por instituições financeiras que comercializam fundos de terceiros. Poderia ser a XP distribuindo um fundo do Verde (outra gestora de recursos), por exemplo. Os investidores aplicariam no XP FIC Verde e este, por sua vez, aplicaria no Verde FI. Essa estrutura é utilizada para que a XP, neste caso, não abra para o Verde quem são seus clientes. Além disso, devido à grande capilaridade da XP, os investidores finais conseguem aplicar em um fundo que tem um mínimo menor que o fundo-mãe. Juntando esses valores pequenos, a XP consegue juntar muito mais que o mínimo necessário para investir diretamente no fundo-mãe.

2. Fundo de alocação: Os fundos de alocação são FICs que têm como ativo diversos outros fundos, muitas vezes com estratégias diferentes. Essa estrutura pode ser montada por dois motivos:

- Fundo exclusivo de um único investidor ou família, que faz um planejamento tributário, como será visto em tributação no final deste capítulo.

- Fundo que busca diversificação em outros fundos e gestores. A vantagem desses FICs é não só tributária, mas a diversificação de cabeças pensantes e diferentes estratégias. É uma forma muito inteligente de investir em fundos, pois diversifica riscos.

Tipos de Fundos

Os fundos são regulamentados pela CVM. Cada família tem sua própria Instrução. A instrução-mãe separa os fundos conforme o tipo de risco. Veja quais são na Tabela 9-1.

TABELA 9-1 — **Classificação dos Fundos Segundo Instrução CVM 555**

Tipo de fundo	Risco	Observação
Renda Fixa	Renda fixa	Pode ser: • Com pouco risco de crédito e mercado (fundo de curto prazo). • Referenciado a um indexador (como um fundo DI). • Simples (baixíssimo risco de crédito). • De dívida externa (compra títulos emitidos pelo Brasil no exterior).
Ações	Mercado acionário	2/3 da carteira do fundo é composta diretamente ou indiretamente de ações no mercado à vista.
Cambial	Moeda	Pode ser risco de dólar, euro ou até outras moedas.
Multimercado	Nenhum risco específico	A política de investimento envolve vários fatores de risco. Ler cuidadosamente o regulamento do fundo.

Os demais fundos seguem, cada um, uma regulamentação específica. Conheça os mais populares na Tabela 9-2.

TABELA 9-2 — **Demais Fundos de Investimento**

Tipo de fundo	Risco	Observação
Imobiliário	Mercado imobiliário	Pode ter imóveis comerciais, residenciais ou títulos do segmento imobiliário. Distribuem dividendos periodicamente que, sob certas condições, são isentos de imposto de renda.
FIDC	De crédito, normalmente elevado	Composto de direitos creditórios (DC), que são dívidas de terceiros (empresas ou pessoas).
De Índice	De mercado (do benchmark)	Conhecido como ETF (*Exchange Traded Fund*), é um fundo negociado em bolsa e que segue um benchmark. Taxa de administração baixa.
Em Participação	Das empresas investidas	O gestor do fundo participa na gestão da empresa investida. São fundos fechados e que demoram para mostrar retorno.

PARTE 2 **Conhecendo os Produtos de Investimento Financeiro**

Independentemente do tipo, a regulamentação obriga os fundos a seguirem regras de:

» Limites por emissor.

» Por modalidade de ativo financeiro.

» Quanto pode ter em ativos no exterior.

» Que tipo de investidor pode aplicar no fundo. É razoável que seja permitido, ao investidor milionário, assumir mais risco.

PAPO DE ESPECIALISTA

Investidor qualificado: No caso da pessoa física, refere-se àquela que tem R$1.000.000,00 ou mais aplicado no mercado financeiro ou é um profissional de Mercado, devidamente autorizado pela CVM.

Investidor profissional: Este é o sonho divino de qualquer pessoa, pois ele tem R$10.000.000,00 ou mais aplicado no mercado financeiro. Pode ser também, como acima, um profissional de Mercado, devidamente autorizado pela CVM.

Os demais investidores não têm nome próprio. São apenas "todos os tipos de investidores", vulgarmente chamados de "varejo".

Principais Estratégias de Gestão

Os fundos de investimento seguem uma política de investimento predefinida, que pressupõe uma estratégia de gestão, a saber:

» Gestão passiva x ativa: Na gestão passiva, o fundo busca acompanhar a rentabilidade do benchmark, como os fundos DI e os ETFs. Já na gestão ativa, o objetivo é ultrapassar o benchmark.

» Macro: Neste caso, as decisões de compra e venda de um ativo para a carteira do fundo são baseadas em análise dos fundamentos macroeconômicos.

» *Long & short*: O retorno do fundo não está correlacionado com índices de mercado, por ter exposição a fatores de risco específicos, combinando posições compradas (*long*) e vendidas (*short*) em ativos.

» *Long Only*: Este tipo de fundo está sempre comprado em ativos. Comum em fundos de ações.

» Valor: Busca comprar ações que estão subavaliadas pelo mercado.

» Crescimento: Busca comprar ações de empresas que têm alto potencial de crescimento.

>> Quantitativa: Baseia seu processo de seleção de ativos em modelos matemáticos, utilizando tecnologias capazes de compreender ou antecipar o comportamento dos ativos.

>> Fatorial: Usa tecnologias de processamento de dados para identificar e seguir um ou mais fatores/variáveis que vão além da relação risco x retorno, na tentativa de obter retorno acima da média do mercado. Embora o fundo fatorial não leve em conta fatores fundamentalistas, é possível buscar assimetrias e ajustar o modelo de acordo com os novos eventos que se apresentam.

Fatores fundamentalistas são aqueles que levam em conta os fundamentos econômico-financeiros dos ativos em análise.

>> Hedge: Gestão ativa que pode utilizar os derivativos para fazer alavancagem e arbitragem como táticas direcionais para potencialização de resultados.

Arbitrar significa tirar proveito da diferença de preços de um mesmo ativo negociado em mercados distintos. O objetivo é aproveitar as discrepâncias no processo de formação de preço e entre vencimentos.

>> Posicionamento: Fundos que se posicionam diante de um cenário, por exemplo, fundo de renda fixa prefixado, que aposta na queda da taxa de juros, independentemente do cenário. Cabe ao investidor analisar as expectativas de juros e decidir pela aplicação ou não.

>> Alavancagem: Dado que alavancar é trabalhar com capital de terceiros, fundos alavancados acima de 100% podem perder mais do que o patrimônio do fundo. Neste caso, o investidor será obrigado a colocar recursos no fundo para que a conta feche. Fundo alavancado três vezes, por exemplo, pode perder até todo o patrimônio mais duas vezes e os cotistas terão que aportar dinheiro até duas vezes o valor de suas posições atualizadas.

Vale ressaltar que não existe uma estratégia melhor que a outra. Todas são válidas. Para saber qual fundo comprar, sempre leia o regulamento do fundo com atenção, em especial o capítulo sobre riscos.

A decisão de investir em um fundo se fundamenta basicamente na qualidade do gestor do fundo em executar bem a política de investimento do fundo, o que pode ser observado, sobretudo, no desempenho dos fundos sob sua responsabilidade em momentos de crise.

Rentabilidade passada não é garantia de rentabilidade futura.

LEMBRE-SE

Um fundo é bom para você quando agrega retorno à sua carteira ao mesmo tempo que diminui a sua volatilidade, sempre obedecendo a seus objetivos de longo prazo e perfil de investidor.

Clube de Investimento

Clube de investimento tem alguma semelhança com fundo de investimento, pois as aplicações estão baseadas, também, na emissão de cotas. Confira na Tabela 9-3 as principais diferenças entre os dois veículos de investimento.

TABELA 9-3 Principais Diferenças entre Clube e Fundo de Investimento

Regra	Fundo	Clube
Mínimo de cotistas	1	3
Máximo de cotistas	Não há	50
Concentração das cotas	Não há	Nenhum cotista pode ter mais de 40% das cotas
Gestor	Tem que ter autorização da CVM para ser gestor e recebe remuneração	Pode ser um cotista, mas não pode receber remuneração
Administrador	Obrigatório	Obrigatório
Carteira	Depende da classe e da regulamentação aplicável	Mínimo 67% de ações, bônus ou recibos de subscrição, debêntures conversíveis em ações, cotas de ETF ou certificado de depósitos de ações
Auditoria independente	Obrigatória	Não é obrigatória
Negociação das cotas em mercado de capitais	Permitido	Não permitido

A Parte do Leão

Chegou a hora do leão, que tem muita fome e, enquanto não mudam as regras, o que vale é o seguinte para as pessoas físicas:

CAPÍTULO 9 Ficando Craque em Fundos de Investimento   113

1. Quem recolhe os impostos é o administrador, com exceção dos ETFs de renda variável. No resgate, o investidor já recebe o valor líquido na sua conta.

2. Os rendimentos de fundos de renda variável (ações) e clubes de investimento são tributados em 15%.

3. Quem calcula e paga o imposto de renda sobre os ganhos do ETF, que tenham como benchmark índices de renda variável, é o investidor, por meio da emissão de DARF, como se fosse uma ação.

4. No caso de ETF de renda fixa, a alíquota varia conforme o prazo médio de vencimento dos títulos que compõem a carteira do fundo, conforme Tabela 9-4, e quem recolhe o imposto é o administrador do fundo.

TABELA 9-4   Tabela de Imposto de Renda — ETF Renda Fixa

Prazo médio de repactuação da carteira	Alíquota
Até 180 dias	25%
181 a 720 dias	20%
Superior a 720 dias	15%

5. Os fundos imobiliários têm regra específica. Quando têm mais de 50 cotistas e nenhum cotista tem mais de 10% das cotas, os dividendos periódicos são isentos de imposto de renda. Entretanto, no caso de venda de suas cotas, o rendimento estará sujeito a uma alíquota de 20% sobre o ganho obtido.

6. Fundos que não são considerados de renda variável têm regra menos simples de cobrança de impostos, devendo seguir a Tabela 9-5 a seguir:

TABELA 9-5   Alíquotas de Tributação em Fundos de Renda Fixa

Classificação Receita Federal	Alíquota	Aplicações com prazo
LONGO PRAZO	22,5%	De até 180 dias
	20%	De 181 a 360 dias
	17,5%	De 361 a 720 dias
	15%	Superior a 720 dias
CURTO PRAZO	22,5%	De até 180 dias
	20%	Superior a 180 dias

DICA

Fundo de curto prazo tem prazo médio de vencimento da carteira igual ou inferior a 365 dias. Os demais são considerados de longo prazo para a Receita Federal.

Pausa para tirar uma dúvida comum, ao que nossa professora responde:

FIGURA 9-1: Custo X benefício de aguardar para resgatar de fundo.

A Receita Federal poderia parar por aí, mas para que facilitar se é possível complicar ainda mais? E para que esperar por longos anos para receber o imposto se o leão tem fome? Por que não dar uma mordida antecipada? Para resolver essa fome voraz, foi criado o sistema de come-cotas.

Come-cotas

Come-cotas é o nome coloquial que se dá à antecipação do imposto de renda nos fundos de investimento, o que acontece todo final de maio e novembro. Se o fundo for classificado como de longo prazo pela Receita Federal, a alíquota do come-cotas será 15%. Caso contrário, serão abatidos 20% dos rendimentos. No momento do resgate, há o acerto de contas final, cobrando conforme o tempo de aplicação.

O interessante é que a Receita Federal acredita que o retorno do fundo sempre será positivo, uma vez que, depois de cobrado o come-cotas, não tem devolução do dinheiro, mesmo que o fundo renda negativo no momento do resgate. Para ter o seu dinheiro de volta, o investidor terá que aplicar em outro fundo, da mesma categoria, no mesmo administrador e até o último dia útil do ano subsequente. Se ele resgatar o dinheiro para comprar um apartamento e não tiver como aplicar de novo, é sentar e chorar.

Planejamento tributário e FIC

Como visto neste capítulo, investidores mais abastados podem ter o próprio FIC. Essa forma de organizar os investimentos tem uma vantagem tributária porque os fundos não são tributados, somente o investidor final. Logo, quando o gestor decide resgatar de um fundo e aplicar em um outro fundo, não há cobrança de imposto de renda sobre os rendimentos auferidos nesta transação, somente por ocasião do resgate do cotista do fundo-mãe que agrega todos os demais fundos sob suas asas.

Fundos X CDB

Por conta do come-cotas, as aplicações em CDB têm uma vantagem tributária sobre fundos de renda fixa, uma vez que o imposto de renda antecipado a partir do come-cotas diminui o valor do investimento e, portanto, a rentabilidade se dará sobre um montante menor. Logo, dado risco e retorno semelhantes, no final das contas o investimento em CDB resultará em um valor líquido no resgate final maior que o do fundo de renda fixa.

NESTE CAPÍTULO

» Entendendo a tecnologia dos ativos digitais

» Avaliando os riscos dos ativos digitais

» Considerando criptomoeda no seu portfólio financeiro

Capítulo **10**

Criptomoeda: Uma Bossa que Veio para Ficar

Tudo começou na década de 1980, quando alguém ou um grupo de pessoas, que se denominou Satoshi Nakamoto, bolou uma tecnologia inovadora. No início, não parecia muito segura, mas depois dos diversos *upgrades*, em 3 de janeiro de 2009, surge a primeira transação com o bitcoin, a primeira moeda digital do mundo.

O que É Moeda Digital

Também chamadas de criptomoedas por usarem a tecnologia de criptografia, as moedas digitais são como dinheiro, só que não são impressas, não existindo no mundo físico, apenas no universo virtual. Além disso, não são emitidas por nenhum governo ou autoridade monetária. As transações em criptomoedas acontecem entre os agentes, sem nenhuma autoridade monetária no caminho, ao que se dá o nome de transação *peer-to-peer* (P2P).

DICA

peer-to-peer = ponto a ponto

As criptomoedas são basicamente linhas de código criptografadas, só podendo ser acessadas com as chaves de cada usuário, sendo este um dos mecanismos de segurança e privacidade da rede.

De forma resumida, as moedas têm três funções básicas na economia:

» Servem como meio de pagamento: É a função mais importante exercida pela moeda. Com o real ou o dólar, por exemplo, podemos comprar mercadorias. Mas poucas pessoas e empresas aceitam as criptomoedas hoje em dia, embora alguns empresários, como Elon Musk, tenham adquirido um volume nada desprezível de criptomoedas porque, segundo ele, sua empresa iria aceitá-las para pagamento de seus produtos. Mas parece que essa ideia minguou depois.

» São usadas como reserva de valor: Neste caso, a moeda pode ser uma forma de armazenar riqueza, ou entesourar, como se diz em economês. A qualquer momento é possível usá-la para comprar bens e serviços, o que a torna uma representante de riqueza universal.

» Servem como unidade de valor: Todo bem e serviço têm um preço, que é expresso em valores monetários. Logo, a moeda serve como medida de valor financeiro de um bem ou serviço.

Dessas funções, as criptomoedas têm apenas a função de reserva de valor, pois, até hoje, não são aceitas como unidade de valor nem como meio de pagamento, devido, entre outras coisas, ao tempo que leva para sua rede de computadores confirmar a transação. Além disso, ainda não conseguimos precificar os bens em criptomoedas. Você sabe, por acaso, qual é o preço de um Big Mac em bitcoins ou ethereum? Se souber, me conta, tá?

EL SALVADOR E O BITCOIN

El Salvador resolveu fazer do bitcoin sua moeda de curso legal. Isso significa que ele pode ser usado nas transações do dia a dia, além da sua outra moeda legal, o dólar americano. A população pode escolher qual moeda usar.

O governo acreditou que poderia economizar muito dinheiro com a medida e seu presidente, Nayib Bukele, se tornou um defensor ferrenho da "moeda". Em setembro de 2021, o país começou a comprar o bitcoin para sua reserva. Mas será que foi um bom negócio?

A primeira reação veio das agências de *rating*, aquelas que avaliam o risco de crédito de títulos, empresas e países. A nota do país vem sendo rebaixada desde então.

A alta volatilidade do ativo é de assustar. Afinal, reservas devem ser investidas em ativos com baixíssimo risco e liquidez, e a questão risco de mercado e operacional do bitcoin é de arrepiar os cabelos de qualquer mortal. Como uma forma de mitigar esse risco, o país reservou US$150 milhões para garantir a conversibilidade da moeda para dólar e vice-versa. Mas o risco de El Salvador se converter em país-lavanderia, tendo como subproduto o financiamento ao terrorismo, é muito alto.

Para colocar mais lenha nessa fogueira, há falhas tecnológicas na criptomoeda, por se tratar de uma inovação e, portanto, sujeita a ataques de hackers. Em janeiro de 2022, até o Fundo Monetário Internacional (FMI) passou a exigir que o país deixe de usar o Bitcoin como moeda oficial. Segundo os diretores do Fundo, essa prática representa "riscos para a estabilidade financeira, integridade e proteção do consumidor do país".

Segundo pesquisa divulgada pela CNN Brasil, após mais de cinco meses de El Salvador usar o bitcoin como moeda, 74,3% das pessoas entrevistadas nunca o tinham usado.

A moeda digital mais famosa é o bitcoin, mas já foram criadas mais de 4 mil criptomoedas no mundo até hoje, embora muitas delas sejam restritas a um grupo específico de apoiadores.

A Tabela 10-1 mostra as dez moedas digitais mais badaladas, em 25/02/2022, segundo a CoinMarketCap.

TABELA 10-1 **Principais Criptomoedas Negociadas em 25/02/2022**

Nome	Código	Preço — US$	Capitalização de mercado* US$
Bitcoin	BTC	38.888,39	734,01B
Ethereum	ETH	2.696,40	320,91B
Tether	USDT	1,00	79,53B
Binance Coin	BNB	366,62	60,38B
USD Coin	USDC	1,00	53,24B
XRP	XRP	0,7266	34,73B
Cardano	ADA	0,873	29,30B
Solana	SOL	90,05	28,69B
Terra	LUNA	0,8768	26,31B
Avalanche	AVAX	77,43	19,01B

T = Trilhão; B = Bilhão

LEMBRE-SE Capitalização de mercado = preço de mercado X quantidade de ativos.

Tecnologia Blockchain

Agora que você já sabe o que é uma criptomoeda, hora de entender a tecnologia por trás da maioria delas: o blockchain. Muito prazer!

Essa tecnologia revolucionária e complexa foi desenvolvida por cientistas, matemáticos, aquela turma de TI conhecida como nerd, um pessoal de calça jeans ou bermuda e camiseta de malha preta, cabelo despenteado e que passa horas em frente a um computador resolvendo algoritmos complicadíssimos. Pelo menos é assim a imagem que tenho deles, gente muito acima do normal, que pensa bem fora da caixinha.

O blockchain é como um gigantesco banco de dados não centralizado que permite o registro de posse de uma sequência numérica digital. Quando uma pessoa compra bitcoin, por exemplo, na verdade está trocando dinheiro por uma sequência de códigos criptografados. E se envia bitcoin para uma outra pessoa, ele não fica com cópia desse código. Se isso acontecesse, haveria duplicidade da moeda. O que se faz é passar esse registro para alguém. Neste caso, o sistema vai dar uma nova numeração, mas manterá a sequência antiga, o que facilitará a rastreabilidade da moeda.

Trata-se de um sistema que dá transparência e segurança a qualquer transação. Nesse sistema existem computadores independentes em rede no mundo todo, formando blocos. Quando começa uma transação, há uma corrida entre os computadores para descobrir esse código e detectar se essa operação é verdadeira. Quem detectar primeiro confirma para todos os outros e é recompensado em criptomoeda. Como todos que usam essa criptomoeda ficam sabendo dessa movimentação, não é necessário um banco para validar o que aconteceu.

No mundo ideal, essa validação seria feita em milésimos de segundos, mas, no mundo real, essa confirmação demora, em média, dez minutos, o que não é prático para as transações do dia a dia. Mas há esperança! Uma vez que todos podem acessar — os chamados mineradores —, essa tecnologia vem melhorando a cada dia e, oxalá, um dia esses supercomputadores conseguirão resolver essa charada mais rapidamente.

Nesse momento, se você gosta de matemática, pode estar considerando ser um minerador. Saiba que não existem mineradores no Brasil, pois essa tarefa requer vários computadores top de linha, um investimento financeiro bem alto. É óbvio, portanto, que grande parte dos mineradores esteja situada na Ásia e nos Estados Unidos. Além disso, o gasto de energia é muito grande para descobrir esses registros.

Você já assistiu à série *Startup* na Netflix? Conta o caso de uma jovem que tem uma mineradora de criptomoeda. Na sua casa, a luz vive caindo porque os seus computadores puxam muita energia, o que gera briga com sua mãe. Logo, no quesito ESG, esse possível investimento leva bomba.

DICA

ESG é uma sigla em inglês que significa "meio ambiente (*environment*), social e governança", atributos de um negócio ou empresa que hoje em dia são levados em consideração para se fazer um investimento, a ponto de ter agências independentes que atribuem pontuação à empresa.

A tecnologia blockchain não é só usada com moedas digitais. Ela tem muitas utilidades, como em contratos inteligentes e nos aplicativos de joguinhos no computador. O interessante é que os dados são armazenados nessa rede de uma forma criptografada e só depois são autenticados. É criado um código que indica quem enviou os dados e para quem foram enviados, criando uma cadeia (*chain*) de informações que se juntam e formam blocos (*block*). Em outras palavras, cada bloco tem uma ligação com o bloco anterior, formando uma cadeia de blocos, cada um deles chamado de *hash*, uma função algorítmica que mapeia dados grandes e de tamanho variável para pequenos dados de tamanho fixo. Ao resumir os dados e não permitir a alteração da informação, permite mapear as cadeias, sendo utilizado na agroindústria, pois permite o mapeamento do caminho percorrido desde o produtor.

No mundo regulado, onde há banco central, por exemplo, ou mesmo na tecnologia em nuvem como o Dropbox, o Google Drive e o Onedrive, há vários computadores enviando dados para um computador centralizado. Se acontecer um problema, corre-se o risco de essa base de dados ser danificada. No blockchain isso não acontece porque não há essa centralização. As transações são realizadas e as máquinas se comunicam umas com as outras, sem uma centralizadora. É o tal *peer-to-peer*. Como todos os dados inseridos são armazenados em todos os pontos da rede, se um ponto falhar, não vai dar "zebra", porque tem outros pontos com os dados. Por isso não precisa de um organismo fiscalizador e as pessoas podem mandar dinheiro até entre países sem burocracia, sem taxa de fechamento de câmbio e impostos.

Ninguém gosta de burocracia, mas aí surge um problema real: sem fiscalização, a turma do mal (os criminosos e corruptos) pode mandar dinheiro usando essas criptomoedas sem ser pega. Só que nem todo mundo aceita fazer negócio com uma "empresa" que aceita dinheiro de criminosos internacionais.

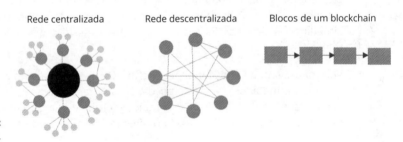

FIGURA 10-1: Redes.

Aproveitando o gancho, gostaria de mencionar que a ideia de moedas digitais, embora esbarre em inúmeras barreiras, tem sido levada a sério por diversos bancos centrais. Em meados de 2021, a China diz já ter criado a sua moeda digital: o e-yuan. O Fed (o banco central norte-americano) diz estudar o assunto, e até o nosso banco central anunciou a criação de um grupo de estudos com o objetivo de se debruçar sobre o tema Central Bank Digital Currency (CBDC) e avaliar os benefícios e impactos da eventual emissão do real em formato digital.

O primeiro benefício de uma moeda digital controlada pelo banco central é a redução do custo de emissão, manutenção do numerário, cédulas e moedas que circulam na economia, o que chega a custar aproximadamente R$90 bilhões por ano, segundo dados do Banco Central do Brasil.

DICA

Se você deseja saber mais sobre a tecnologia blockchain, a série Para Leigos tem um livro especialmente para você.

Como Comprar e Vender Criptomoeda

Existem duas formas de negociar criptomoedas:

» Diretamente na corretora de moedas, trocando reais pela criptomoeda desejada e vice-versa. Neste caso, você precisa abrir uma conta em uma corretora que negocie criptomoedas. Feito isso, é só enviar reais do seu banco para essa conta aberta e negociar como se fosse uma ação, estabelecendo quantidade, preço e selecionando a moeda desejada.

» Por meio de fundos de criptomoeda. A vantagem de usar um fundo é que, além de diversificar por diversas moedas, você deixa o especialista negociar por você de uma forma mais técnica.

Vale ressaltar que muitas criptomoedas são referenciadas em dólar americano, a moeda mais aceita no mundo hoje em dia e controlada pelo Fed, que coloca limites na sua emissão. Com relação a esse quesito, e pensando em termos de valor, há de se questionar se a emissão de moedas digitais sem controle pode acarretar em perda de valor da própria moeda. Entretanto, sabedores dessa situação plausível, Nakamoto estabeleceu que o número máximo de bitcoins que podem ser criados é de 21 milhões. Dessa forma, tendo em vista que cada bloco da criptomoeda é gerado a cada dez minutos em média, o bitcoin deve deixar de ser "produzido" por volta do ano 2.140.

Mas e com relação às outras criptomoedas? Cada moeda digital tem suas regras. O ethereum, por exemplo, não tem limite de impressão, já tendo nascido com 72 milhões de moedas, distribuídas entre pré-investidores, desenvolvedores e Fundação Ethereum, além dos participantes do ICO. Por isso, temerosos da possibilidade de haver mais moeda do que interessados em adquiri-la, há projetos para reduzir a emissão de novas moedas por meio de um mecanismo de *burn* (destruição) de parte das taxas de processamento da rede.

DICA

I.C.O. = Initial Coin Offering. Enquanto no I.P.O. há o lançamento de uma ação pela primeira vez na bolsa, no ICO um novo projeto de criptomoeda capta recursos a partir da venda de moedas digitais recém-cunhadas.

CAPÍTULO 10 **Criptomoeda: Uma Bossa que Veio para Ficar** 123

Mas que moeda comprar? Há de se estudar bastante o assunto e conhecer a tecnologia de cada uma delas antes de tomar uma decisão e formar sua carteira digital. O bitcoin é a criptomoeda mais valorizada no momento. Por ser a mais popular, mais pessoas convertem dinheiro em bitcoins e contam com mais voluntários em sua rede colaborando para melhorar a tecnologia. Foi a primeira moeda a usar o conceito de blockchain.

Já o ethereum, embora não tenha limite de impressão, possui uma política flexível e é mais rápido na mineração. É interessante mencionar que, enquanto para o bitcoin as *exchanges* aguardam apenas duas confirmações antes de aceitar depósitos na moeda, para o ethereum é necessário de trinta a cinquenta confirmações.

De forma geral, são moedas distintas, mas ambas utilizam as próprias redes blockchain, embora existam diferenças na forma como armazenam os seus dados. O ethereum possui mais camadas de informação que o bitcoin. Por ser menos sofisticada, a única forma de saber o saldo de determinado endereço na rede Bitcoin é vasculhando todo o histórico da rede. Porém ambos são auditáveis, o que traz certa segurança às transações.

Investir ou Não em Criptomoeda; Eis a Questão

Para começar, é importante definir o que é investimento. Será que quando eu compro dólares e guardo na gaveta estou investindo? Uma resposta provável é que sim, porque espera-se que o dólar suba de valor com o tempo frente ao real. Afinal, sempre foi assim. Mas, se eu simplesmente guardar o dinheiro, não estarei recebendo juros e, ao investir em algo, o objetivo é sempre ter um resultado positivo por ter postergado a utilização desse dinheiro. Logo, partindo desse pressuposto, quando eu simplesmente entesouro moeda, não estou investindo.

Supondo que eu não tenha convencido você com essa explicação e que você acredite que a valorização de determinadas criptomoedas será muito grande nos próximos anos, deixe-me apontar alguns problemas desse universo:

1. O risco do bitcoin é muito mais alto do que de ativos como ações. Beleza, você tem um perfil agressivo, mas o risco tem que valer a pena e não é isso que a matemática tem concluído. Alguns estudos já mostraram que o retorno do bitcoin, por exemplo, não compensa o risco incorrido.

2. Uma outra questão é quanto à diversificação da carteira. Será que ao adicionar criptomoeda na carteira eu estou diminuindo o risco da carteira como um todo? Estudos da Goldman Sachs mostram que não se diminui a volatilidade da carteira adicionando esse tipo de ativo.

3. Por não ter um fluxo de caixa estável, torna-se praticamente impossível atribuir um valor às criptomoedas, assim como se faz para uma empresa e sua ação. Seu valor fica dependente, exclusivamente, das leis de oferta e procura.

4. Por fim, há de se considerar a tecnologia utilizada atualmente, que pode ser superada por alguma outra, tornando as criptomoedas atuais com pouco ou nenhum valor. Há muita incerteza nessa área. Desde 2009 até 2021, novos blockchains foram criados. Os novos chegam a ser 14 mil vezes mais rápido que o utilizado no bitcoin, por exemplo. Até onde podemos chegar? Nesse mundo da tecnologia, o céu parece ser o limite.

Outro ponto que merece esclarecimento na negociação de Bitcoin especificamente é com relação ao acesso do pequeno investidor a esse mercado, tendo em vista que, em 25/06/2021, 1 bitcoin vale mais de R$160.000,00. A questão é de simples solução, uma vez que o bitcoin pode ser fracionado em 100 milhões de partes, sendo cada fração denominada 1 satoshi.

Resumindo esta questão de investimento em criptomoedas e, nas palavras de Sharmin Mossavar-Rahmani, CIO do Goldman Sachs, "o bitcoin é mais um ativo de 'jogo de precificação' do que um 'jogo de investimento' e seu preço é mais provável de ser influenciado pela psicologia dos investidores do que por qualquer consideração de valor real de longo prazo". No meu entender, e após analisar vários artigos, esse entendimento vale para as principais criptomoedas existentes até hoje. Trata-se de um mundo ainda novo, em transformação. Deve-se entrar nesse mercado mais com o senso de experimentação do que de investimento.

A Parte do Leão

Mesmo sem ser regulamentadas, as criptomoedas têm valor e todas as operações com esses ativos têm que ser declaradas para a Receita Federal. Se você entrar nesse universo, lembre-se de que, quando o valor total das operações dentro de um mês for superior a R$35.000,00, o imposto de renda deve ser pago até o último dia útil do mês subsequente. A alíquota é de 15% sobre o ganho líquido (valor de venda — valor de custo — taxas de corretagem).

Não obstante, a movimentação de criptoativos deve ser declarada mensalmente quando ultrapassar o montante de R$30 mil mensais. E não para por aí. Na Declaração de Ajuste Anual é necessário declarar no formulário de Bens e Direitos, a valor de custo, quando a posição em criptomoeda ultrapassar R$5.000,00.

> **NESTE CAPÍTULO**
>
> » **Entendendo quem é quem no Sistema Financeiro Internacional**
>
> » **Conhecendo os passos para investir no exterior**
>
> » **Compreendendo a tributação dos investimentos no exterior**

Capítulo **11**

Investimentos para Além-mar

Em um mundo que muda com um clique e onde as distâncias ficam menores a cada dia que passa, a globalização, embora questionada por diversas pessoas, veio para ficar. Hoje compramos livros e outros artigos em sites estrangeiros e usamos roupas feitas na China — cujas fábricas foram construídas com aço brasileiro e utilizam máquinas alemãs. Neste mundo globalizado, investir no exterior é uma realidade e uma recomendação com fundamentos técnicos, não um modismo. Investidores mais antenados passaram a exigir investimentos mais sofisticados e com menores custos.

Por que Investir Globalmente

Alguns anos atrás, as aplicações disponíveis para um investidor pessoa física consistia em ações e títulos de renda fixa vendidos localmente. Hoje em dia, entretanto, uma ligação para o seu corretor pode lhe dar acesso a um grande número de títulos e valores mobiliários negociados no mundo todo. Você pode comprar ações na B3, títulos do Tesouro Direto, CDBs de um banco doméstico ou ações da Apple, Google ou Tesla, títulos do

CAPÍTULO 11 **Investimentos para Além-mar** 127

Tesouro americano ou alemão, fundos de investimento que compram ações de empresas de biotecnologia ou de empresas chinesas e inúmeros outros investimentos.

Muitas mudanças causaram essa explosão de oportunidades de investimento, dentre elas:

» Crescimento e desenvolvimento de diversos mercados financeiros, como China e muitos outros.

» Expansão das empresas de investimento para além de suas fronteiras, devido à explosão tecnológica.

» Crescimento da riqueza no mundo, proveniente de superávit em balanço de pagamentos.

Mas nada disso seria suficiente se não houvesse razões técnicas determinantes para o investidor correr riscos de outros países cujo idioma ele não fala. Quais seriam, afinal?

1. Perda de oportunidade: Mais países, mais produtos de investimento, mais setores econômicos, mais empresas e, portanto, mais oportunidades.

2. Diversificação: Quando aplicamos somente em um país, incorremos no risco sistêmico desse país, o que significa dizer que, mesmo diversificando ao máximo, sempre corremos os riscos políticos, legais e do mercado, que atingirão todos os nossos investimentos. A única forma de diluir esse risco é investindo em outros países.

3. Oportunidade de retornos mais elevados: Países com crescimento econômico acima de média costumam apresentar oportunidades de investimentos com altas taxas de retorno.

Um dos principais credos da teoria de investimento é que o investidor deve diversificar sua carteira. Uma vez que o fator relevante para a diversificação é a baixa correlação entre o retorno dos ativos, pode-se provar que a diversificação com ativos estrangeiros pode ajudar substancialmente a reduzir o risco da carteira.

Vantagens de investir globalmente

Para começar, temos acesso a muito mais empresas e setores do que se ficarmos no âmbito doméstico. Além disso, temos a possibilidade de alcançar um melhor *trade-off* entre risco-retorno. Em outras palavras, expandir o universo de ativos disponíveis para investimento deve levar a retornos maiores para o mesmo nível de risco ou menos risco para o mesmo nível de retorno esperado. Essa relação segue a regra básica de diversificação de carteira.

DICA

Regra básica de diversificação de carteira: quanto maior a diversificação, mais estáveis os retornos e mais disperso o risco.

Investidores prudentes não colocam todos os ovos em uma mesma cesta, como diria minha avó. Eles buscam diversificar todos os riscos possíveis, e um deles é o risco-país. Uma carteira de ações que só tenha empresas brasileiras, por exemplo, mesmo que muito bem diversificada, estará sempre correndo o risco das eleições nacionais e outros problemas locais. Para diminuir esse risco, há de se buscar papéis de outros países.

DICA

Por meio da diversificação internacional — o que significa diversificar em países cujos ciclos econômicos não estejam perfeitamente na mesma fase —, o investidor deve ser capaz de reduzir ainda mais a variabilidade do retorno de sua carteira.

Dito de outra maneira, o risco que é sistemático no contexto da economia de um país pode ser não sistemático no contexto de outra economia global. Por exemplo, a alta no preço do petróleo, que atrapalha a economia de vários países, ajuda as economias das nações exportadoras desta *commodity*, e vice-versa. Logo, do mesmo modo como movimentos em diferentes ações se compensam entre si em uma carteira posicionada 100% em papéis brasileiros, os movimentos em uma carteira de ações brasileiras e não brasileiras se cancelam entre si em certo grau.

DICA

Risco sistemático é aquele que atinge todos os investimentos e não pode ser eliminado pela diversificação.

Historicamente, os mercados de ações dos países têm grandes diferenças em retornos e risco (medidos pelo desvio-padrão de seus retornos anuais), mesmo em épocas de globalização. As pesquisas mostraram que os índices que englobam diversos países, como o MSCI Emerging Markets, por exemplo, tiveram um menor desvio-padrão que a maioria dos índices dos países individualmente, como o Ibovespa.

PAPO DE ESPECIALISTA

A sigla MSCI significa Morgan Stanley Capital International, uma instituição financeira com sede em Nova York, EUA, que abandonou o nome comprido e hoje utiliza apenas sua sigla. Trata-se de uma importante instituição no cenário financeiro mundial porque, entre outras atividades, desde 1968 começou a calcular diversos índices de ações e de renda fixa que se tornaram benchmarks no mercado. A empresa de análise MSCI que calcula esses índices se separou da instituição financeira e, desde novembro de 2007, é uma empresa de capital aberto referência para muitos ETFs e gestores globais.

Outros estudos corroboram a teoria de que os benefícios advindos da diversificação são significantes, maiores do que os obtidos apenas por meio da adição de mais ações domésticas na carteira. Para ser específico, uma carteira com diversidade internacional parece conter menos da metade do risco de outra totalmente diversificada com ações locais apenas.

A conclusão óbvia é que diversificar globalmente empurra a fronteira eficiente para cima, permitindo que investidores reduzam seu risco e aumentem o retorno esperado. A Figura 11-1 ilustra o efeito da diversificação global na fronteira eficiente.

PAPO DE ESPECIALISTA

Idealizada por Markowitz, a fronteira eficiente é formada pelo grupo de portfólios que têm o menor risco possível (medido pelo desvio-padrão) para o nível de retorno esperado e o retorno mais elevado para um dado nível de risco, conforme Figura 11-1.

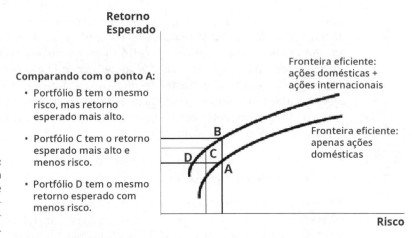

FIGURA 11-1: Fronteira eficiente e diversificação internacional.

Comparando com o ponto A:
- Portfólio B tem o mesmo risco, mas retorno esperado mais alto.
- Portfólio C tem o retorno esperado mais alto e menos risco.
- Portfólio D tem o mesmo retorno esperado com menos risco.

Embora a maioria dos estudos tenha sido direcionada para o mercado acionário, o mesmo raciocínio pode ser aplicado para renda fixa.

Mas por que há essa diferença significativa entre diversos mercados? Isso se deve a diferenças nos modelos de negócios internacionais, crescimento econômico, políticas fiscais e monetárias dos países.

LEMBRE-SE

Não existe uma economia mundial integrada e, sim, uma coleção de economias que são relacionadas entre si de formas diferentes.

Sistema Financeiro Internacional

Depois de falar um pouco de questões teóricas, hora de apresentar as principais organizações financeiras internacionais, conhecimento importante para quem deseja ser um investidor global.

Para começar, seja apresentado ao Federal Reserve Bank, ou simplesmente Fed, o banco central da maior economia do mundo — os Estados Unidos da América —, que tem papel fundamental, por ser o guardião da moeda mais utilizada no mundo: o dólar americano. Por isso, cada vez que o Fomc (o Copom do primo rico) se reúne, o mundo financeiro e econômico fica antenado, aguardando o que vai rolar na reunião.

Não posso deixar de mencionar as principais bolsas do mundo, aqui definidas como as que têm mais de US$1 trilhão de capitalização de mercado.

Um movimento interessante que vem acontecendo no mundo é a fusão de diversas bolsas. Com o mundo globalizado, essa integração faz todo sentido e certamente há ganhos administrativos envolvidos no processo.

Conheça as maiores bolsas do mundo por capitalização de mercado na Tabela 11-1.

TABELA 11-1 ## Maiores Bolsas do Mundo (US$ milhões — dez/2021)

Américas	Market cap*	Cias listadas	Market cap médio	Volume médio diário
NYSE	27.686.924	2.525	10.965	2.865.066
Nasdaq - US	24.557.074	3.678	6.677	2.767.233
TMX Group	3.264.137	3.504	932	191.586
B3	898.593	382	2.352	113.385
Outras	1.857.155	1.517	1.224	2.108.605
Total Américas	**57.365.290**	**11.224**	**5.111**	**7.932.490**

(continua)

(continuação)

Ásia, Pacífico, Austrália e China	Market cap*	Cias listadas	Market cap médio	Volume médio diário
Shanghai Stock Exchange	8.154.689	2.037	4.003	1.717.647
Hong Kong Exchanges and Clearing	5.434.177	2.572	2.113	245.614
Japan Exchange Group	6.544.303	3.824	1.711	523.236
Shenzhen Stock Exchange	6.219.831	2.578	2.413	2.321.877
National Stock Exchange of India	3.548.018	2.053	1.728	164.371
Korea Exchange	2.218.658	2.406	922	386.110
Taiwan Stock Exchange	2.029.131	970	2.092	224.746
ASX Australian Securities Exchange	1.887.401	2.136	884	89.935
Outras	5.280.228	15.747	335	352.095
Total for APAC	**39.429.037**	**32.187**	**1.225**	**5.935.697**

Europa, Oriente Médio e Ásia	Market cap*	Cias listadas	Market cap médio	Volume médio diário
Euronext	7.333.653	1.995	3.676	246.374
LSE Group London Stock Exchange	3.799.459	1.998	1.902	102.158
Deutsche Boerse AG	2.503.046	492	5.087	148.984
Saudi Exchange (Tadawul)	2.671.331	224	11.926	40.095
Nasdaq Nordic and Baltics	2.557.376	1.236	2.069	85.625
SIX Swiss Exchange	2.327.707	249	9.348	11.428
Johannesburg Stock Exchange	1.143.003	324	3.528	23.855
Tehran Stock Exchange	1.260.733	380	3.318	10.557
Outras	4.162.720	8.998	463	358.827
Total for EMEA	**27.759.029**	**15.896**	**1.746**	**1.027.903**

*Market cap - Capitalização de mercado
Fonte: https://focus.world-exchanges.org/issue/february-2022/market-statistics

132   PARTE 2   **Conhecendo os Produtos de Investimento Financeiro**

A Tabela 11-1 nos permite chegar às seguintes conclusões:

» Em termos de capitalização do mercado, os mercados americanos representam 44% do mercado global e APAC responde por 34%. Já em termos de volume financeiro de negociações médias diárias, o percentual das Américas é ainda maior, atingindo 54% do volume mundial.

» Quando comparamos a New York Stock Exchange (NYSE) com a Nasdaq-US, notamos que a capitalização média das empresas da NYSE é quase o dobro das empresas listadas na Nasdaq-US, conhecida como a bolsa das empresas de tecnologia.

» Quando comparamos a NYSE com a bolsa da Arábia Saudita (Tadawul), notamos que a capitalização de mercado das empresas sauditas é quase do mesmo tamanho que as da NYSE, ou seja, são poucas empresas na bolsa saudita, mas com capitalização muito grande, o que é atribuído ao setor do petróleo.

» A bolsa brasileira (B3) tem apenas 368 empresas listadas em setembro de 2021, o que significa pouquíssimas empresas, quando comparado com outros mercados. Isso mostra que o empresário brasileiro ainda não se familiarizou com essa forma de sociedade em que é preciso prestar contas de seus atos ao mercado. Apenas empresas muito grandes têm capital aberto no Brasil. Note que a capitalização média das empresas na B3 é US$3 bilhões e a das empresas listadas na London Stock Exchange é US$2 bilhões.

PAPO DE ESPECIALISTA

A Euronext é uma empresa de capital aberto com sede em Amsterdã. Opera mercados em Amsterdã, Bruxelas, Dublin, Lisboa, Londres, Oslo e Paris. É a maior bolsa da Europa continental e, entre 2007 e 2014, foi incorporada à NYSE, quando foi chamada NYSE Euronext.

Como Investir no Exterior

Existem duas maneiras de investir no exterior: diretamente do Brasil ou abrindo uma conta lá fora. Todas as duas são formas legais, desde que seja feito tudo nos conformes legais, o que significa que os recursos devem ser enviados por transferência bancária e identificados corretamente, conforme enquadramento no Regulamento do Mercado de Câmbio e Capitais (RMCCI), o que evitará futuros problemas no regresso do dinheiro ao Brasil e com a Receita Federal.

CUIDADO

Todos os investidores com mais de US$1 milhão em ativos no exterior devem fazer a Declaração de Capitais Brasileiros no Exterior (CBE), que pode ser obtida no site do Banco Central do Brasil.

Investindo pelo Brasil no exterior

Para quem não quer ter conta no exterior e deseja investir com supervisão de um regulador brasileiro, é possível comprar ativos que refletem o mercado lá fora por intermédio de uma instituição financeira brasileira. Daqui do Brasil é possível investir em:

» Cotas de um fundo de investimento que investe seu patrimônio total ou parcialmente em ativos no exterior.

» ETFs, que têm por benchmarks índices globais. Em fevereiro de 2022, dos 63 ETFs disponíveis no mercado de renda variável, mais da metade tinham por benchmark índices lá de fora. Quer saber quais são? Entre no site da B3 (b3.com.br) e siga os seguintes passos: Produtos e Serviços > Negociação > Renda variável > ETFs Listados.

» Brazilian Depositary Receipts (BDRs), que são recibos emitidos no Brasil e listados na B3, tendo por lastro ações de empresas estrangeiras e negociadas em bolsas no exterior. É possível comprar Amazon, Apple, Disney, Facebook, Google, Microsoft, Netflix e Tesla, entre outros BDRs, acessando o home broker da corretora brasileira. Lembre-se de que, como detentor de BDR, você detém todos os direitos de um acionista normal.

Investindo diretamente no exterior

A outra possibilidade é abrir uma conta no exterior. Neste caso, é muito importante escolher a jurisdição com atenção. Informe-se sobre questões tributárias antes de assinar os documentos e, se você não fala a língua do país, procure uma instituição que tenha *bankers* (o nome bonito para gerente de relacionamento de clientes importantes) que falem a sua língua e que sejam de fácil acesso. Sem falar em questões políticas e econômicas que podem surgir nesse país a ponto de não deixar o investidor tirar seu dinheiro de lá. Por isso, procure um lugar estável, sem confusão social, política ou econômica.

Essa opção é dirigida para quem tem mais recursos, pois a manutenção de uma conta no exterior costuma ter custos de manutenção consideráveis. Entretanto, um universo de oportunidades estará aos seus pés.

Não estranhe se, para abrir a conta lá fora, lhe for pedida uma cópia de seu passaporte. Afinal, este é o documento válido no exterior.

Como todo cuidado é pouco, também nada de colocar seu dinheiro em instituições suspeitas, que oferecem mundos e fundos de retorno. Ganhar dinheiro é muito difícil e, quando a esmola é demais, o santo desconfia. Caia fora de golpes.

Lembrando que, neste caso, todo investidor que tiver mais de US$1.000.000,00 deve fazer a Declaração de Capitais Brasileiros no Exterior. Como essas regras estão sujeitas a mudanças, é aconselhável checar no site do Banco Central do Brasil (bcb.gov.br), em Estabilidade financeira > Câmbio e Capitais internacionais > Capitais internacionais > Instruções para declaração de capitais estrangeiros no exterior. Além disso, você deve declarar para a Receita Federal, na sua Declaração de Bens e Direitos, seu patrimônio no exterior.

FDIC

Se a instituição financeira selecionada para receber seu dinheiro estiver no território dos Estados Unidos da América, verifique se ela é coberta pelo Federal Deposit Insurance Corporation (FDIC), uma instituição similar ao nosso FGC (Fundo Garantidor de Crédito), pois nem todo banco tem essa cobertura de US$250.000 por titular. Se a conta for conjunta, cada titular tem direito a esse valor.

Apresentando os Produtos

Se aqui no Brasil a escolha de investimentos pode parecer difícil devido à grande quantidade de produtos, imagina no exterior!

Para começar, há uma infinidade de produtos de renda fixa:

» *Certificate of Deposit (CD):* O primo do nosso CDB, de emissão de bancos.

» *Bonds* de emissão de governos, agências ou empresas (*corporate bonds*): São títulos de renda fixa, normalmente prefixados, que pagam juros semestrais, assim como as NTN-Fs do nosso Tesouro. Alguns têm opção de compra na sua estrutura, o que significa que o emissor do título tem o direito de recomprar o título em determinada data.

PAPO DE ESPECIALISTA

Os títulos de emissão do Tesouro americano são conhecidos como Treasuries. De acordo com o prazo de emissão, são chamados de:

1. Tresury bill: Até dois anos.

2. Treasury note: Entre dois e dez anos.

3. Treasury bond: Acima de dez anos.

> *Bonds* perpétuos: Bonds que não têm vencimento, mas que, normalmente, são emitidos com opções de compra, chamadas de *call*, que dão direito ao emissor do título de recomprar o papel em determinada data.

> *Preferred stocks*: As ações preferenciais nos Estados Unidos e em alguns outros países são consideradas títulos de renda fixa porque, uma vez que o acionista não tem direito ao voto, a empresa define o valor do dividendo que será pago e em que datas. Logo, uma vez que o fluxo futuro de recebimento está previamente definido, o título adquire características de renda fixa.

> Fundos para todos os gostos e riscos, como só com *bonds* de mercados emergentes, de países asiáticos ou europeus, de empresas americanas e tudo que a imaginação é capaz de vislumbrar.

Na família de renda variável, é possível comprar ações, ETFs e os mais diversos fundos de ações, até os inimagináveis, focados em determinados segmentos econômicos e países.

Há também as Notas Estruturadas, parentes do nosso COE, que podem ter barreiras de alta e/ou de baixa.

LEMBRE-SE

O COE é aquele produto que combina renda fixa com opções, tipo "se a bolsa render mais de 20%, você ganha o integral da bolsa. Caso contrário, você recebe o valor do capital aplicado".

E o mundo não para por aí. Há uma variedade enorme de fundos de investimento à disposição do investidor, tais como:

> *Common stock funds*: Investem em ações ordinárias.

> *Balanced funds*: Diversificam fora do mercado acionário, combinando ações com renda fixa.

> *Bond funds*: Investem em títulos de renda fixa. Podem ser só Corporate, só *Sovereign* (de governo) ou mistos. Atente ao material de venda do fundo.

> *Money market funds:* Investem em papéis de curto prazo e buscam liquidez, segurança e renda. São compostos de treasury bills, CDs e commercial papers. São adequados para dinheiro de curto prazo, para não deixar na conta sem ganhar juros, enquanto não se decide onde aplicar. Seria como nosso Fundo de Renda Fixa Simples.

> *Currency funds* (cesta de moeda): Compram papéis em moedas diversas, buscando ganhos na valorização das moedas.

> *Fund of funds*: Fundos que compram cotas de outros fundos.

136 PARTE 2 **Conhecendo os Produtos de Investimento Financeiro**

>> *Hedge funds*: Semelhantes aos nossos multimercados, mas com graus de alavancagem que merecem muita atenção.

>> *REITs:* Os Real Estate Investment Trusts são semelhantes aos fundos imobiliários brasileiros, pois investem em imóveis. A diferença é que os REITs não estão constituídos sob a estrutura de fundo de investimento, e sim de empresas, o que lhes permite alavancar (tomar dinheiro emprestado).

Ainda com relação aos fundos, é importante saber que é comum a cobrança de taxa de carregamento (taxa de entrada), os chamados *load funds*. Um outro ponto que merece checar antes de aplicar é como o fundo paga os seus rendimentos. Lá fora há fundos que pagam rendimentos aos investidores, não acumulando rentabilidade na cota do fundo, e sim na conta do cliente. Em outras palavras, a cota do fundo permanece inalterada e o ganho é distribuído ao investidor.

Para os investidores que têm bala na agulha e apetite para risco, os fundos de *private equity* podem ser atrativos. Eles costumam ter aportes periódicos e buscam retorno elevado, por meio de participação em empresas de capital fechado.

Independentemente do produto, há questões de risco que devem ser bem equacionadas antes de se tomar a decisão de espalhar seu dinheiro pelo mundo. Lembre-se de que o risco cambial sempre existirá ao movimentar moedas por aí. Logo, vale a pena checar a moeda do investimento e estar ciente de que amanhã a maré pode mudar e você pode perder quando comparado com a sua moeda-padrão.

Sejam quais forem os produtos escolhidos, lembre-se sempre de diversificar nas diversas classes de ativos, o que irá ajudá-lo a ter uma carteira menos volátil. A Figura 11-2 mostra a performance das diversas classes de ativos em dólares.

FIGURA 11-2: Rotatividade na performance das classes de ativos em ciclos mais longos.

%	2012	2013	2014	2015	2016	2017	2018	2019	2020	2021	Legenda	5Y*	10Y*
1	20,7	31,5	13,0	9,6	12,5	37,3	1,8	30,7	18,3	28,2	Ações - EUA	17,8	15,9
2	19,1	27,2	6,5	1,3	11,2	25,5	0,9	23,8	17,8	16,3	Ações - Europa	10,1	8,4
3	18,2	25,2	5,8	0,8	11,2	24,0	-0,5	19,6	14,5	3,7	Hedge Funds	9,9	8,2
4	15,8	9,9	5,1	0,7	9,8	21,1	-2,1	18,4	10,1	2,5	RF - Alto Rendimento	8,5	6,6
5	15,2	6,7	0,0	0,4	3,6	12,0	-2,5	13,7	8,4	1,7	Ações - Japão	6,2	5,5
6	8,2	0,0	-0,4	0,0	2,5	10,5	-4,1	13,0	8,0	0,0	RF - Caixa / CD	5,1	5,5
7	5,5	-1,6	-0,6	-2,8	2,4	8,7	-4,9	9,9	6,8	0,0	RF - Mercados Emergentes	3,8	3,3
8	4,1	-2,1	-2,2	-3,6	1,5	6,0	-6,7	8,6	6,8	-1,1	RF - US Corporates Inv Grade	3,1	2,1
9	3,5	-2,6	-3,1	-5,5	1,0	4,3	-12,9	6,9	6,5	-2,3	RF - Treasury	3,1	1,9
10	2,0	-2,7	-4,0	-6,0	0,3	2,3	-14,6	5,1	5,4	-2,5	Ações - Mercados Emergentes	2,2	0,8
11	0,1	-3,1	-6,2	-14,9	-0,4	0,8	-14,9	2,2	0,5	-7,0	RF - Internacional Non-USD	1,1	0,6

Anualizado   Fonte: Itaú International

CAPÍTULO 11 **Investimentos para Além-mar**

Principais Benchmarks

Por ser um parâmetro de comparação, a escolha de um benchmark é fundamental para a análise da performance, principalmente quando estamos falando em delegação de gestão, caso de aplicação em fundos de investimento, e, mais ainda, estando esse investimento no exterior.

Mais famosos índices de ações das bolsas americanas

» **DJIA**: O *Dow Jones Industrial Average* é um índice muito antigo, composto das trinta maiores e mais negociadas companhias americanas. Não contém só empresas industriais. O índice é ponderado pelos preços das ações.

» **NASDAQ Composit**: Este índice é composto de mais de 3 mil ações e outros valores mobiliários de empresas listadas na NASDAQ.

» **S&P 500**: Composto das quinhentas maiores empresas em capitalização de mercado, listadas nos EUA. Considerada por vários analistas como a melhor representação do comportamento do mercado americano.

Índices de ações de outras regiões

A Tabela 11-2 lista alguns índices muito relevantes considerados pelo mundo dos investimentos em ações.

TABELA 11-2 **Principais Índices Nacionais de Ações de Bolsas Não Americanas**

Índice	País	Observações
FTS 100	Reino Unido	Também conhecido como "Footsie" 100. Contém as cem maiores empresas em capitalização de mercado listadas na London Stock Exchange.
DAX-30	Alemanha	Composto das trinta maiores blue chips negociadas na bolsa de Frankfurt.
Nikkei 225	Japão	Média ponderada dos preços das 225 maiores ações de empresas negociadas na Tokyo Stock Exchange.
SSE Component	China	Composto de todas as ações negociadas na Shanghai Stock Exchange.

Índice	País	Observações
SZSE Component	China	Composto de quinhentas empresas negociadas na Shenzhen Stock Exchange.
STOXX 600	Europa	Também conhecido como SXXP, representa cerca de 90% das empresas europeias listadas em bolsa, sendo composto de seiscentas empresas de diferentes portes.

DICA

Blue chips são empresas com alto índice de negociação em bolsa.

Índices de ações regionais

Os mais conhecidos índices de renda variável no mercado regional são fornecidos pela MSCI, que há mais de quarenta anos desenvolve os índices de referência mais utilizados pelos investidores institucionais. A Tabela 11-3 mostra a família de índices MSCI ACWI & Frontier Markets (FM) Index, que tem em sua carteira hipotética ações de empresas médias e grandes, localizadas em 23 países desenvolvidos, 27 emergentes e 27 países *Frontier Markets*, em um total de 3.056 empresas. O índice cobre aproximadamente 85% das oportunidades globais de investimento em ações.

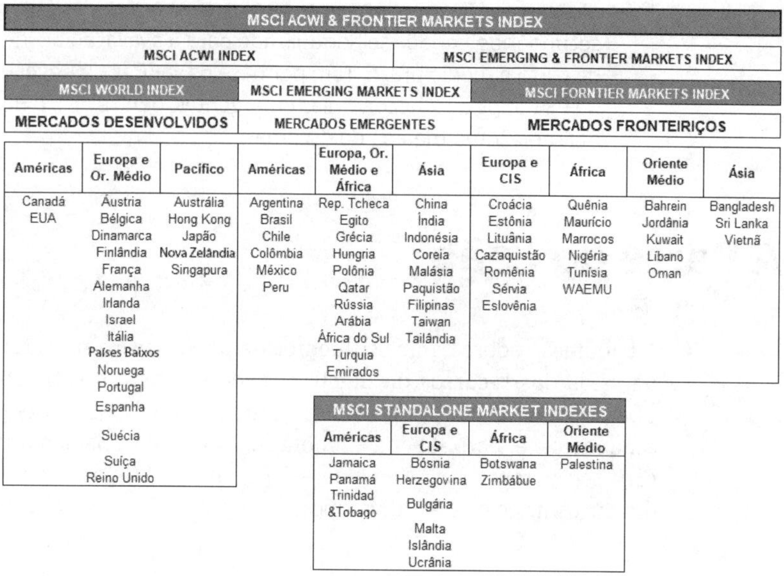

FIGURA 11-3: MSCI ACWI & Frontier Markets Index.

CAPÍTULO 11 **Investimentos para Além-mar** 139

Principais benchmarks de renda fixa

» **LIBOR**: A *London Interbank Offering Rate* é a taxa de juros negociada no mercado interbancário de eurodólares e tem seu valor calculado diariamente. Há a Libor de um, três, seis meses e um ano, todas negociadas no padrão anual.

PAPO DE ESPECIALISTA

Eurodólares são os dólares americanos negociados fora dos EUA.

» **Euro LIBOR**: Taxa de juros praticada no mercado interbancário de euro negociado fora da zona do euro.

» **Fed Funds**: Taxa de juros definida pelo FOMC americano (similar ao Copom brasileiro). É como a nossa Selic. Existe o *Target Rate*, ou *Intended Federal Funds Rate* (taxa meta) e o *Actual Rate*, também conhecida como *Effective Federal Funds Rate* (taxa média diária).

» **Prime rate**: Taxa de juros básica utilizada por bancos comerciais norte-americanos em empréstimos a clientes preferenciais. Os ajustes à prime rate acontecem ao mesmo tempo pelos bancos e em correlação aos ajustes do *Fed Funds*.

» **Taxa EMBI+**: O *Emerging Markets Bonds Index Plus* é calculado pelo JP Morgan e utiliza como base as negociações realizadas em mercados secundários, sendo melhor utilizado para a avaliação de investimentos de curto e médio prazo. Tem por base os valores de negociações diárias de 93 títulos de 21 economias emergentes, dentre elas o Brasil. É muito utilizado como medida de risco-país.

A Parte do Leão

A tributação sobre os investimentos da pessoa física no exterior já começa na saída dos recursos do Brasil, quando é cobrado o IOF (Imposto sobre Operações de Crédito, Câmbio e Seguros). Como aqui as regras mudam a cada instante, para saber a alíquota cobrada, vale a pena dar uma conferida com seu gerente de relacionamento do banco. A partir daí, é importante dividir os impostos em dois tipos:

» Imposto sobre ganho de capital: Ganho de capital é a diferença positiva entre o valor de venda/resgate e o valor de compra/aplicação de um investimento, como o ganho na valorização de ações.

Para fins de cálculo do imposto de renda devido em aplicações no exterior, a legislação tributária brasileira dá o mesmo tratamento aos juros recebidos de aplicações em renda fixa que aos ganhos de capital obtidos com valorização de ações e cotas de fundos de investimento.

>> Impostos sobre rendimentos/dividendos: Trata-se da remuneração do capital investido pela pessoa física em ações (como os dividendos) e dividendos provenientes de fundos de investimento.

No exterior há fundos de investimento que, em vez de incorporar os ganhos dos ativos do fundo no seu patrimônio, distribuem esses ganhos para os cotistas.

No caso da tributação no exterior, os rendimentos recebidos sobre os juros de aplicações em renda fixa seguem as mesmas regras incidentes sobre o ganho de capital.

Além dessa classificação, é importante separar os recursos de acordo com sua origem:

>> Recursos originariamente em reais: Referem-se àqueles que foram transferidos do Brasil.

>> Recursos originariamente em moeda estrangeira: Oriundos de trabalho ou de investimentos anteriores mantidos no exterior.

Dado que questões tributárias são sempre complicadas, vou explicar como acontece essa tributação mais adiante.

Recursos originariamente em reais — Ganho de capital

Regra aplicável:

1. Base de cálculo: ganho de capital em reais com a venda do investimento.

2. Data a ser considerada para conversão da moeda:
   - Na aplicação: PTAX Venda de dólar do dia da aplicação (não é da remessa!).
   - No resgate: PTAX Compra de dólar do dia do recebimento do valor na conta.

A taxa PTAX é a taxa média do mercado interbancário de moeda (dólar e euro) e divulgada diariamente pelo Banco Central.

CAPÍTULO 11 **Investimentos para Além-mar** 141

» Alíquota: 15% sobre o ganho de capital.

» O fato gerador do imposto é a venda ou resgate, não dependendo da repatriação dos recursos.

» A tributação é definitiva.

» Pago por meio de DARF, código 8523 (ganhos de capital decorrentes da alienação, por pessoa física, de bens ou direitos e da liquidação ou resgate de aplicações financeiras, em moeda estrangeira), devido até o último dia útil do mês subsequente ao fechamento da operação.

» Isenção: Venda de ações, caso o volume de venda não ultrapasse R$35.000,00 no mês, pois é considerado ganho de "pequeno valor" (regra semelhante aos R$20.000,00 mensal de isenção para liquidação de ações no Brasil).

Exemplo:

Suponha que um investidor enviou R$300.000,00 para sua conta no exterior em determinada data, tendo recebido no câmbio o valor de US$100.000,00 (taxa de câmbio: US$1,00 = R$3,00). Quatro dias após o crédito na sua conta, ele decidiu aplicar todo o valor em um fundo de investimento, tendo resgatado dois anos depois. Acompanhe na Tabela 11-4 o cálculo do imposto de renda devido.

FIGURA 11-4: Cálculo do imposto de renda sobre ganho de recursos originaria- mente em reais.

	A	B	C	D	E
1		R$	Taxa câmbio	USD	Fórmula
2	Valor do desembolso	100.000,00			
3	IOF: alíquota 0,38%	378,56			=B4*,38%
4	Valor a ser remetido	99.621,44			=B2/1,0038
5	Taxa de câmbio da operação		3,0000		
6	Valor depositado em conta			33.207,15	=B4/C5
7	Valor aplicado			33.207,15	=D6
8	Taxa PTAX Venda dia da aplicação		3,0123		
9	Valor aplicado	100.029,89			
10	Valor resgatado			40.000,00	
11	Taxa PTAX Compra dia depósito		2,9856		
12	Valor correspondente em reais	119.424,00			=D10*C11
13	Ganho de capital (base de cálculo)	19.394,11			=B12-B9
14	IR: alíquota = 15%	2.909,12			=B13*15%

Recursos originariamente em moeda estrangeira — Ganho de capital

Regra aplicável:

» Base de cálculo do imposto: Diferença em dólares americanos entre o valor resgatado e o valor aplicado.

» Taxa de câmbio utilizada para o cálculo: PTAX Compra do dia do recebimento do valor na conta.

» Se a aplicação for em outra moeda que não o dólar americano, converte-se primeiro para o dólar americano e depois para reais, utilizando a taxa disponível no site do Banco Central do Brasil.

» Alíquota: 15% sobre o rendimento.

» Pago por meio de DARF, código 8523 (ganhos de capital decorrentes da alienação, por pessoa física, de bens ou direitos e da liquidação ou resgate de aplicações financeiras, em moeda estrangeira), devido até o último dia útil do mês subsequente ao fechamento da operação.

» Isenção: Venda de ações, caso o volume de venda não ultrapasse R$35.000,00 no mês, pois é considerado ganho de "pequeno valor" (regra semelhante aos R$20.000,00 mensal de isenção para liquidação de ações no Brasil).

Exemplo:

Suponha que um investidor tenha aplicado US$10.000,00 no exterior, com recursos provenientes de rendas auferidas no exterior, como dividendos ou salário, por exemplo. Após um período, ele decide resgatar da aplicação, sendo creditado o valor de US$12.000,00 em sua conta. Qual o imposto de renda devido no Brasil? Acompanhe o cálculo na Tabela 11–5.

FIGURA 11-5: Cálculo do imposto de renda sobre ganho de recursos originariamente em moeda estrangeira.

	A	B	C	D	E
1		R$	Taxa câmbio	USD	Fórmula
2	Valor aplicado			10.000,00	
3	Valor da liquidação financeira			12.000,00	
4	Ganho de capital (base de cálculo)			2.000,00	=E3-E2
5	IR: alíquota = 15%			300,00	=E4*15%
6	Taxa PTAX Compra dia depósito		3,1234		
7	IR a ser recolhido	937,02			=E5*D6

Recursos de origem mista — Parte em reais e parte em moeda estrangeira

Regra aplicável:

» Separar os recursos originários do Brasil daqueles com origem no exterior.

» Base de cálculo do imposto da parte com origem em reais: Ganho de capital em reais, conforme demonstrado na Figura 11-4.

» Base de cálculo do imposto da parte com origem no exterior: Ganho de capital em dólares americanos, conforme demonstrado na Figura 11-5.

» Se a aplicação for em outra moeda que não o dólar americano, converte-se primeiro para o dólar americano e depois para reais, utilizando a taxa disponível no site do Banco Central do Brasil.

» Alíquota: 15% sobre o rendimento.

» Pago por meio de DARF, código 8523 (ganhos de capital decorrentes da alienação, por pessoa física, de bens ou direitos e da liquidação ou resgate de aplicações financeiras, em moeda estrangeira), devido até o último dia útil do mês subsequente ao fechamento da operação.

» Isenção: Venda de ações, caso o volume de venda não ultrapasse R$35.000,00 no mês, pois é considerado ganho de "pequeno valor" (regra semelhante aos R$20.000,00 mensal de isenção para liquidação de ações no Brasil).

Exemplo:

Suponha que o valor resgatado no exemplo demonstrado na Figura 11-4, US$40.000,00 tenha sido reaplicado. Após um período, o investidor solicita resgate total e recebe US$48.000,00 de volta. Calcular o valor do imposto de renda devido. Acompanhe o cálculo na Figura 11-6.

	H	I	J	K	L	M
1		R$	Taxa câmbio	USD	%	Fórmula
2	Valor aplicado			40.000,00	100%	
3	Origem reais	100.029,90	3,0123	33.207,15	83,0%	=K3/K2
4	Origem exterior			6.792,85	17,0%	=K4/K2
5	Valor resgatado			48.000,00		
6	Parte origem reais			39.848,58		=K5*L3
7	Conversão para reais	129.332,55	3,2456			=K6*J7
8	Parte origem exterior			8.151,42		=K5*L4
9	**Ganho de capital (base de cálculo):**					
10	Ganho de capital origem reais	29.302,65				=I7-I3
11	Ganho de capital origem exterior			1.358,57		=K8-K4
12	Conversão para reais	4.409,37	3,2456			=K11*J12
13	Total ganho de capital	33.712,03				=I10+I12
14	IR: alíquota = 15%	5.056,80				=I13*15%

FIGURA 11-6: Cálculo do imposto de renda sobre ganho de recursos com origem mista.

144   PARTE 2 **Conhecendo os Produtos de Investimento Financeiro**

Impostos sobre rendimentos e dividendos

Além de as ações pagarem dividendos, muitos fundos de investimento no exterior, como já mencionado, também distribuem dividendos aos cotistas. Em outras palavras, em vez de reaplicar os ganhos dos ativos do fundo, aumentando o valor de suas cotas, é comum utilizar a metodologia de distribuir esses rendimentos aos cotistas, na forma de dividendos.

Regra aplicável:

» Base de cálculo: Rendimento recebido.

» Alíquota: Tabela regressiva de imposto de renda.

» Taxa de câmbio utilizada para o cálculo: Valor da taxa de compra, fixada pelo Banco Central do Brasil, para o último dia útil da primeira quinzena do mês anterior ao do recebimento do rendimento. Suponha que os dividendos tenham sido recebidos no dia 25/10/2017. Logo, deve-se utilizar a taxa de câmbio do dia 15/09/2017.

» Se a aplicação for em outra moeda que não o dólar americano, converte-se primeiro para o dólar americano e depois para reais, utilizando a taxa disponível no site do Banco Central do Brasil.

» É permitida a compensação do imposto recolhido na fonte no país de origem dos rendimentos, no mês do pagamento com o imposto relativo ao carnê-leão e com o apurado na Declaração de Ajuste Anual, observados os acordos, tratados e convenções interacionais firmados pelo Brasil, ou no caso de existência de reciprocidade de tratamento.

» Quando o imposto pago no exterior for maior que o imposto relativo ao carnê-leão no mês do pagamento, a diferença pode ser compensada nos meses subsequentes até dezembro do ano-calendário e na Declaração de Ajuste Anual. Logo, o imposto pago será considerado antecipação do apurado nessa declaração.

» Pago por meio de carnê-leão, devido até o último dia útil do mês subsequente ao fechamento da operação.

Exemplo:

Suponha que um investidor residente no Brasil comprou determinada ação nos Estados Unidos. Em 07/06/201X, ele recebeu US$11.250,00 em dividendos. Quanto pagará de imposto de renda no Brasil? Acompanhe o cálculo na Figura 11–7.

FIGURA 11-7: Cálculo do imposto de renda sobre rendimentos e dividendos recebidos no exterior.

◢	A	B	C
1		USD	R$
2	Dividendo recebido em 07/06/202X	11.125,00	
3	Imposto de renda pago nos EUA (30%)	3.337,50	
4	Imposto devido no Brasil (27,5%)	3.059,38	
5	Taxa de câmbio em 15/05/202X		3,1020
6	Imposto que seria devido no Brasil R$		9.490,18
7	Imposto pago a maior nos EUA	278,13	

Importante: tendo em vista que o imposto pago nos Estados Unidos é maior que o devido no Brasil, o investidor não precisará pagar o imposto de renda no Brasil, ou seja, na prática, os dividendos recebidos no exterior pelo investidor residente no Brasil são isentos de tributação no nosso país.

Vale lembrar que essa tributação não é definitiva e deverá ser declarada pela pessoa física na Declaração de Ajuste Anual, juntamente com outros valores por ela recebidos, tais como aluguéis de imóveis.

> **NESTE CAPÍTULO**
>
> » Entendendo o ciclo da vida
>
> » Separando seu dinheiro para a aposentadoria
>
> » Diferenciando um PGBL de um VGBL

Capítulo **12**

Preparando-se para a "Melhor Idade"

A busca pela juventude é uma constante. Desejamos ficar belos e maravilhosos, principalmente nas redes sociais. Mas uma coisa é certa: se não morrermos cedo, ficaremos velhos. Chegará uma hora em que as dores no joelho e na coluna nos farão frequentar a clínica de fisioterapia e as consultas ao geriatra serão parte do nosso dia a dia. Nessa hora, não teremos mais energia para trabalhar com a mesma disposição e a solução será a aposentadoria. Logo, se não temos como evitar o ocaso da vida, melhor nos prepararmos para vivê-lo com a melhor qualidade possível, sobretudo do lado financeiro.

Os Ciclos da Vida

A vida se divide em várias fases, a que damos o nome de ciclos: nascemos, crescemos, vamos para a escola e depois para a faculdade, trabalhamos e, finalmente, nos aposentamos — quando, segundo Raul Seixas, sentamos "no trono de um apartamento com a boca cheia de dentes esperando a morte chegar".

FIGURA 12-1: Ciclo da vida.

Para alguns, a aposentadoria é um momento de relaxar, curtir a vida e viajar. Mas, para a grande maioria, é a hora das dores e de jogar dama na praça, além de preencher o tempo ajudando financeiramente os filhos e na criação dos netos. Não é um momento fácil e os gastos são enormes nessa fase da vida: remédios, planos de saúde muito caros e por aí vai. Se não for feito um bom planejamento para esse ciclo da vida, vamos acabar no SUS e, pior ainda, dependendo da situação financeira e generosidade de nossos filhos para nossa manutenção.

Previdência Pública

A expectativa de vida nos idos do passado era muito baixa. Uma breve pesquisa na internet mostra que, no século XIX, a esperança de vida na Europa Ocidental era na casa dos 33 anos. Em 1920, os australianos eram os que, ao nascer, tinham a maior expectativa média de vida: 61 anos. Em segundo lugar vinham os noruegueses, com 59 anos.

No Brasil, não era muito diferente. Segundo dados da Agência Brasil, "em 1900, a expectativa de vida era de 33,7 anos, dando um salto significativo em pouco mais de 11 décadas, atingindo 75,4 anos em 2014".

Esses dados nos mostram que antigamente as pessoas morriam ainda durante o ciclo laboral. Com a mudança do perfil da sociedade, causada pelo desenvolvimento, houve a preocupação em proteger os cidadãos das necessidades sociais, inclusive da sobrevivência na terceira idade.

Em 1879, começou toda essa questão de seguridade social com a promulgação da Declaração dos Direitos do Homem e do Cidadão, documento culminante da Revolução Francesa e que definiu os direitos individuais e coletivos dos seres humanos como universais.

Aos poucos, essa preocupação social foi tomando vulto no mundo todo, inclusive no Brasil, que, após passar por diferentes estágios, chegou ao seguro social conforme definido na nossa Constituição hoje em dia. Foi uma evolução que começou com a caridade até chegar ao mutualismo privado e facultativo.

Os primeiros a receber aposentadoria no Brasil foram os carteiros. Foi a princesa Isabel quem determinou, em 1888, a aposentadoria a essa classe de trabalhadores, que tinham que ter sessenta anos de idade e trinta de trabalho. Aos poucos, a aposentadoria foi estendida a outras classes de trabalhadores. Só em 1943, com a Consolidação das Leis de Trabalho (CLT), que a Previdência Social foi estendida a todos os trabalhadores brasileiros.

Tudo muito bonito no papel, mas, na realidade, a aposentadoria pública como é hoje em dia para os funcionários da iniciativa privada não atende a grande parte da classe média em termos financeiros. Daí a importância de, desde cedo, os jovens começarem a juntar para sua aposentadoria.

Pelas regras válidas em 2021, para quem está entrando na vida laboral, a idade mínima para as mulheres se aposentarem é 62, e para os homens, 65 anos. Além disso, as mulheres precisarão contribuir por, no mínimo, 15 anos e os homens por 20 anos. Existe uma outra regra para quem já estava trabalhando antes da Reforma da Previdência de 2020, mas ela também não é nenhuma "Brastemp". Só para ter uma ideia de valor, o teto da aposentadoria do INSS, em 2022, é de R$ 7.087,22 bruto. Desse valor, ainda será retirado o imposto de renda.

CUIDADO

A probabilidade de você ganhar o teto máximo na aposentadoria é muito baixa, mesmo que desde cedo seja descontado pelo maior valor permitido.

Por isso, repito: planeje desde já a sua aposentadoria para não chorar pitangas no futuro. E lembre-se de que quanto menor for sua contribuição, menos você ganhará de aposentadoria quando a hora de receber o benefício chegar.

Como e Quanto Juntar para a Aposentadoria

Tendo em vista que é melhor prevenir do que remediar, vejamos como é possível juntar para a aposentadoria e quanto será necessário poupar.

Passo 1: Defina a renda extra que necessitará para custear sua aposentadoria

DICA

De modo geral, se você não pretende baixar muito o seu padrão de vida lá na frente e se quiser ser independente dos filhos, é recomendável fazer um planejamento que contemple ter uma renda de, pelo menos, 70% da renda no período laboral.

Suponha que esse valor seja R$10.000,00 líquido de impostos e que você vá receber o teto do INSS. Confira a tabela 12-1, que tem como premissa 13 salários anuais de 2022 (12 meses + 13º).

TABELA 12-1

Cálculo da Renda Complementar Necessária na Aposentadoria

Descrição	R$		
Salário atual líquido de descontos	186.190,48	Anual	Salário + 13º + férias
Média mensal	15.515,87		Salário atual ÷ 12
Renda líquida necessária para aposentadoria	10.861,11	Mensal	70% do salário atual
Valor aposentadoria bruta de IR	7.087,22	Mensal	
Imposto de renda	- 1.079,63		
Valor líquido da aposentadoria	**6.007,59**	Mensal	Alíquota 27,5%; dedução $869,36
Valor líquido da aposentadoria	78.098,67	Anual	12 X pensão + 13º
Média mensal da aposentadoria	6.508,22	Mensal	Valor anual ÷ 12
Complemento necessário líquido de IR	4.352,89	Mensal	Renda líq. necessária — aposentadoria
Complemento bruto de IR	**4.836,54**	Mensal	Tabela regressiva: alíquota 10%

Como se vê, será necessária uma renda extra líquida de R$4.352,89 todo mês, para fechar sua conta na aposentadoria.

Passo 2: Programando o valor mensal que será separado para a aposentadoria

Compreendo o quanto é difícil poupar, principalmente quando se tem filhos, mas entenda que é necessário e que você estará economizando por uma boa causa. Por isso, quanto antes você começar a juntar, melhor, pois poderá separar um valor mensal menor do que se começar mais tarde.

Esta é a hora de utilizar os conceitos de juros para calcular quanto terá que juntar por mês para atingir sua meta lá na frente e, neste momento, além da matemática, você precisará de ajuda dos economistas para obter uma projeção da taxa de juros. Para os cálculos, você precisará de uma HP

12C ou do Excel. Veja o exemplo da Tabela 12-2 e tente fazer sua própria projeção.

A Tabela 12-2 faz uma projeção de quanto é necessário poupar mensalmente por 33 anos para receber R$4.836,54 bruto mensalmente por 20 anos, conforme resultado encontrado na Tabela 12-1.

TABELA 12-2 ## Cálculo do Valor a Ser Poupado Mensalmente

Idade atual	32 anos
Idade aposentadoria	65 anos
Prazo até aposentadoria	33 anos
	396 meses
Taxa de juros	5,00% ao ano
	0,407% ao mês
Expectativa de vida média	85 anos
Prazo de recebimento do benefício	20 anos
	240 meses

Valor que terá que acumular:		*fx* Financeira Excel
Para receber bruto de IR	4.836,54 mensais	Pgto
Pelo prazo de	240 meses	Per
Taxa de juros	0,407% ao mês	Taxa
Valor presente (em D+396 meses)	**R$739.717,52**	VP

Valor que terá que poupar mensalmente:		*fx* Financeira Excel
Prazo	396 meses	Per
Taxa de juros	0,407% ao mês	Taxa
Valor futuro (em D+396 meses)	R$739.717,52	VF
Poupança	**R$752,83** mensais	Pgto
Para 45 anos hoje	**R$1.822,84** mensais	Per = 240

Se você começar a poupar com 45 anos, mantendo os demais dados constantes, o valor a ser poupado mensalmente (PMT) aumenta para R$1.822,84. Como se vê, quanto antes começar a juntar, menor o valor a poupar, pois você terá mais tempo para atingir o valor meta de acumulação.

DICA

Se você não é muito amante das contas, aí vai uma dica valiosa: o site das instituições financeiras, seguradoras e companhias de previdência privada costumam ter um simulador para encontrar esses valores.

Passo 3: Em que veículos de investimento juntar

Você tem várias opções para alocar seu dinheiro para a aposentadoria. Confira as vantagens e desvantagens de cada um.

TABELA 12-3 **Vantagens e Desvantagens dos Investimentos Visando Aposentadoria**

Investimento	Vantagens	Desvantagens
Imóvel para aluguel	• Mais difícil de se desfazer no caso de dar aquela vontade de vender para gastar o dinheiro com consumo. • Ótima opção para os gastadores compulsivos.	• Depreciam com o tempo, necessitam de reformas e podem ficar sem inquilino ou com inquilino problemático. • Baixa liquidez caso haja necessidade extrema de venda e custos altos de inventário na transmissão da herança. • Custo alto com o administrador do aluguel.
Mercado financeiro	• Fácil acesso aos investimentos. • Se renda fixa, pode assumir uma liquidez menor em troca de rentabilidade. • Títulos que pagam juros semestrais são interessantes como complemento de renda. • Pode investir parte em ações em busca de retorno maior no longo prazo. • Algumas companhias têm um bom programa de pagamento de dividendos, muito atraente para quem precisa complementar a renda.	• Muito fácil sacar. • Se não for muito bem apartado dos demais investimentos, não dá a exata dimensão do valor sendo poupado.

Investimento	Vantagens	Desvantagens
Mercado previdenciário privado PGBL/VGBL	• Ficam apartados dos demais investimentos. • Veículo de investimento preparado para finalidade de aposentadoria. • Pode ter débito em conta programado no seu banco. • Oferece opções de recebimento de benefício por prazo determinado ou vitalício. • Possibilidade de indicar um beneficiário para receber os recursos sem passar por inventário. • Pode ter tributação menor e/ou vantagem fiscal.	• Se houver necessidade premente de saque no curto prazo, dependendo do tipo de tributação escolhida no momento da aplicação, pode ter alíquota muito alta.
Tesouro RendA+ (NTN-B série 1)	• Compra facilitada (direto no site do Tesouro Direto). • Sem cobrança de taxa de custódia semestral da B3 se carregar o título até o vencimento. • Valor mínimo para começar a investir: R$30,00 • Após vencimento do título, o investidor recebe renda por 20 anos, corrigida pela inflação. • O investidor escolhe a data da aposentadoria.	• Datas para aposentadoria somente a cada 5 anos, começando em 2030. • Se receber mais de 6 salários mínimos, haverá cobrança de taxa sobre a renda mensal. • A renda não é vitalícia. • A tributação no recebimento da renda é na fonte, sem direito à compensação.

Se você optar por colocar tudo no mercado financeiro, pode escolher produtos com baixa liquidez e receber uma remuneração mais atraente. Lembre-se de que, via de regra, quanto maior o prazo do título, maior a rentabilidade. Você pode também alocar parte em renda variável, tanto em fundos de ações como selecionando cuidadosamente papéis. Só um detalhe importante: quando chegar perto da sua aposentadoria, diminua o risco dos investimentos, para não sofrer revés no montante acumulado.

LEMBRE-SE

Ação é um investimento de longo prazo. Para mais informações sobre o mercado acionário e os produtos de renda fixa, consulte os Capítulos 6 e 7.

Uma opção interessante e que começou a valer em 01/01/2023 é o produto do Tesouro Direto RendA+ (veja na Tabela 12-3). Trata-se de uma série especial de NTN-B que tem por finalidade ajudar o cidadão a poupar para a aposentadoria. Ele compra o título com vencimento de 2030 em diante (a cada cinco anos) e, a partir desse vencimento, começa a receber, por vinte anos, um valor mensal corrigido pelo IPCA. Você encontrará muita informação sobre o RendA+ no site do Tesouro Direto. Vale a pena conferir.

Pode ser que você trabalhe no governo ou em uma empresa que já tenha plano de previdência. Mas nada garante que continuará no mesmo emprego até se aposentar. Caso saia antes da aposentadoria, considere continuar no plano da empresa, se possível.

Se você for como a maioria das pessoas, desprovida desses benefícios, então deve se programar com todo carinho e uma das opções é aplicar nos fundos de previdência complementar aberta (PGBL e VGBL), que serão apresentados a seguir.

Plano Gerador de Benefícios Livre (PGBL)

O PGBL é um plano de previdência privada destinado a quem contribui com o INSS e deseja aportar até 12% de sua renda bruta anual. Permite ao contribuinte acumular recursos ao mesmo tempo que ele escolhe o risco que deseja correr durante o período de acumulação. O investidor pode colocar tudo em renda fixa, ações ou multimercado, ou uma parte em cada tipo de risco, conforme a alocação desejada, o que significa dizer que a rentabilidade da poupança ao longo do tempo dependerá dos fundos escolhidos para receber os recursos, não havendo garantia de rentabilidade mínima durante a fase de acumulação ou período de diferimento.

Não há idade mínima ou máxima para começar a receber os benefícios, que podem, inclusive, ser retirados de uma só vez. Além disso, se o investidor não estiver satisfeito por qualquer motivo com a gestão dos recursos, ele pode transferir esse valor para outra empresa de previdência que lhe conceda melhores condições, ao que se dá o nome de *portabilidade*.

Vida Gerador de Benefícios Livre (VGBL)

O VGBL, embora seja considerado uma previdência complementar aberta, é, legalmente, um plano de seguro de vida isento de IOF. Daí que não é possível abater a contribuição na Declaração de Ajuste Anual do Imposto de Renda.

Embora tenha cara de PGBL, até com três letras iguais, o VGBL traz algumas diferenças, conforme Tabela 12-4.

TABELA 12-4   Semelhanças e Diferenças entre o PGBL e VGBL

	PGBL	VGBL
Público-alvo	Quem contribui para o INSS e declara o imposto de renda no modelo completo	Quem faz a declaração do imposto de renda no modelo simplificado
Forma legal	Entidade aberta de previdência complementar	Seguro de vida
Portabilidade	Permitido entre PGBLs	Permitido entre VGBLs
Transferência entre planos	Permitido mudar o risco entre classes (renda fixa, ações, multimercado)	Permitido mudar o risco entre classes (renda fixa, ações, multimercado)
Base de cálculo para o IR	Incide sobre o valor sendo resgatado	Incide sobre os rendimentos
Regime de tributação	Progressivo ou regressivo (detalhes no próximo tópico)	Progressivo ou regressivo (detalhes no próximo tópico)
Planejamento tributário	Permite abater as contribuições até 12% da renda bruta anual para o cálculo do IR	Não se aplica
Planejamento sucessório	Pode deixar como beneficiário qualquer pessoa	Pode deixar qualquer pessoa como beneficiária

Dúvidas Frequentes

No momento da contratação do plano de previdência e na hora de começar a receber o benefício, o investidor tem que tomar algumas decisões que costumam gerar muitas dúvidas, aqui apresentadas.

Qual o melhor produto para mim: PGBL ou VGBL?

Os dois são ótimos produtos. O PGBL é indicado para quem paga INSS e preenche a declaração anual do imposto de renda no formulário completo, porque permite abater até 12% da renda bruta em contribuições para o produto. Já o VGBL é apropriado para quem tem um salário muito pequeno ou preenche a declaração de ajuste anual do imposto de renda no formulário simplificado, que não permite abater gastos com médico, educação e outros da renda bruta. Para quem preenche no formulário completo e deseja contribuir mais de 12% da renda bruta, o indicado é colocar no PGBL até os 12% e o excedente investir em um VGBL.

CAPÍTULO 12 **Preparando-se para a "Melhor Idade"**   155

Quem será o beneficiário em caso de morte do investidor?

O investidor pode escolher quem quiser como beneficiário, independentemente de questões legais. Pode até designar percentuais diferentes entre eles.

No momento de começar a receber o benefício, deve-se:

1. Receber tudo de uma só vez?

Neste caso, se a opção for por tributação progressiva, pode não ser vantajoso, pois pagará a maior alíquota, mas vai depender da necessidade de caixa.

2. Receber o benefício mensalmente de forma vitalícia ou por prazo determinado?

Essa dúvida é cruel, pois a decisão de receber de forma vitalícia implica apostar que você viverá mais tempo que o prazo determinado. Leve em consideração questões de sua própria saúde e de expectativa média de vida das pessoas do seu nível socioeconômico-cultural antes de tomar essa decisão.

Que tipo de tributação escolher? Metodologia progressiva ou regressiva?

Essa opção também não é nada fácil, pois dependerá de como você se vê daqui a vinte, trinta anos. Mas vamos deixar esse papo de tributação para o próximo item.

A Parte do Leão

No momento da abertura de um PGBL ou VGBL, é obrigatório escolher a metodologia de tributação, se será com alíquota regressiva ou progressiva. No caso de alíquota regressiva, quanto mais tempo o dinheiro ficar aplicado, menor será a alíquota aplicada, conforme demonstrado na Tabela 12-5. Já na tabela progressiva, igual a cobrada nos salários, quanto maior a renda, maior a alíquota. Confira a Tabela 12-6.

TABELA 12-5 Tabela Regressiva de Imposto de Renda Previdência

Prazo de acumulação em anos	Alíquota de IR
Inferior ou igual a 2	35%
Superior a 2 e inferior a 4	30%
Superior a 4 e inferior a 6	25%
Superior a 6 e inferior a 8	20%
Superior a 8 e inferior a 10	15%
Superior a 10	10%

TABELA 12-6 Tabela Progressiva de Imposto de Renda — Válida para 2022

Base de cálculo — R$ mensal	Alíquota	Parcela a deduzir do IR — R$
Até 1.903,98	Isento	-
De 1.903,38 até 2.826,65	7,5%	142,80
De 2.826,65 até 3.751,05	15%	354,80
De 3.751,05 até 4.664,68	22,5%	636,13
Acima de 4.664,68	27,5%	869,36

Sua gerente do banco já lhe ofereceu trocar de um fundo de investimento para uma previdência privada? Caso positivo, a alegação é que na previdência não tem o famigerado come-cotas, mencionado no Capítulo 9.

Nesse sentido, a previdência, seja o PGBL, seja o VGBL, tem vantagem fiscal sobre os fundos de investimento. Além disso, no caso de você escolher a tabela regressiva e caso resgate somente após dez anos de aplicação, terá alíquota de 10%, enquanto, no fundo de investimento, a menor alíquota é 15%.

LEMBRE-SE

Come-cotas é a cobrança antecipada e semestral dos fundos de investimento considerados de renda fixa pela Receita Federal.

Por fim, gostaria de mencionar que, no recebimento do benefício, o sistema resgata sempre o valor aplicado primeiro — o que em contabilidade se chama PEPS (primeiro a entrar é o primeiro a sair), beneficiando o investidor. Caso a opção tenha sido pela tabela regressiva, ao resgatar primeiro a aplicação mais antiga, o investidor pagará a alíquota menor, dentre a possível.

QUE TIPO DE TRIBUTAÇÃO ESCOLHER? METODOLOGIA PROGRESSIVA OU REGRESSIVA?

De modo geral, o mercado sugere que o investidor opte pelo regime regressivo se for deixar por mais de dez anos os recursos aplicados. Entretanto, a decisão da metodologia a escolher não é tão simples assim, até porque temos muitas incertezas sobre o futuro.

Fatores como idade da aposentadoria, renda pretendida do plano de previdência e das outras rendas tributáveis, bem como uma estimativa do valor das despesas dedutíveis na declaração anual do imposto de renda, são de fundamental conhecimento para se tomar a decisão mais acertada hoje. Isso porque vivemos no Brasil, um país em que "até o passado é incerto", segundo Millôr Fernandes.

Como podemos saber a tabela de imposto de renda que estará ativa daqui a vinte ou trinta anos? Porém um fato é altamente provável de acontecer depois dos sessenta anos: o número de dependentes na declaração deverá ser menor, uma vez que os filhos já terão crescido. Ao mesmo tempo, o plano de saúde deve ser maior. Por isso, faça um trabalho imaginativo se você tiver que escolher entre a tabela progressiva ou regressiva. Projete sua vida quando a idade chegar e faça um planejamento bem cuidadoso, tentando eliminar as surpresas da vida.

Não seja rígido demais com você no momento da aposentadoria caso descubra que não escolheu a melhor forma de tributação. Essa decisão é uma loteria em que o investidor tem 50% de chance de acertar e, logo, 50% de chance de errar. Hoje você imagina que preencherá sua declaração anual do imposto de renda no formulário simplificado e opta pelo regime regressivo. Chega lá na frente, descobre que sua renda tributável é pequena e poderia receber de volta parte do imposto de renda pago se tivesse optado pelo regime progressivo, mas não dá para voltar atrás. Se chorar e perder o sono adiantasse, eu até aconselharia a começar o chororô, mas, como não resolve, bola para a frente que aí vem gente.

3
Analisando os Investimentos

NESTA PARTE...

Aprenda a selecionar ações para sua carteira.

Saiba que investimentos de renda fixa são mais adequados para você.

Descubra os melhores fundos de investimento.

Compreenda que nem sempre o melhor investimento é o que tem a maior rentabilidade.

NESTE CAPÍTULO

» Diferenciando análise fundamentalista da técnica

» Buscando informação em um Guia de Ações

» Selecionando boas pagadoras de dividendos

» Avaliando as questões ESG nas empresas

Capítulo **13**

Decidindo por uma Ação

Da mesma forma que o diagnóstico do médico é fundamental para decidir o tratamento indicado, a avaliação de uma ação é básica para decidir sua compra. Pode-se analisar a empresa sob vários ângulos, assim como o médico pode pedir exames diferentes para chegar a uma conclusão. Uma coisa é certa: não dá para sair por aí comprando uma ação simplesmente porque gostamos de seus produtos ou porque um amigo nosso disse que é bacana. Temos que ser seletivos e racionais nas nossas decisões de investimento, e isso requer algum trabalho e tempo avaliando se aquela ação será capaz de trazer ganhos ou não ao investidor.

Investir x Apostar

Antes de qualquer explicação de como se decide comprar ou vender uma ação, é importante deixar claro que o objetivo deste livro é falar de investimentos, e investir significa a aplicação de capital com a expectativa de um benefício futuro. Olhando apenas por esse ângulo, jogar na roleta seria um investimento, pois estamos colocando dinheiro com a expectativa de que o número escolhido seja o contemplado. Porém existe uma diferença grande entre apostar e investir. Um investimento pressupõe uma análise preliminar de diferentes variáveis que nos permitem gerar uma expectativa de retorno e risco. Jogar, entretanto, está mais associado à sorte e a azar e, por isso, não precisa de muito estudo prévio, só talvez de um amuleto.

Os investidores em ações fazem posições baseadas em duas escolas: técnica e/ou fundamentalista.

A **escola técnica**, também chamada de gráfica, acredita que apenas duas variáveis são importantes para se tomar decisão de negociar a ação: histórico de preços e volume de negociação. Todo o resto estaria representado por esses dois fatores e, portanto, lucro da empresa, dividendos etc. não precisam ser levados em consideração.

Para os analistas técnicos, a tendência dos preços futuros é reflexo dos movimentos passados. Isso ocorre porque o valor de mercado de qualquer ativo estaria baseado apenas na interação entre a oferta e a demanda que, por sua vez, são governadas por inúmeros fatores, tanto racionais como irracionais, inclusive por variáveis defendidas por analistas fundamentalistas. O mercado pesa todos esses fatores contínua e automaticamente.

FIGURA 13-1: Base conceitual da análise técnica.

Na visão dessa escola, desprezando flutuações menores, os preços dos ativos individuais e o valor total do mercado tendem a se mover de acordo com tendências, que persistem por períodos apreciáveis de tempo. Tendências predominantes reagem às mudanças no relacionamento entre oferta e demanda. Essas mudanças, não importa por que ocorram, podem ser detectadas mais cedo ou mais tarde pela ação do próprio mercado.

Se fosse tão fácil assim, Warren Buffett não perderia tempo avaliando as empresas e conversando com os empresários e seus administradores. Longe de mim desprezar todo o trabalho da análise técnica, mas meu objetivo neste livro é escrever sobre como se investe dinheiro da melhor maneira possível e com o menor risco. Por isso, este capítulo vai se ater a explicar sobre avaliação da empresa para decisão de investimento, e não à suposição relacionada a preço de acordo com a tendência do gráfico.

Investir requer visão de longo prazo e o analista técnico não é capaz de responder às perguntas a seguir, fundamentais para um posicionamento desse espectro:

>> Quem são os gestores da companhia?

>> Qual a estratégia da empresa e suas tecnologias?

>> Como ela se posiciona no mercado?

>> É uma empresa lucrativa e gera retorno para os acionistas?

>> Qual seu posicionamento com relação às questões ESG?

>> Qual seu fluxo de caixa livre futuro?

>> Como a empresa está preparada para enfrentar um momento de crise?

Para responder a essas e outras perguntas, como calcular o valor justo da ação da empresa, existe a análise fundamentalista.

O que é análise fundamentalista

A escola fundamentalista, como o próprio nome aponta, está voltada para o estudo dos fundamentos da empresa, como retorno para o acionista, entre outros. De forma resumida, é possível conceituar a análise fundamentalista como o estudo de toda a informação disponível no mercado sobre a empresa (passada, presente e projeção do futuro), de modo a obter seu verdadeiro valor, também chamado de *valor intrínseco* ou *valor justo*. Para os fundamentalistas, só assim seria possível formular uma recomendação de *investimento*.

Onde Tudo Começa

Independentemente de metodologias, quando passo um tempo fora do mercado acionário e desejo voltar, confesso que começo com o relatório *Stock Guide*, também chamado de Guia de Ações, Tabela de Múltiplos ou *Equity Map*, disponibilizado no site da corretora. É tudo a mesma coisa, uma grande planilha que traz os principais indicadores das empresas e a possibilidade de ganho com cada uma delas. A partir daí, faço minhas considerações, seleciono algumas empresas e vou em busca de mais informação fundamentalista, análises que trazem detalhes sobre as possibilidades da empresa, considerando algumas premissas. Só aí tomo minhas decisões.

É bem verdade que, por gostar de investimento de longo prazo, ter formação de administração e, portanto, gostar de gestão e acreditar em análise financeira, tenho a veia da analista fundamentalista. Mas tem muita gente que prefere olhar para gráficos e tem perspectiva de curto prazo. Cada um no seu quadrado, como estamos focados em investimento, é hora de compreender como os analistas fundamentalistas avaliam se a ação é atrativa ou não para compra ou venda e, por ter mencionado o Guia de Ações, vamos começar por aí. Observe as Figuras 13-1 e 13-2, que contêm dados de empresas dos segmentos Papel e celulose e Saneamento.

FIGURA 13-2: Múltiplos de empresas selecionadas.

Papel e Celulose											
Empresa	Ticker	Analista	Reco-mendação	P/L		EV/EBITDA		Dívida líquida/EBITDA		Dividend Yield	
				2021	2022	2021	2022	2021	2022	2021	2022
Klabin	KLBN11	André Vidal	Compra	7,6x	8,4x	7,1x	7,1x	3,3x	3,4x	2,1%	5,3%
Irani	RANI3	André Vidal	Neutro	5,2x	5,9x	3,7x	3,7x	0,7x	0,8x	6,2%	7,1%
Suzano	SUZB3	Sem cobertura	-	9,0x	11,5x	5,6x	5,8x	2,4x	2,6x	1,8%	2,1%
Média do setor	-	-	-	8,6x	10,7x	5,9x	6,1x	2,6x	2,7x	1,9%	3,0%
Saneamento											
Empresa	Ticker	Analista	Reco-mendação	P/L		EV/EBITDA		Dívida líquida/EBITDA		Dividend Yield	
				2021	2022	2021	2022	2021	2022	2021	2022
Sanepar	SAPR11	Herbert Suede	Neutro	5,5x	4,8x	3,6x	3,1x	0,9x	0,8x	4,4%	5,1%
Sabesp	SBSP3	Herbert Suede	Neutro	6,8x	4,3x	13,1x	9,3x	9,1x	6,1x	3,5%	4,8%
Copasa	CSMG3	Herbert Suede	Venda	6,2x	6,8x	3,8x	3,5x	1,2x	0,8x	3,3%	2,8%
Orizon	ORVR3	Herbert Suede	Compra	n.m.	19,3x	15,5x	9,2x	0,4x	0,8x	0,0%	0,0%
Média do setor	-	-	-	6,5x	5,5x	10,6x	7,6x	6,5x	4,4x	3,4%	4,4%

Fonte: XP Investimentos, dados de 24/02/2022

FIGURA 13-3: Dados operacionais.

Papel e Celulose											
Empresa	Ticker	Preço-alvo	Preço atual	% Upside	Cap. de mer-cado (R$bi)	Receita líquida (R$mi)		EBITDA (R$mi)		EPS (R$mi)	
						2021	2022	2021	2022	2021	2022
Klabin	KLBN11	31,20	22,82	36,7%	25,1	16.596	18.298	6.606	6.840	3,0	2,7
Irani	RANI3	8,04	5,89	36,5%	1,5	1.628	1.771	489	530	1,1	1,0
Suzano	SUZB3	-	53,78	-	73,2	40.396	41.020	23.431	22.320	6,0	4,7
Média do setor	-	-	-	-	33,3	33.837	34.724	18.861	18.105	5,1	4,1
Saneamento											
Empresa	Ticker	Preço-alvo	Preço atual	% Upside	Cap. de mer-cado (R$bi)	Receita líquida (R$mi)		EBITDA (R$mi)		EPS (R$mi)	
						2021	2022	2021	2022	2021	2022
Sanepar	SAPR11	26,00	19,94	30,4%	6,0	5.289	5.950	2.279	2.531	3,6	4,2
Sabesp	SBSP3	52,00	40,23	29,3%	27,5	16.110	18.902	6.936	8.789	5,9	9,4
Copasa	CSMG3	15,00	14,04	6,8%	5,3	5.250	5.355	2.031	1.991	2,3	2,1
Orizon	ORVR3	30,00	29,57	1,5%	2,1	415	501	140	252	0,7	1,5
Média do setor	-	-	-	-	10,2	12.294	14.283	5.261	6.542	4,9	7,3

Fonte: XP Investimentos, dados de 24/02/2022

Entendendo o Guia de Ações

O relatório Guia de Ações traz diversas informações sobre as empresas e, geralmente, está agrupado por segmento econômico; e, ao final de cada grupo, há a média do setor. Esse dado é muito útil como comparação e serve para balizar se a empresa estudada tem seus dados abaixo ou acima da média do segmento. Afinal, cada segmento econômico tem características próprias.

É importante mencionar que o analista fundamentalista que assina os relatórios das empresas, segundo normas regulatórias, tem que ser certificado

164   PARTE 3 **Analisando os Investimentos**

para exercer a função e obter licença da CVM para realizar esse tipo de trabalho.

A quarta coluna da Figura 13-2 traz a recomendação: se aquela ação deve ser comprada, vendida ou se está em uma posição neutra. Certamente a diferença entre o preço-alvo e o preço atual é muito importante para tomar essa decisão, mas não é a única. Como há mais de um método para calcular esse preço-alvo, é sempre bom checar a metodologia utilizada pela sua corretora.

Vamos pegar como exemplo a Klabin (KLBN11), que tem um upside de 36,7%. Esse nome aparentemente chique nada mais é que a diferença entre o preço atual da ação e o preço alvo. Calculando o upside de KLBN11:

» Upside = (preço alvo ÷ preço atual) − 1
» Upside = (31,20 ÷ 22,82) − 1 = 0,367 = 36,7%

DICA

Como cada analista vê o mundo por seus olhos, o preço-alvo pode variar de uma corretora para outra. Por isso, é sempre interessante dar uma olhada na internet. Se, por exemplo, você fizer um Google em "VALE3 preço alvo 2022", em 28/02/2022, a primeira avaliação é do seudinheiro.com: "O preço-alvo médio é de R$107,69, o que implica num potencial de alta de 25% em relação aos níveis atuais. 03/02/2022." Já a XP está projetando um preço-alvo de R$97,10 para o mesmo período, com um upside de 10,4% (relatório de 24/02/2022).

Os Múltiplos

A análise de múltiplos, também conhecida como avaliação relativa, busca comparar alguns indicadores com o preço de mercado da ação. É uma forma simples, fácil e rápida de comparação entre empresas de um mesmo ambiente econômico-financeiro, o que tornou essa ferramenta muito valiosa na precificação de uma ação.

Partindo do raciocínio lógico de que empresas semelhantes deveriam ter preços e múltiplos semelhantes, utilizar múltiplos para tomar decisão é uma forma muito prática quando existem muitas empresas a serem comparadas. Entretanto, nem tudo que é simples é ótimo, por isso deve-se sempre utilizar mais de uma ferramenta em conjunto, para tornar a decisão mais consistente.

O problema é que, infelizmente, os múltiplos não fornecem informações sobre as transações e finanças da companhia, limitando a análise. Além disso, pode haver duas empresas com múltiplos semelhantes, mas com fundamentos muito diferentes, como pertencentes a diferentes segmentos. Afinal, cada setor econômico tem as próprias características. Para piorar, a ação pode estar sofrendo um efeito manada, afetando os múltiplos do setor. Ou seja, nesses casos, como se diz no dia a dia, "vai dar ruim".

De qualquer forma, ter conhecimento dos múltiplos é sempre parte da análise e muito válido e relevante na nossa decisão de investir em uma determinada ação. Afinal, nada é perfeito, mas quanto mais conhecermos da empresa, melhor será nossa decisão de investimento. Portanto, hora de seguir analisando os dados das Tabelas 13-1 e 13-2 e seguir apresentando outros múltiplos igualmente importantes.

Preço/Lucro — P/L

As colunas H e I da Tabela 13-1 apresentam o P/L (Preço/Lucro) da empresa de 2021 e 2022, respectivamente. O que esses dados nos mostram? Que a relação entre o preço da ação da Klabin hoje e o seu lucro projetado para 2021 é 7,6 vezes e, para 2022, essa relação piora e sobe para 8,4 vezes.

Esse múltiplo, resultado da divisão do preço de mercado da ação pelo lucro por ação da empresa é bastante usado como fonte primária de análise, porque indica em quanto tempo o investidor terá retorno do seu investimento (o valor pago pela ação), já que o lucro é todo do acionista.

Note que a cotação é quanto o investidor pagará para comprar a ação e o lucro, pelo menos em tese, é todo do acionista. Logo, o índice indica em quanto tempo o investidor terá retorno do seu investimento, partindo da premissa de que o lucro de um ano se repetirá nos anos seguintes.

DICA

O P/L é um múltiplo que lembra a renda fixa, uma vez que compara o valor pago pela ação com os resultados da companhia, formando um fluxo de caixa. E, uma vez que estamos investindo hoje para ter retorno no futuro, o correto é, portanto, utilizar o lucro futuro por ação, o que requer previsão das atividades da empresa.

CUIDADO

Embora de simples cálculo, o P/L parte da premissa de que o lucro de um ano se repetirá nos anos seguintes. O indicador não leva em consideração o risco e o crescimento da empresa, nem os dividendos que o acionista receberá.

Dividend yield

Representa o rendimento que o investidor recebe pela ação, sem considerar sua valorização (colunas N e O da Tabela 13-1).

LEMBRE-SE

Yield em inglês significa rendimento. Logo, o *dividend yield* é o rendimento gerado ao proprietário de uma ação com o pagamento de dividendos.

O *dividend yield* (DY) é normalmente calculado dividindo o dividendo futuro pelo preço da ação.

$$DY = \frac{\text{Expectativa de pagamento do dividendo do exercício em curso ou futuro}}{\text{Preço atual da ação}}$$

Para efeito do seu cálculo, é indiferente se os acionistas recebem o provento na forma de dividendos ou de juros sobre capital próprio, devendo ser considerado o somatório das duas formas de remuneração dos acionistas.

Como o *dividend yield* é o rendimento gerado ao proprietário, quanto maior este múltiplo, maior a atratividade da ação sob a ótica da política de distribuição de lucros. Empresas com rendimentos estáveis tendem a ter *yields* constantes, que podem ser entendidos como uma renda fixa.

CUIDADO

A interpretação do resultado do múltiplo merece cautela. Um *dividend yield* alto pode ser entendido como uma empresa boa pagadora de dividendos ou como uma empresa subavaliada pelo mercado, tendo em vista que o preço da ação se encontra no denominador da equação. Logo, um preço baixo da ação elevará o resultado da divisão, se tornando um forte incentivo para sua compra.

Dividend yield de KLBN11 para 2021 é 2,1% e para 2022 é 5,3%.

Capitalização de mercado

Na coluna H da Tabela 13-2 temos a capitalização de mercado da empresa, que é R$26,0 bilhões. Esse resultado foi obtido multiplicando o preço de mercado da ação da empresa pela quantidade de ações, simples assim.

O que Podemos Descobrir nos Principais Demonstrativos Financeiros

No momento que estou redigindo este capítulo, estão saindo diversos demonstrativos financeiros do segundo semestre de 2021 das empresas. Note que menciono demonstrativos, no plural, porque são diversos demonstrativos, sendo os principais o balanço patrimonial e o demonstrativo de resultado.

Balanço patrimonial

Mostra uma fotografia da empresa naquele dia. Quais são os seus ativos (bens e direitos) e passivos (obrigações com terceiros e com acionistas, o chamado patrimônio líquido). Os dados são organizados de forma lógica, indo do mais líquido (que pode ser transformado em dinheiro mais rapidamente, como conta bancária) para os menos líquidos, como imóveis e intangíveis (como marcas e patentes, por exemplo). A mesma lógica é aplicada no passivo.

TABELA 13-1   Balanço Patrimonial

Ativo Bens e direitos	Passivo Obrigações com terceiros
Circulante (curto prazo)	Circulante (a pagar até 1 ano)
Não circulante (acima de 1 ano)	Não circulante (a pagar acima de 1 ano)
Investimentos (máquinas e equipamentos, imóveis, marcas)	Patrimônio líquido (financiamento dos acionistas)

Se você pensar bem, o dinheiro de uma empresa vem dos acionistas (registrado no patrimônio líquido) ou de investidores que não desejam ser sócios da empresa (registrado no passivo circulante ou não circulante, dependendo do prazo, como empréstimos, fornecedores e outros).

Existe também outra forma de a empresa se financiar, por meio do reinvestimento de seus lucros. Mas isso acontece quando os acionistas abrem mão de receber dividendos maiores para colocar parte dos lucros na própria companhia. Logo, uma vez que veio dos acionistas, esse dinheiro do reinvestimento também é contabilizado no patrimônio líquido.

Resumindo, o dinheiro vem do lado direito do balanço (passivo) e é aplicado do lado esquerdo (ativo) em matéria-prima, estoques, máquinas, equipamentos, financiamento de clientes e outras coisas mais.

Espera-se que esse investimento gere lucros, que serão registrados no demonstrativo de resultado, próximo item.

Demonstrativo de resultado

Como o nome já diz, demonstra o resultado da companhia, se foi positivo (lucro) ou negativo (prejuízo). De forma resumida, para chegar a esse resultado final, a empresa começa com seu faturamento sem os impostos incidentes sobre as vendas (receita), tira os custos dos bens e/ou serviços vendidos, as despesas com vendas, administrativas e financeiras e encontra o resultado não operacional. Daí subtrai o imposto de renda e a contribuição social e encontra o lucro ou prejuízo do período, o número aparentemente mais importante.

DEMONSTRATIVO DE RESULTADO

Receita líquida de vendas e/ou serviços

(-) Custo de bens e/ou serviços vendidos

= Resultado bruto

(-) Despesas com vendas, gerais e administrativas

(+/-) Outras receitas e despesas operacionais

(+/-) Receitas e despesas financeiras

= Resultado antes da tributação

(-) Provisão para imposto de renda e contribuição social

= Lucro/Prejuízo do período

Com base no lucro do período, a diretoria decidirá quanto de dividendos será distribuído aos acionistas e quanto ficará retido para novos investimentos.

DICA

Embora os dois demonstrativos mencionados sejam MUITO importantes, os demais também têm relevância, pois agregam informações que confirmam, entre outras coisas, de onde veio o dinheiro para financiar as operações da companhia. As notas explicativas, embora pareçam enfadonhas, também são importantes, pois explicam como foi encontrado aquele número, se houve alteração na contabilização daquela conta e outras coisas que são fundamentais para elucidar possíveis dúvidas.

CUIDADO

Lembre-se sempre de que mais importante que ter a resposta final (o número) é conhecer o caminho percorrido até chegar ao resultado.

Fluxo do dinheiro

A Figura 13-4 mostra o fluxo do dinheiro em uma companhia. Tudo começa com o investimento dos sócios no patrimônio líquido ou de credores no passivo circulante ou não circulante. Essa fonte de recursos vira ativo, que se transforma em venda que, tirados os custos, gera o lucro. Parte do lucro vai para os acionistas na forma de dividendos e parte retorna para o patrimônio líquido como retenção dos lucros.

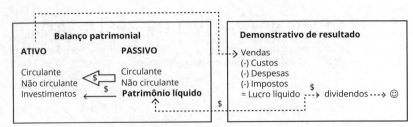

FIGURA 13-4: Fluxo do dinheiro.

Hora de uma pequena pausa para explicar uma dúvida que pode parecer boba, mas que é supernormal para quem não é do meio de negócios:

Qual a diferença entre contabilidade e matemática financeira?

Ambas são da área financeira e trabalham com números. Enquanto a contabilidade é uma ciência aplicada que tem por finalidade representar o patrimônio de uma empresa por meio do registro dos fatos e atos de natureza econômico-financeira que o afetam, a matemática financeira é o campo da matemática que estuda o valor do dinheiro no tempo.

Agora que você já entende o que é um balanço patrimonial e um demonstrativo de resultado, é possível fazer algumas conjecturas. A primeira delas é que os relatórios financeiros podem fornecer respostas para muitas questões, entre elas:

» A empresa tem crescido de um ano para o outro?

» Como está o faturamento, seu lucro, seu ativo, suas dívidas e o patrimônio líquido?

» A empresa tem dinheiro para pagar o que deve?

» Qual a relação entre os recursos próprios (dos acionistas) e o de terceiros?

» De sua receita, quanto por cento sobra no final para ser distribuído aos acionistas ou reinvestido?

» Quanto por cento do seu faturamento termina em lucro líquido?

Em outras palavras, podemos tirar várias conclusões comparando os números das mesmas contas de um ano para o outro ou comparando contas entre si em um mesmo exercício. Mas lembre-se de que os dados dos demonstrativos financeiros mostram o passado e o investimento em ação mira no futuro. Por isso, é fundamental projetar esse futuro da companhia, o que requer uma avaliação criteriosa e multifatorial.

Para Warren Buffett, a gestão da companhia é fundamental para a decisão de compra de um ativo. Muitas pessoas, por exemplo, não compram empresas estatais, por acreditarem que a sua gestão não é profissional, não otimizando as capacidades da companhia. Para o guru de muitos gestores, é fundamental comprar empresas operadas por pessoas honestas e competentes e, por isso, apenas números não são suficientes para tomar uma decisão de investimento. Para projetar o futuro da empresa e seu valor, é fundamental ter conhecimento de todo um arcabouço estratégico, econômico e financeiro, o que passa por questões objetivas e subjetivas.

DICA

Se você ficou curioso e quer saber mais sobre uma determinada empresa, saiba onde pode buscar mais informação:

» Área de relações com investidores (RI) da empresa.
» *Webcasting* sobre a apresentação do seu último resultado.
» Relatórios fornecidos pelas corretoras e bancos.
» Mídia.
» Reuniões da APIMEC com empresas.
» Site Fundamentus.com.br.

Seguindo em Frente

Continuando a análise das tabelas deste capítulo, hora de compreender o que significam os demais indicadores ainda não explicados, como EPS, receita líquida, dívida líquida, EV, EBITDA e a relação entre alguns deles.

EPS (*earnings per share*)

Earnings per share significa lucro por ação, LPA em português. Como o nome diz, avalia o lucro que a empresa gerou por ação (lucro líquido dividido pela quantidade total de ações). Logo, ao comparar duas empresas, o investidor sempre vai preferir aquela que tiver o maior LPA.

Note, entretanto, que, como qualquer indicador, o LPA não deve ser tido como a única verdade. Duas companhias podem gerar o mesmo LPA, mas uma delas pode usar menos capital para gerar o mesmo lucro. E, como capital é o mesmo que o investimento do acionista, a que investiu menos dinheiro será mais eficiente.

Outra preocupação quanto aos indicadores que usam *lucro* para indicar eficiência é que lucro é um resultado contábil que deve ser sempre avaliado com cuidado.

Receita líquida

Esse dado é encontrado na primeira linha do Demonstrativo de Resultado e nada mais é do que o faturamento da empresa (suas vendas) menos os impostos incidentes sobre a venda.

EBITDA

Em linhas gerais, o EBITDA (do inglês *earnings before interests, taxes, depreciation and amortization*) é o lucro antes dos juros, impostos, depreciação e amortização (LAJIDA) e representa a geração operacional de caixa da companhia, ou seja, o quanto a empresa gera de recursos apenas em suas atividades operacionais, sem levar em consideração os efeitos financeiros e de impostos.

A utilização do EBITDA é importante porque analisar apenas o resultado final da empresa (lucro ou prejuízo) muitas vezes tem sido insuficiente para avaliar o desempenho real da empresa, já que elimina efeitos cuja empresa não controla, como impostos, juros, depreciação e amortização — e essas duas últimas nem influência têm no caixa da empresa. Dessa forma, o EBITDA mede com mais precisão a produtividade e a eficiência do negócio.

A evolução desse indicador ao longo dos anos mostra aos acionistas a capacidade da empresa em promover e entregar eficiência e produtividade. Além disso, a comparação do EBITDA de diferentes empresas, inclusive de diferentes setores, fornece análise de competitividade ao remover o impacto dos custos de financiamentos, que podem ser muito altos em indústrias pesadas e de tecnologia. Essa comparação pode ser feita até para duas (ou mais) empresas de países diferentes, já que o EBITDA acaba sendo um indicador universal, especialmente porque deixa de fora fatores locais, como a tributação.

Valor da firma (EV)

Enterprise value, ou valor da firma, considera o agregado de todas as suas fontes de financiamento: credores, acionistas preferenciais, acionistas minoritários, empresas subsidiárias e acionistas ordinários. Além disso, é considerado neutro em termos de estrutura de capital, uma vez que utiliza todas as fontes de capital no cálculo, sendo útil, portanto, para comparar empresas com estruturas de capital diversas.

EV = Capitalização de mercado + dívida onerosa - caixa

Em que: dívida onerosa = dívida que paga juros, como dívida bancária, debêntures, notas promissórias, entre outras.

EV/EBITDA

Ao comparar o EV com o EBITDA, dividindo um pelo outro, o investidor está se concentrando no segmento operacional da empresa e tem mais uma fonte de informação para ajudá-lo na avaliação da saúde financeira, gestão e tudo o mais que se relaciona com os fundamentos da empresa.

Trata-se de um múltiplo comercialmente muito forte que mostra em quanto tempo o lucro operacional da empresa pode pagar o investimento realizado na sua aquisição.

Dívida líquida/EBITDA

Ao dividir a dívida líquida da empresa pelo seu EBITDA, o investidor conhece o nível de endividamento da empresa, além de quanto tempo a organização vai demorar para pagar a sua dívida líquida com a sua própria geração de caixa advinda das atividades operacionais.

> Dívida líquida = Empréstimos e financiamentos – caixa e equivalentes

Alguns analistas consideram que um indicador menor que duas vezes é positivo. Isso significa que a empresa precisará dobrar a sua geração de caixa atual para pagar as suas dívidas. Até esse nível, alguns analistas consideram que a saúde financeira da empresa é boa. Já um múltiplo elevado denota uma má gestão financeira.

Outros Indicadores Importantes

Cada instituição tem o próprio Guia de Ações, alguns com mais, outros com menos informação. Alguns incluem, entre outros indicadores, o ROE, preço/lucro e beta. Entenda o que significa cada um desses indicadores.

Retorno sobre o patrimônio líquido (ROE)

O ROE, do inglês *return on equity*, é um indicador muito importante e de fácil cálculo. Ele mede a performance do lucro em relação ao capital próprio empregado no empreendimento. Em outras palavras, ele mostra qual o retorno do acionista sobre seu investimento. Logo, é uma medida muito importante de geração de valor ao acionista e considerada um "must" na análise por vários financistas.

Para encontrar o ROE basta dividir o lucro líquido da empresa pelo seu patrimônio líquido.

PAPO DE ESPECIALISTA

Mas como o valor é criado?

A literatura sobre o tema e o mundo real apontam em uma única direção para responder a essa pergunta: a criação de valor se dá com inovação e a criação de um modelo de negócio sustentável. Além disso, as empresas têm que fazer investimentos que tragam retorno maior que seu custo de capital, e esse retorno não pode ser pontual, e sim de forma constante. Por fim, elas têm que reinvestir os seus lucros em atividades mais lucrativas e apresentar crescimento.

Beta

O beta representa a quantidade de risco sistemático que uma determinada ação carrega. Pode parecer complicado, mas não é. Acompanhe o raciocínio analisando o gráfico das Figuras 13-5 e 13-6.

DICA

Risco sistemático é o risco do sistema, que afeta todo o mercado e que não pode ser eliminado com a diversificação de ativos.

Imagine que, durante um longo período (um ou dois anos), você tenha recolhido informação de todos os pregões sobre o preço da ação da Natura (NTCO3) e do Ibovespa e tenha plotado esses pontos em um gráfico, tendo no eixo X (o horizontal) os dados do Ibovespa, que representaria o mercado, e no eixo Y (o vertical), os dados da ação.

Passo seguinte, você traçou, na sua planilha eletrônica, a reta de regressão, aquela que melhor representa esse universo de pontos. O beta nada mais é que o coeficiente angular dessa reta, aquele número que vem antes da variável "x" nas Figuras 13-5 e 13-6 e que indica o ângulo da reta. Lembrando a equação da reta: $y = ax+b$.

PAPO DE ESPECIALISTA

No ensino médio, você estudou trigonometria. Lembra-se de um tal seno, cosseno e tangente? O beta nada mais é que a tangente do ângulo formado por essa reta de regressão. Indo mais a fundo, tangente é a relação entre o comprimento do cateto oposto a esse ângulo e o cateto adjacente.

Note que a reta encontrada pode ser mais ou menos inclinada. Se tiver 45 graus, dizemos que essa ação varia, na sua média, igual à variação do mercado (Ibovespa, no caso) e seu beta será 1,0. Se for menos inclinada, com um ângulo superior a 45 graus, então o beta dessa ação será maior do que 1,0, o que significa que, *na média*, o preço dessa ação varia mais que a variação do mercado, como o beta da Figura 13-5. Chamamos esse beta de agressivo. Se o beta for menor do que 1,0 (beta defensivo), então o preço desta ação varia, *na média*, menos que a variação do mercado, conforme Figura 13-6.

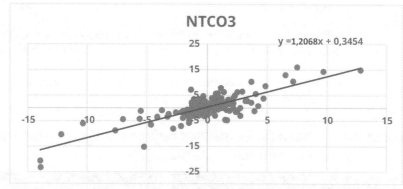

FIGURA 13-5: Beta agressivo.

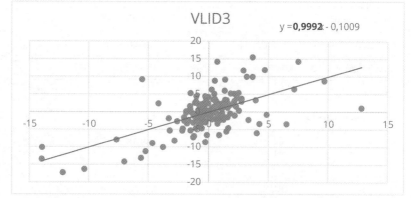

FIGURA 13-6: Beta defensivo.

PAPO DE ESPECIALISTA

Os gráficos das Figuras 13-5 e 13-6 mostram o beta de NTCO3 e VLID3. Foram traçados no Excel. Sabe como se faz? Em uma coluna são listados os dados do Ibovespa. Na coluna ao lado, colocam-se os dados da ação sendo estudada. Depois, é só mandar inserir um gráfico de dispersão e plotar a linha de tendência linear (uma linha vermelha no computador e preta aqui nas figuras). Feito isso, clicar na linha de tendência com o lado direito do mouse e escolher "Formatar linha de tendência/Exibir equação no gráfico". *Voilá*! Em um passe de mágica aparece a equação da reta de tendência, em que y = ax + b, sendo "a" = beta.

Betas maiores expõem os acionistas a maior risco sistemático. Logo, se o risco é maior, maior será o retorno exigido pelo investidor para esse título

CAPÍTULO 13 **Decidindo por uma Ação**   175

e, consequentemente, o custo de captação de recursos por meio de *equity* (capital próprio).

Se beta é uma medida de risco e se risco está associado ao grau de incerteza, logo as empresas com maior grau de incerteza nos seus fluxos de caixa têm um beta maior.

A Tabela 13-4 traz uma lista de segmentos econômicos e seus Betas, calculados para dois anos, pela Necton corretora e disponibilizados em seu site em 27/02/2022. Separamos por setor da economia porque, em termos de risco sistemático, podemos dizer que questões macroeconômicas afetam os setores econômicos de forma semelhante.

TABELA 13-2   **Beta de Empresas Selecionadas, por Segmento Econômico — 27/02/2022**

Segmento	Código	Beta	Segmento	Código	Beta
Financeiro			**Indústria**		
B3	B3SA3	0,94x	CSN	CSNA3	1,32x
Banco do Brasil	BBAS3	1,25x	Embraer	EMBR3	1,25x
Bradesco	BBDC4	1,10x	Marcopolo	POMO4	1,18x
Itaú Unibanco	ITUB4	0,99x	Randon	RAPT4	1,41x
Santander	SANB11	1,07x	Tupy	TUPY3	1,16x
Consumo e Varejo			WEG	WEGE3	0,88x
Americanas	AMER3	0,84x	**Commodities**		
Cielo	CIEL3	1,08x	Braskem	BRKM5	1,30x
CVC	CVCB3	1,96x	Cosan	CSAN3	0,97x
Grendene	GRND3	0,85x	Petrobras	PETR4	1,20x
Hering	HGTX3	1,12x	Vale	VALE3	0,90x
Localiza	RENT3	1,20x	**Tecnologia**		
Lojas Renner	LREN3	1,04x	Totvs	TOTS3	1,01x
Magazine Luiza	MGLU3	1,06x	Valid	VLID3	1,47x
Natura	NTCO3	1,14x	**Utilities**		
Raia Drogasil	RADL3	0,54x	AES Brasil	AESB3	0,80x
Via Varejo	VVAR3	1,72x	Cemig	CMIG4	1,06x

Segmento	Código	Beta	Segmento	Código	Beta
Imobiliário			Copel	CPLE6	0,87x
BR Properties	BRPR3	1,02x	Eletrobras	ELET6	1,19x
EzTec	EZTC3	1,22x	Light	LIGT3	1,35x
Cyrela	CYRE3	1,46x	Sabesp	SBSP3	1,16x
MRV Engenharia	MRVE3	1,17x	Taesa	TAEE11	0,55x

Fonte: Necton

Questões ESG na Análise de Investimento em Ações

Falar de sustentabilidade deixou de ser moda para se tornar uma realidade. Principalmente a nova geração já não aceita mais comprar bens de produtores que maltratam os funcionários ou que poluem o ambiente. As questões conhecidas pelas três letrinhas ESG ganharam destaque no mundo dos negócios, o que envolve a decisão de investimento em ações. Afinal, o que o investidor pretende é ganhar dinheiro com aquela ação, o que significa uma empresa bem administrada e lucrativa. Para que isso seja possível, é necessário que a companhia cuide do meio ambiente (*environment*, em inglês), de questões sociais que envolvem a relação da empresa com seu ecossistema e de sua governança corporativa. Está aí formada a sigla ESG (*environment, social and governance*).

As pesquisas mostram que a empresa que se preocupa com essas três questões ao tomar decisões estratégicas gera valor para os seus acionistas e *stakeholders*.

DICA

Stakeholder é qualquer indivíduo ou entidade que, de alguma forma, é impactado pelas ações da empresa. Algumas pessoas usam o termo em português: "parte interessada". O acionista é, portanto, um stakeholder.

Esse tema se tornou tão relevante que, hoje em dia, não apenas a Organização das Nações Unidas (ONU), mas até gestores de investimento se preocupam com essas questões. Afinal, mesmo que não gerasse valor — o que poderia ser considerado *fake*, na linguagem popular —, não cuidar desses assuntos pode destruir valor e levar a empresa a pagar altas multas e até a fechar as portas.

CAPÍTULO 13 **Decidindo por uma Ação** 177

Avaliar os fatores ESG, embora não seja simples, porque envolve variáveis intangíveis, é fundamental para ter uma boa análise da empresa. Confira, na Figura 13-7, alguns fatores envolvidos nessa avaliação.

FIGURA 13-7: Fatores envolvidos na avaliação ESG.

De olho nesses consumidores de análise, a S&P e outras agências lançaram um serviço de avaliação de empresa apenas focado em questões ESG. Em uma única nota, essas casas resumem a visão de seus analistas de como a empresa está gerenciando essas questões de forma a mitigar os riscos. A análise envolve a avaliação da capacidade da entidade em antecipar e se adaptar a uma variedade de disrupções possíveis de longo prazo. A nota encontrada (*ESG Score*) permite comparar a entidade em termos globais e com os concorrentes.

TABELA 13-3 Risco ESG de Empresas Selecionadas

Empresa/Ticker	ESG Risk Rating	Risco
Alphabet Inc. - GOOGL	22,9	Médio
Ambev — ABEV3	22,5	Médio
Microsoft - MSFT	13,3	Baixo
Petrobrás — PETR4	41,5	Severo
SAP SE - SAP	9,7	Insignificante
Vale — VALE3	38,7	Alto

Fonte: Sustainalytics

O Método do Fluxo de Caixa Descontado

Não é tarefa fácil definir o valor justo de uma empresa, por isso várias metodologias foram criadas para atingir esse objetivo. Uma forma de pensar sobre o assunto é que uma empresa vale seu fluxo de caixa futuro.

A metodologia do Fluxo de Caixa Descontado (FCD) consiste em trazer a valor presente esses valores futuros projetados de geração de caixa livre da empresa, utilizando o WACC como taxa de desconto. Não se preocupe, você já será apresentado a essa sigla. Em outras palavras, o resultado do valor presente líquido é utilizado como o número mágico e final do valuation segundo essa metodologia.

DICA

O valor presente representa a soma do valor presente de todo o fluxo de caixa, desde o tempo zero até o final do fluxo. Trazemos a valor presente o fluxo porque não se podem somar valores em tempos diferentes.

LEMBRE-SE

Por se tratar de uma empresa, pressupõe-se que seu fluxo é perpétuo.

Neste processo, o mais difícil talvez seja definir esse fluxo futuro, que depende de inúmeras variáveis, tais como:

» Descobrir o que está na cabeça dos gestores, sua estratégia.
» Como se posiciona a empresa com relação aos concorrentes.
» Como será a economia no futuro e como ela afetará os negócios; e por aí vai.

Pode-se dizer que é o estado da arte da análise: conseguir, por meio da análise de muitas variáveis, definir um fluxo de caixa futuro para a empresa, assim como a perpetuidade e a taxa de desconto e de crescimento que será utilizada para chegar ao preço justo de uma empresa.

Mas o que é e como se calcula o WACC?

O *working average cost of capital*, ou custo médio ponderado de capital, é a média do custo do dinheiro para a empresa.

PAPO DE ESPECIALISTA

Existem duas fontes de capital. Ou o dinheiro vem de terceiros ou dos sócios. Quando vem de terceiros, a empresa paga juros, e quando vem dos sócios, paga dividendos. Quando paga juros, desconta esse custo no cálculo do seu lucro e, se diminui o lucro, diminui o imposto de renda. Logo, as empresas gostam de pegar empréstimo, mas elas só conseguem fazer isso até certo ponto. A partir daí, o mercado olha para elas como muito endividadas e começa a cobrar taxas de juros muito altas para conceder crédito, o que significa que elas começarão a usar recursos próprios ou dos acionistas. Portanto, há um nível de alavancagem ótimo em que elas maximizam seu custo de capital.

O WACC nada mais é do que uma média do custo do dinheiro, ponderado por sua estrutura ótima de capital. Traduzindo, o custo final é calculado multiplicando o custo líquido do empréstimo multiplicado pelo seu peso na estrutura da empresa, mais o custo de utilizar capital próprio multiplicado pelo seu peso nessa estrutura. O custo líquido do empréstimo é, nada mais nada menos, que o custo do empréstimo retirado o efeito do imposto.

Complicou? Então é hora de descomplicar com um exemplo.

Suponha o caso da Tabela 13-6 e acompanhe o cálculo do WACC.

TABELA 13-4 Cálculo do WACC

R$ bilhões ATIVO		PASSIVO		A Estrutura	B Custo dinheiro	C Efeito tributário	D=B(1-C) Custo efetivo	E=A×D WACC
Circulante	33,0	Circulante	25,0	55%	12%	25%	9,0%	5,0%
Não circulante	10,0	Exigível em longo prazo	30,0					
Investimentos	57,0	Patrimônio líquido	45,0	45%	10%	-	10,0%	4,5%
Total do ativo	100,0	Total do passivo	100,0	100%			Soma	9,5%

Essa parte final é para aqueles que querem ver o cálculo do valuation de uma empresa, utilizando o método do fluxo de caixa descontado. Embora pareça muito complicado, nada mais é do que trazer a valor presente um fluxo de caixa, utilizando o WACC previamente calculado para descontar esse fluxo.

CUIDADO

Como planilhas eletrônicas aceitam qualquer número, o mais difícil é levantar o fluxo de caixa da companhia para calcular seu preço justo. Por isso a importância de entender de negócios e economia para avaliar o desempenho futuro da empresa. Afinal, mais do que tudo, é um trabalho de futurologia.

Acompanhe na Figura 13-8 o valuation de uma empresa fictícia, cujo WACC foi calculado na Tabela 13-4.

n	(R$ MM/Ano)	0	1	2	3	4	5	6	7	Perpet.
F	Fluxo de Caixa		402,35	435,89	470,84	507,29	688,31	723,10	759,56	797,78
H=F/(1+r)^n	VP do Fluxo de Caixa		367,44	363,54	358,62	352,86	437,23	419,48	402,41	4.062,99
r	WACC		9,50%	9,50%	9,50%	9,50%	9,50%	9,50%	9,50%	9,50%
A=Σ(H)	**Valor da Firma**	**6.764,56**								
Q	Quantidade de ações	226.500.000				D	Fluxo de caixa da Perpetuidade			797,78
X=A/Q	**Valor Justo**	**29,87**				P	Valor da Perpetuidade no ano 8 = D/r			8.397,66
Y	Valor Atual da Ação	25,08				W	VP da Perpetuidade = P/(1+r)^8			4.062,99
Z=(X/Y)-1	Upside	19,08%								

FIGURA 13-8: Valuation.

DICA

Para o cálculo do valor presente da perpetuidade, basta dividir o fluxo de caixa pela taxa de desconto (WACC, aqui no caso).

$$VP\ Perpetuidade = \frac{Valor\ de\ um\ fluxo\ de\ caixa}{Taxa\ de\ desconto}$$

Obs.: é claro que sempre é possível complicar mais. Entretanto, em linhas gerais, é assim que se faz o valuation de uma empresa.

DICA

Até chegar ao fluxo de caixa anual da empresa, foi necessário imaginar o crescimento de seu faturamento, investimentos e lucro, que dependem de variáveis como políticas econômicas e estratégias da empresa. A projeção de cenários é sempre uma tarefa árdua e, dado que cada cabeça uma sentença, é normal que pessoas diferentes encontrem resultados diferentes para o preço justo da ação. Por isso é importante checar as premissas utilizadas nos relatórios das corretoras para o cálculo. Afinal, a planilha aceita todo tipo de número.

Afinal, Joga Fora a Análise Técnica?

Quando falamos em análise, nada deve ser jogado no lixo. Uma vez escolhida a ação que se deseja comprar utilizando a avaliação fundamentalista, é hora de decidir o momento certo e, para isso, o gráfico pode ajudar bastante, pois mostra os níveis de preços que o ativo já alcançou durante determinado período.

CUIDADO

Às vezes, olhando o gráfico, pode parecer que o preço está alto. Entretanto, ao estudar as estratégias da empresa e o cenário, pode-se encontrar alguma inovação que pode fazer com que o seu preço suba ainda mais. Cuidado ao tirar conclusões de gráficos.

182   PARTE 3 **Analisando os Investimentos**

> **NESTE CAPÍTULO**
>
> » Entendendo por que renda fixa não é tão fixa assim
>
> » Medindo o risco da variação no preço
>
> » Avaliando o risco de crédito

Capítulo **14**

Decidindo por Títulos de Renda Fixa

Para a grande maioria das pessoas, risco é uma coisa só: a possibilidade de perda. Em mercado financeiro, aprende-se que, embora risco seja realmente a possibilidade de perder dinheiro, na realidade pode-se perder dinheiro com renda fixa por conta de mais de um tipo de risco. Daí a importância de analisar o título que estamos comprando, para administrar esse risco.

Avaliando o Risco de Crédito

Risco de crédito nada mais é do que a possibilidade de o devedor não pagar o que deve na data combinada, simples assim.

Imagine que você chegou no banco com R$10.000,00 e aplicou em um CDB por 1.080 dias. Passados dois anos, sai uma notícia de que o Banco Central interveio no seu banco. Você, então, corre para o seu internet banking para transferir seu dinheiro correndo para outro banco e, infelizmente, isso não é possível. A essa possibilidade, se dá o nome de risco de crédito.

Porém era fevereiro de 2022 e você tinha investido menos de R$250.000,00 e somente em CDB, então conseguiu reaver seu rico dinheirinho porque o CDB e o depósito à vista (vulgo conta-corrente) estão cobertos pelo Fundo Garantidor de Crédito, como mencionado no Capítulo 7. Mas, até receber o dinheiro, você terá passado um susto daqueles.

Para evitar esse sufoco, é necessário ter muita atenção quando adquirir um investimento em renda fixa. Dentre os milhares de pesquisas possíveis, você deve checar se há risco de a instituição ou a empresa emissora do título quebrar ou de não pagar tudo com o que se comprometeu. Mas como fazer essa pesquisa? É isso que você aprenderá agora.

A primeira coisa a fazer é conhecer o emissor. Se for instituição financeira, caso de CDB, LCI, LCA e outros, procure informação no site do Banco Central (bcb.gov.br), que é muito informativo. Você encontrará dados sobre reclamações na aba Estabilidade financeira > Sistema Financeiro Nacional > Rankings do BC. Já para conhecer dados sobre a instituição financeira, como o tamanho de seu Ativo e Patrimônio líquido, por exemplo, você encontrará em Estabilidade financeira > Supervisão > IF.data–Dados selecionados de IFs. Explore os dados disponíveis e busque bancos bem administrados e lucrativos para aplicar seu dinheiro.

Outra fonte muito relevante de risco de crédito você encontra nas agências de *rating*.

DICA

Rating é uma nota de crédito dada por uma agência independente que avalia a capacidade de pagamento dos compromissos do emissor. A nota pode ser para uma emissão específica ou para o emissor (empresa ou governo).

Para chegar à nota final, o analista leva em consideração:

>> A capacidade e a vontade do emissor para pagar completamente e no prazo acordado, principal e juros, durante o período de vigência do instrumento de dívida.

>> A severidade da perda, em caso de inadimplência.

O *rating* pode ficar restrito às condições domésticas ou ter um olhar mais global. Normalmente, a escala de notas no Brasil é mais alta que a escala global, porque a escala nacional não leva em conta alguns parâmetros adicionais estabelecidos na escala global.

Trata-se de uma análise fundamentalista com visão para concessão de crédito e, portanto, são levados em consideração vários fatores, entre eles:

» Ambiente político.

» Ambiente institucional.

» Índices de lucratividade, retorno.

» Endividamento do emissor.

» Capacidade da equipe de gestão.

» Garantias de pagamento.

As principais agências de *rating* são: Standard & Poor's, Moody's e Fitch. Cada uma utiliza uma nomenclatura de classificação de *rating*. Confira na Tabela 14-1 as notas de cada agência para créditos de longo prazo.

TABELA 14-1   *Rating* **de Longo Prazo de Diferentes Agências**

	S&P	Moody's	Fitch	Descrição
	AAA	Aaa	AAA	Mais alta qualidade
	AA+	Aa1	AA+	
	AA	Aa2	AA	Alta qualidade
	AA-	Aa3	AA-	
	A+	A1	A+	
GRAU DE INVESTIMENTO	A	A2	A	Forte capacidade de pagamento
	AA-	A3	A-	
	BBB+	Baa1	BBB+	
	BBB	Baa2	BBB	Adequada capacidade de pagamento
	BBB-	Baa3	BBB-	

(continua)

(continuação)

	S&P	Moody's	Fitch	Descrição
ESPECULATIVO	BB+	Ba1	BB+	Provável cumprimento das obrigações, incerteza atual
	BB	Ba2	BB	
	BB-	Ba3	BB-	
	B+	B1	B+	Alto risco de crédito
	B	B2	B	
	B-	B3	B-	
	CCC+	Caa1	CCC+	Risco de crédito muito alto
	CCC	Caa2	CCC	
	CCC-	Caa3	CCC-	
	CC	Ca	CC	Perto da inadimplência com possibilidade de recuperação
	C	-	C	
	SD	C	DDD	*Default* (inadimplência)
	D		DD	
			D	

Como se vê na Tabela 14-1, existem dois grupos de *rating*:

» Grau de investimento: O emissor é confiável e, por isso, recebe o "selo" de bom pagador.

» Especulativo (*high yield*, em inglês): Neste grupo entram os emissores de risco moderado de crédito até os que "defautaram", como diz o pessoal do mercado financeiro, os inadimplentes.

É importante ressaltar que a classificação das agências pode não coincidir. Lembre-se de que elas são independentes e, afinal de contas, "em cada cabeça, uma sentença".

Pode haver diferença, também, no *rating* de dois títulos de um mesmo emissor. Preste atenção que uma das variáveis analisadas é a garantia dada naquele título. Assim, um título, por exemplo uma debênture de emissão da companhia X, pode ter uma garantia melhor que outro título emitido pela mesma empresa e, portanto, cada um pode ter um *rating* diferente.

E não fica por aí. Pode ser que o *rating* de um título seja diferente do *rating* da empresa/governo que o emitiu. Isso porque uma coisa é avaliar o instrumento de dívida que será ofertado ao mercado e outra coisa é avaliar a empresa como um todo.

Não costuma ser difícil tomar conhecimento do *rating* das empresas nem de suas emissões. No caso de debêntures, CRI, CRA, notas promissórias e outros títulos de emissão de empresas e governo, é obrigatório indicar o *rating* do emissor na documentação que é dada para o investidor. No caso de investimentos no exterior, fica mais fácil ainda. É possível conhecer os *ratings* nas tabelas disponíveis nos bancos. Além do *rating*, a tabela também traz o vencimento do título, seu rendimento, o valor do cupom e outros dados mais.

Checando a Liquidez do Título

Outro dado muito relevante ao decidir por um investimento em renda fixa é conhecer a liquidez do produto. De modo geral, CDB, títulos públicos federais e *bonds* no exterior têm liquidez diária. Isso porque há mercado secundário para eles. Já produtos como LCI, LCA, CRI, CRA, LF, DPGE e algum derivativo que ficou com cara de renda fixa ou mesmo alguma debênture pouco negociada merecem atenção especial.

Pode ser que algum produto até ofereça liquidez imediata, mas, nestes casos, tem que olhar cuidadosamente a regra de resgate. Na poupança, por exemplo, se o investidor resgatar na véspera do aniversário, ele perde a rentabilidade toda, desde o último aniversário.

Outros produtos até permitem liquidez, mas seguem a regra de precificação do mercado, o que será explicado no próximo item deste capítulo.

Resumindo, antes de ter dor de cabeça, vale a pena investigar com muito cuidado as regras de liquidez do título.

O que Tem Mais Risco: Prefixado ou Pós-fixado?

Uma pergunta que costumo fazer quando dou aula é se o título prefixado tem mais ou menos risco que o pós-fixado. De modo geral, os alunos costumam responder que o prefixado tem menos risco, porque o rendimento em valores absolutos já é conhecido no momento da aplicação. Mas será que isso é verdade?

Suponha que Pedro aplicou R$100.000,00 por 2 anos a uma taxa prefixada de 10% ao ano. Se ele levar o título até o vencimento, quanto receberá de juros?

Calculando:

$F = P(1+i)^n = R\$100.000,00 (1+0,10)^2 = R\$121.000,00$

$Juros = F-P = R\$121.000,00 - R\$100.000,00 = R\$21.000,00$

Digamos, entretanto, que após exatamente 1 ano a taxa de juros tenha subido para 12%. O que acontecerá com o investimento de Pedro?

> » **Opção 1:** Se ele resgatar o título, venderá com deságio, de tal forma que o comprador pague um preço que lhe permita ganhar 12% nesse segundo ano do título e não apenas 10%.
>
> » **Opção 2:** Se ele continuar aplicado no papel, continuará ganhando 10%, embora o mercado esteja remunerando 12%.

Depois que Pedro descobriu o que acontece com o seu investimento, a próxima vez em que teve dinheiro sobrando, aplicou em um título pós-fixado, indexado a 100% do CDI. Neste caso, seu título rendeu todo dia o equivalente a 1 dia do CDI.

Para facilitar o entendimento, vamos supor que o CDI durante 1 ano variou os mesmos 10%. Após esse período, Pedro acumulou de rendimento:

Calculando o rendimento após 1 ano:

Rendimento = R$100.000,00 x 10% = R$10.000,00

Após esse período, a taxa de juros subiu, acumulando no ano seguinte o equivalente a 12%. Quanto Pedro receberá de juros nesses 2 anos?

Calculando os juros no ano 2:

Valor ao final do ano 1 = R$100.000,00 + R$10.000,00 = R$110.000,00

Juros acumulados no ano 2 = R$110.000,00 x 12% = R$13.200,00

Rendimento total após 2 anos:

Juros do ano 1 + juros do ano 2 = R$10.000,00 + R$13.200,00

Rendimento total = R$23.200,00

DICA

Concluindo, pode-se afirmar que ficar pós-fixado é aconselhável quando o cenário indica subida dos juros. Entretanto, quando há indicação de baixa nas taxas de juros, o prefixado é mais indicado.

A indicação de ficar pré ou pós-fixado dependerá também do passivo do investidor. Se ele tiver uma dívida prefixada e não quiser correr risco, ele pode adquirir um ativo prefixado. Já se o passivo dele for pós-fixado, um ativo com o mesmo risco é indicado.

Mas será que existe algum indicador que mostre quanto vai variar o preço de um título de renda fixa quando a taxa de juros também se mover? Esse é um papo para o próximo item.

Avaliando o Risco de Mercado

É normal imaginar que quando a taxa de juros sobe, o investidor de renda fixa ganhará mais. Mas isso só é verdade se ele investir depois da taxa de juros subir. Se tiver comprado o título antes e o título não for flutuante, ele estará fadado a perder dinheiro. Por isso, é fundamental compreender a regra de mercado para um título de renda fixa.

No Capítulo 7, item "A Matemática da Renda Fixa", você aprendeu que a renda fixa não é tão fixa assim e que o preço dos títulos dessa classe de ativos está sujeito à oscilação, dados os movimentos da taxa de juros. Esse ensinamento é fundamental para atuar seja como investidor, seja como profissional do mercado financeiro.

LEMBRE-SE

Quando a taxa de juros sobe, o preço de mercado do título de renda fixa cai.

Quando a taxa de juros cai, o preço de mercado do título de renda fixa sobe.

Relembrado esse detalhe muito importante, é hora de aprender que título varia mais, dado oscilações na taxa de juros do mercado. Pronto para começar?

Olhando o problema de forma intuitiva

Suponha que o mercado esteja oferecendo os títulos disponíveis na Tabela 14-2. Selecione, em cada uma das opções de fluxo de caixa, qual tem menos risco, o título A ou o título B? Reflita antes de olhar a resposta, combinado?

LEMBRE-SE

Setinha para baixo significa desembolso, e para cima, recebimento.

TABELA 14-2 Opções de Títulos de Renda Fixa

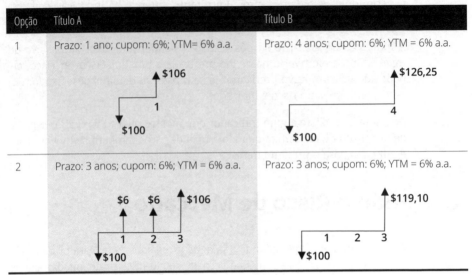

De forma intuitiva, o título A tem menos risco na opção 1 porque o prazo é menor. É mais fácil imaginar o que acontecerá no curto prazo do que daqui a quatro anos.

Quando comparados os títulos A e B da opção 2, o bom senso diz para escolher o título A também, porque no título B, embora de mesmo prazo, o pagamento só acontece no final do título; já no título A o investidor já começa a receber juros no final de cada ano, diminuindo o risco de não receber nada até o final.

Já podemos tirar algumas conclusões sem fazer conta alguma:

» Quanto menor o prazo do título, menor o risco.
» Títulos que pagam cupom de juros intermediário têm menos risco que os que pagam juros somente no vencimento.

E se os títulos tiverem, além de prazos diferentes, cupons diferentes, *yields* diferentes e preços diferentes? A coisa começa a complicar e é aí que entra aquele pessoal que faz PhD em Harvard e MIT.

Frederick Macaulay, embora não tenha estudado em nenhuma das duas universidades citadas, acabou fazendo seu PhD na Columbia University, que não deixa nada a desejar a nenhuma das outras duas. Ele foi um craque no estudo de renda fixa e adorava matemática. Bolou, então, um indicador que representa qual título de renda fixa varia mais quando as taxas de juros de mercado também se movem. Esse indicador, ele chamou de *duration*, ou duração, em português. Mas, como você é uma pessoa descolada e gosta de usar a linguagem do mercado, vai usar o termo em inglês mesmo.

Se está curioso para entender mais sobre esse indicador e quer saber como se calcula essa medida, então é hora de prestar atenção no que se segue.

Duration de Macaulay

A *duration* é uma medida que resulta da média ponderada dos prazos a decorrer de um título ou carteira de títulos de renda fixa, em função de seu fluxo de caixa (rendimentos mais valores de resgate), trazidos a valor presente. Em outras palavras, reflete o prazo médio de exposição ao risco.

A definição apresentada pode parecer complicada, mas nada como uma planilha eletrônica para clarear o entendimento. Na Tabela 14-3, veja o cálculo da *duration* para um título com as seguintes características:

» Prazo: 5 anos.

» Cupom anual: 5%.

» YTM: 5,87%.

» Principal: pago no vencimento.

» Valor nominal: R$1.000,00.

Cálculo do cupom de juros:

Cupom = valor nominal x taxa do cupom

Cupom = R$1.000,00 x 5% = R$50,00

TABELA 14-3   Cálculo da *Duration*: Título com Deságio

Prazo	Fluxo R$	VP dos Fluxos	Peso	Duration
n	F	$VP = F/(1+YTM)^n$	$p = VP/\Sigma VP$	np
1	50,00	47,23	0,0490	0,049
2	50,00	44,61	0,0463	0,093
3	50,00	42,14	0,0437	0,131
4	50,00	39,80	0,0413	0,165
5	1.050,00	789,45	0,8196	4,098
	ΣVP = preço	963,22	Σnp = *duration*	**4,536**

A Tabela 14-3 mostra o preço em que o título está sendo negociado (R$963,22) para as condições aqui apresentadas. Se o investidor tiver disponível R$100.000,00 para investir nesse título, ele comprará:

R$100.000,00 ÷ R$963,22 = R$103,82

A maioria dos títulos não é vendida em frações menores do que 1. Logo, o investidor comprará 103 títulos e desembolsará R$99.211,91, conforme demonstração que se segue.

Quantidade x preço = valor pago

103 títulos x R$963,22 = R$99.211,91

A Tabela 14-3 traz o cálculo de um título negociado com deságio e pagamento de juros intermediários. Suponha agora três outros casos:

1. Tabela 14-4: Todo o pagamento de juros será feito no vencimento, mantendo-se cupom e YTM.

2. Tabela 14-5: O título de mesmo cupom e prazo está sendo negociado a um YTM de 4,75%.

3. Tabela 14-6: Condições iguais ao primeiro título, porém com prazo de 4 anos.

Pergunta-se: o que será que acontecerá com a *duration* desses títulos, dadas as novas condições?

Cupom = 5% YTM = 5,87% Principal = R$1.000,00

TABELA 14-4   ## Cálculo da *Duration*: Sem Pagamento de Juros Intermediário

Prazo	Fluxo R$	VP dos Fluxos	Peso	Duration
n	F	$VP = F/(1+YTM)^n$	$\rho = VP/\Sigma VP$	np
5	1.276,28	959,582	1,0000	5,000
	ΣVP = preço	959,582	Σnp = *duration*	**5,000**

Cupom = 5% YTM = 4,75% Principal = R$1.000,00

TABELA 14-5 ## Cálculo da *Duration*: Título com Ágio

Prazo	Fluxo R$	VP dos Fluxos	Peso	Duration
n	F	$VP = F/(1+YTM)^n$	$p = VP/\Sigma VP$	np
1	50,00	47,733	0,0472	0,047
2	50,00	45,568	0,0451	0,090
3	50,00	43,502	0,0430	0,129
4	50,00	41,529	0,0411	0,164
5	1.050,00	832,567	0,8236	4,118
	ΣVP = preço	1.010,899	Σnp = *duration*	**4,549**

Cupom = 6% YTM = 4,75% Principal = R$1.000,00

TABELA 14-6 ## Cálculo da *Duration*: Título com Prazo Menor

Prazo	Fluxo R$	VP dos Fluxos	Peso	Duration
n	F	$VP = F/(1+YTM)^n$	$p = VP/\Sigma VP$	np
1	60,00	57,279	0,0543	0,054
2	60,00	54,682	0,0519	0,104
3	60,00	52,202	0,0495	0,149
4	60,00	49,835	0,0473	0,189
	1.060,00	840,496	0,7971	**3,985**

Comparando os resultados na Tabela 14-7.

TABELA 14-7 Tabela Resumo

Título	Tabela 14-3	Tabela 14-4	Tabela 14-5	Tabela 14-6
Valor de face	R$1.000,00	R$1.000,00	R$1.000,00	R$1.000,00
Prazo (anos)	5	5	5	4
Cupom anual	5%	5%	6%	5%
Pagamento juros	Anual	No vencimento	Anual	Anual
YTM	5,87%	5,87%	4,75%	5,87%
Preço	R$963,222	R$959,582	R$1.054,495	R$969,764
Amortização	No final	No final	No final	No final
Duration	4,536	5,000	4,481	3,718

A tabela resumo 14-7 nos permite chegar às seguintes conclusões:

» A *duration* de um título que não paga juros intermediário é igual ao seu prazo de vencimento (Tabela 14-4).

» Quanto maior o cupom do título, menor a *duration* (Tabela 14-5).

» Quanto menor o prazo de vencimento do título, menor a *duration* (Tabela 14-6).

» Quando a taxa de juros varia (para cima ou para baixo), o preço do título da Tabela 14-6 é o que menos varia.

» Quando a taxa de juros varia (para cima ou para baixo), o preço do título da Tabela 14-4 é o que mais varia.

Como se vê, os cálculos corroboram com nossas primeiras impressões intuitivas.

Mas será que realmente se usa essa tal de *duration* no mundo real?

Bom, se você quiser investir em renda fixa no exterior, essa é uma informação fornecida nas planilhas dos bancos. E, para ser mais sincera ainda, se for trabalhar no mercado financeiro com investidores, ouvirá esse termo com frequência.

194 PARTE 3 Analisando os Investimentos

Entenda como usá-la a seu favor. Atente-se para a Tabela 14-8.

TABELA 14-8 **Quando Usar a *Duration***

Duration	Quando usar
Pequena/menor	• Perfil conservador
	• Acredita que a taxa de juros subirá
	• Não quer muita volatilidade na carteira
Alta/maior	• Busca ganhos maiores
	• Acredita que a taxa de juros cairá

Sem dúvida, o pessoal dedicado à análise de risco sofistica ainda mais a *duration*, mas, para quem está começando, pode-se ficar por aqui para não assustar aqueles que não gostam de contas. Você já tem informação técnica para tomar decisão em renda fixa com base nos relatórios das instituições financeiras.

196   PARTE 3 Analisando os Investimentos

NESTE CAPÍTULO

» Medindo o risco do fundo

» Aprendendo a avaliar um fundo

» Comparando fundos

Capítulo 15
Comparando Fundos de Investimento

Avaliar alguma coisa nem sempre é fácil. Mais difícil ainda quando existem registrados na CVM quase 28 mil fundos. Digamos que 20% sejam fundos exclusivos ou restritos e 10% dedicados à previdência. Mesmo assim, totalizariam mais de 19 mil fundos. É muito complicado avaliar todos eles. Mas deve haver alguns indicadores que nos ajudam a reduzir significativamente esse número.

Quais os Principais KPIs dos Fundos?

DICA

KPI = *Key Performance Indicator*, que significa principal indicador de performance.

Como visto no Capítulo 9, um fundo é um condomínio de investidores que se reúnem com um objetivo comum de investimento, que será regido por um regulamento. Embora essa definição seja bem simples, ela já nos permite tirar algumas conclusões:

>> Se o objetivo é investir dinheiro, então queremos um fundo que apresente bons retornos e que esse retorno seja consistente.

>> O gestor tem que seguir corretamente o que está no regulamento do fundo.

>> Só devemos aplicar em fundos cuja política de investimento do fundo esteja de acordo com o que desejamos.

>> Se alguém vai gerir o dinheiro dos cotistas, então é justo buscar um gestor que saiba fazer isso bem feito e que tenha experiência gerindo esse tipo de fundo.

Resumindo, quando investimos em um fundo, estamos comprando a sua política de investimento e o gestor. Conhecer a política de investimento é fácil, basta ler com atenção o regulamento do fundo. Por isso, se você for um investidor, lembre-se sempre de ler o regulamento do fundo, pois ele contém muitas coisas, inclusive os riscos do fundo.

Mas e o gestor? Como podemos medir se ele está fazendo um bom trabalho?

Gestor

Uma forma de avaliar o gestor é conhecendo o seu trabalho. Busque respostas para as seguintes perguntas:

>> **Experiência:** Há quanto tempo ele administra fundos da mesma classe?

>> **Performance:** Como tem sido a performance dos fundos que ele administra? Na média, acima ou abaixo da média do mercado?

>> **Período de crise:** Como se saiu nas últimas duas crises do mercado financeiro?

>> **Pesquisa:** Qual o time de análise por trás do gestor? Onde ele busca informação para tomar decisão?

>> *Due diligence:* Alguém reclamou dele na CVM?

Há sites que divulgam a performance dos fundos e fazem comparações entre eles. Nesses casos, é muito útil manter uma boa colocação no ranking, porque ser o primeiro em rentabilidade em um ano específico pode acontecer, mas manter a consistência é muito difícil.

Faça sempre uma pesquisa de no mínimo três anos, que é quando, em termos estatísticos, já é possível inferir algumas conclusões.

Comparando Laranja com Laranja

Do mesmo jeito que não dá para comparar manga com banana, pois são frutas diferentes, também não dá para comparar fundos que tenham objetivos de investimento completamente diferentes, como um fundo de ações com um fundo de renda fixa. Pensando nisso, e visando ajudar o investidor e o próprio mercado, a ANBIMA criou classificações mais detalhadas que as da CVM. Conheça quais são na Tabela 15-1.

Classificação ANBIMA de fundos

» Renda Fixa

- Simples
- Indexados
- Duração baixa
- Duração média
- Duração alta
- Duração livre
- Investimento no exterior

» Previdência

- Indexados
- Renda fixa duração baixa
- Renda fixa duração média
- Renda fixa duração alta
- Renda fixa duração livre
- Renda fixa data-alvo
- Ações, indexados
- Ações, ativos
- Balanceados
- Multimercados

» Ações

- Indexados
- Ativos

- Específicos
- Investimento no exterior

» **FII imobiliário**

- Desenvolvimento para renda
- Desenvolvimento para venda
- Híbrido, gestão
- Renda, gestão
- Títulos de valores mobil., gestão

» **Cambial**

- Cambial

» **Off shore**

- Renda fixa
- Renda mista
- Renda variável

» **Multimercado**

- Alocação
- Estratégias
- Investimento no exterior

» **ETF**

- Renda fixa
- Renda variável
- Investimento no exterior

» **FI Participação**

- FIP

» **FI direito creditório**

- Fomento mercantil
- Financeiro
- Agro, indústria e comércio
- Outros

DICA

Uma forma de comparar fundos é por meio da internet, essa maravilha inventada pelo homem. Basta dar um Google em "comparador de fundos" que você encontrará vários sites que oferecem essa ferramenta. Recomendo muito o Maisretorno.com. No caderno Finanças do jornal *Valor Econômico*, página Indicadores, você também encontra informação diária sobre a indústria de fundos, como rentabilidade e captação agrupada pelas principais classes de fundos, mas é algo mais modesto que as informações da internet.

Volatilidade

Para quem não tem intimidade nenhuma com essa palavra tão usada no mercado financeiro, volatilidade nada mais é do que o sobe e desce no preço de um ativo. Uma ação, por exemplo, é muito mais volátil que um título de renda fixa.

O termo volatilidade está associado à variação do preço com sua média e a medida utilizada para medir a volatilidade de um ativo é o desvio-padrão.

PAPO DE ESPECIALISTA

O desvio-padrão é uma medida que indica quão dispersos os pontos estão de sua média. Se, por exemplo, é aplicada uma prova em dois grupos de alunos e a média da nota de ambos for igual, aquele grupo que tiver o menor desvio-padrão demonstra mais homogeneidade entre as notas dos alunos. Logo, quanto maior o desvio-padrão, mais distantes são os pontos de sua média. No caso de rentabilidade de um fundo, mais arriscado será esse fundo, pois suas cotas se descolam mais da média.

Na Figura 15-1 é possível observar, para o período estudado, a calmaria do CDI (com média de variação diária 0,0001% e desvio-padrão 0,0006%) e o sobe e desce pontilhado do Ibovespa (média da variação diária 0,06% e desvio-padrão 1,30%). Enquanto mal dá para notar a linha praticamente contínua do CDI, que quase não sai do lugar, o índice da bolsa brasileira mais parece o sobe e desce da cordilheira dos Andes.

CAPÍTULO 15 **Comparando Fundos de Investimento** 201

FIGURA 15-1: Diferença na volatilidade: Ibovespa x CDI.

Até aqui parece fácil compreender. Agora imagine se os dois fundos tiverem alta volatilidade? Qual foi mais arriscado? Para responder a essa pergunta, vem aí o próximo item.

Performance: Risco x Retorno

Avaliar a performance de um fundo é fácil, basta ver qual rendeu mais, certo? Errado. Afinal, os fundos têm riscos diferentes e, por isso, a CVM criou categorias diferentes. Mas criar categorias não ajuda a avaliar qual foi o melhor fundo. A pergunta correta deve ser:

FIGURA 15-2: Dúvida: retorno x risco do fundo.

Índice de Sharpe

Como você já sabe, é possível medir risco por meio do desvio-padrão. Foi aí que um tal de William Sharpe bolou um índice com dados facilmente disponíveis para responder a essa pergunta.

Ele pensou em duas coisas:

1. "É fácil conseguir a variação diária do fundo e, se eu tenho esse dado, é só calcular o desvio-padrão dessa média."

2. "Se o investidor não quiser correr risco, ele pode aplicar em um ativo que paga somente a taxa livre de risco, como em um título público."

Agora era só montar uma fórmula que representasse seu pensamento. E *voilà!*

$$S_i = \frac{Ri - Rf}{\sigma_i}$$

Em que: S_i = Sharpe do fundo i

R_i = Retorno do fundo em análise

R_f = Taxa livre de risco

σ_i = Desvio-padrão dos retornos do fundo em análise

Retorno acima da taxa livre de risco nada mais é do que a média dos retornos do fundo em análise (R_i) menos a taxa livre de risco (R_f). E como Sharpe queria uma medida simples, decidiu utilizar o desvio-padrão (σ_i) como medida de risco. Com poucas variáveis, ele conseguiu se expressar, responder a sua pergunta e criar um índice que leva seu nome (S_i). Mais um que ficou para a posteridade no mundo dos investimentos.

E quanto maior o índice de Sharpe, mais retorno o gestor terá agregado ao fundo por unidade de risco incorrido.

Avalie agora a Tabela 15-2, que traz dados de três fundos multimercados e cujos nomes foram ocultados. Com base no índice de Sharpe e para uma taxa livre de risco (R_f) de 5%, em qual deles você aplicaria?

TABELA 15-1 Dados de Fundos Multimercados

Fundo	A	B	C
Existe desde	1996	2005	2008
Patrimônio R$ MM	696,0	31,6	46,0
Quantidade de cotistas	32.792	29	1.211
Retorno acumulado 33 meses	35,33%	12,83%	24,45%
Fundo x Ibovespa	986,8%	358,3%	682,9%
Meses positivos	20	22	19
Meses negativos	13	11	14
Volatilidade anual	18,91%	18,42%	20,09%
Sharpe (1 ano)	0,63%	-0,06%	0,42%

Dado que o Sharpe do fundo A é o maior dos três, utilizando apenas este critério de seleção, o fundo A deve ser o escolhido. O fundo B apresenta Sharpe negativo, o que significa que o gestor, apesar de ter sido remunerado para fazer seu trabalho, não agregou retorno por risco incorrido (índice de Sharpe negativo).

Outras Avaliações Importantes

Investimento é coisa séria e deve ser feito com base em critérios — um deles é a diversificação, e outro igualmente importante é que o investimento deve estar de acordo com os objetivos, necessidades e perfil de risco do investidor. A esse conjunto de critérios, dá-se o nome de *suitability*. Por isso, ao investir em um fundo, não foque apenas a rentabilidade. Veja se você já tem outro fundo com a mesma política de investimento e mesma classificação. Não compre mais do mesmo.

Além disso, é fundamental que o investidor não vá pela cabeça dos outros. Já vi casos de pessoas que investiram em fundos de risco muito alto porque o primo disse que era um fundo excelente. Só que o perfil dessa pessoa não condizia com o investimento.

Outro item é a taxa de administração. Fundos passivos, aqueles que só seguem o benchmark, costumam ter taxa de administração menor. Já os fundos ativos, aqueles que buscam superar o benchmark, dão mais trabalho para fazer a gestão e, portanto, cobram mais caro.

204 PARTE 3 **Analisando os Investimentos**

Mas será que o valor da taxa de administração deve ser uma variável decisiva para escolha de um fundo? Se o fundo for passivo, cujo objetivo é apenas replicar o índice, esse custo é relevante, e quanto menor, melhor. Já em fundos que têm riscos maiores, essa taxa é muitas vezes desprezível, e outros fatores de maior relevância devem ser considerados.

Um fator do qual muitas vezes as pessoas não se dão conta é a liquidez do fundo. O olho fica tão arregalado com a rentabilidade que acabam não se dando conta do prazo entre a solicitação do resgate no fundo e o crédito em suas contas. Então, vai aí uma dica:

DICA

Certifique-se das regras de resgate do fundo antes de investir. Esteja seguro de que será suficiente para a sua necessidade de liquidez.

Outra dica é conhecer o número de cotistas do fundo e seu patrimônio líquido. Fundos com poucos cotistas podem ser prejudicados nos resgates porque, se muitos deles saírem do fundo, pode acabar que poucos tenham que assumir os custos do pequeno patrimônio que será compartilhado entre menos investidores.

Voltando à Tabela 15-2, preste atenção nos demais indicadores dos três fundos. Note que o fundo A, dentre os três fundos de estratégia parecida, tem muito mais cotistas e um patrimônio parrudo, o que demonstra que muitos investidores acreditam nessa estratégia e nesse gestor.

Quanto ao tempo de abertura dos fundos, A existe a muito mais tempo, o que ajudaria a explicar o maior patrimônio e a quantidade de cotistas. Mas a diferença é muito grande para os demais, logo, seria normal desconfiar que, de alguma forma, por hipoteticamente não se tratar de um fundo de um grande banco de varejo, ele tem seus méritos, o que é corroborado por indicadores como retorno acumulado em 33 meses, volatilidade menor e índice de Sharpe maior.

Todos os três fundos ganharam do Ibovespa, que no período analisado (janeiro de 2019 a setembro 2021) variou 3,58%, sendo que o fundo campeão no período também foi o fundo A, cuja rentabilidade relativa ao índice acumulou 986,8%. Entretanto, note que o fundo B foi o que teve menos meses com rentabilidade negativa.

Por fim, não olhe só para o retorno passado. Lembre-se sempre de que todo investimento é feito mirando o futuro. Olhar no retrovisor serve apenas como referência de como foi no passado, mas quais são as perspectivas futuras? A economia será favorável àquele tipo de estratégia? Fique antenado no cenário futuro. É sempre importante.

206   PARTE 3 Analisando os Investimentos

4

Organizando a Cesta de Investimentos

NESTA PARTE...

Aprenda como avaliar o patrimônio.

Conheça seu perfil de investidor.

Trace metas de curto, médio e longo prazos.

Faça a alocação estratégica.

> **NESTE CAPÍTULO**
>
> » **Fazendo o diagnóstico da sua saúde financeira**
>
> » **Organizando a casa**
>
> » **Tendo poder sobre seu dinheiro**

Capítulo **16**

O Diagnóstico

O autoconhecimento é uma tarefa deveras importante para encontrar sucesso na vida. Você já tentou traçar uma rota no Google Maps? Pois é, tem que colocar sempre o ponto de partida e o ponto de chegada. Sem saber onde está, será impossível traçar a rota correta. Até o médico pede uma série de exames para saber como estamos, antes de nos receitar qualquer medicamento. Esse procedimento de autoconhecimento é, portanto, fundamental em todas as áreas, inclusive no mundo dos investimentos.

Orçamento Familiar

Cair na real é o primeiro passo para quem quer progredir na vida, seja em que área for. Se uma pessoa já fala alguma coisa de inglês e quer aprender mais, precisa antes fazer um teste para ver em que nível do curso vai entrar. Se começar em um nível inferior ao seu, desestimulará seu aprendizado. Se entrar em uma classe com gente mais adiantada que ela, também dará "tilte" e não vai rolar. Daí a importância da provinha inicial.

O orçamento é como a prova de nivelamento, pois permite averiguar onde estamos gastando nosso dinheiro e se é possível melhorar em algum ponto. Além disso, mostra nossa capacidade de poupança (ou não). Trata-se de uma ferramenta de planejamento financeiro pessoal e uma peça importante para realização de sonhos e projetos. Saber onde está é fundamental para chegar aonde deseja. Por isso é fundamental montar uma planilha (de preferência eletrônica) em que seja possível listar todas as despesas e receitas. A organização e a paciência neste momento são muito importantes.

Quando temos tudo organizado em uma planilha, podemos avaliar a nossa vida financeira e definir prioridades que impactam a nossa vida pessoal. Afinal, aqueles que não podem comprar tudo que desejam precisam priorizar seus gastos em prol de uma cenourinha lá na frente, e o prazer em alcançá-la será muito maior.

Conhecer a sua realidade financeira ajuda a identificar hábitos de consumo e administrar imprevistos. É como ter um seguro contra cenários adversos, mas administrado por nós mesmos.

No caso de autônomos, cuja renda costuma ser instável, a organização do fluxo de caixa costuma ser ainda mais importante. Quando se conhece os buracos no orçamento, é possível poupar em épocas gordas para cobrir esses momentos difíceis.

Montar planilhas não costuma ser uma tarefa simpática para a maioria das pessoas, mas pode ter a certeza de que é muito útil, principalmente para os dias nublados. A partir do momento em que você conhece suas entradas e saídas, você se empodera, e as adversidades da vida, pelo menos do lado financeiro, não o assustam mais. Por isso, tome as rédeas de sua vida financeira e seja seu próprio timoneiro.

Não tenha pressa ao fazer esse exercício. Dado que o caminho a ser percorrido é extremamente importante para reflexão, não deixe escapar nenhum gasto nem receita. E, como os gastos não costumam ser idênticos todo mês, abra uma planilha com doze colunas, uma para cada mês. Afinal, tem mês que pagamos IPVA, em outros pagamos IPTU, material escolar, seguro e assim por diante. E lembre-se de deixar um dinheirinho para o lazer. Afinal de contas, ninguém aguenta viver só de pão e água. E tem as manutenções da casa e do carro, que devem ser provisionadas também. Afinal, de vez em quando quebra alguma coisa e precisamos consertá-la.

A minha experiência em fazer esse tipo de trabalho me fez concluir que a maioria das pessoas leva um susto quando descobre seus gastos. Talvez Freud explique por que não gostamos de saber dos nossos gastos, mas pode ter certeza de que ter controle de sua vida financeira traz um alívio muito grande a qualquer pessoa.

Ao conhecer o fluxo de caixa de uma pessoa ou família, é possível verificar sua capacidade de investimento, objeto deste livro. Só assim você poderá planejar melhor a alocação dos seus investimentos, aplicando apenas o necessário para produtos com alta liquidez e baixa rentabilidade.

210 PARTE 4 **Organizando a Cesta de Investimentos**

As despesas devem ser divididas em grupos, e o cartão de crédito não deve ser uma linha desse orçamento. Cada despesa do cartão vai para um desses grupos. Assim, restaurantes do dia a dia devem ir para alimentação no caso de pessoas que se alimentam diariamente fora de casa. Já os que têm uma visão diferente de restaurante, mais como um lazer, essa despesa vai para o grupo de lazer. A Tabela 16-1 lista os grandes grupos de uma planilha de despesas. Você pode aumentar ou cortar grupos, dependendo de sua realidade.

TABELA 16-1   ## Grupos de Despesas

Moradia	Casa de praia ou campo	Escritório
• Prestação da casa própria	• Condomínio	• Aluguel/prestação
• Aluguel	• IPTU	• Condomínio
• Condomínio	• Energia elétrica	• Luz
• IPTU	• Gás	• Comunicação (telefone + internet)
• Energia elétrica	• Água e esgoto	• Material de escritório
• Gás	• Comunicação (telefone + internet + TV a cabo)	• Manutenção
• Água e esgoto	• Assinatura de *streaming*	• Funcionários
• Comunicação (telefone + internet + TV a cabo)	• Seguros	• Impostos
• Assinatura de *streaming*	• Reparos e manutenção	• Contador
• Seguros	• Taxa de incêndio	• Outros
• Reparos e manutenção	• Salário de empregados	
• Taxa de incêndio	• INSS de empregados	
• Salário de empregados	• 13º + férias de empregados	
• INSS de empregados	• Passagem de empregados	
• 13º + férias de empregados	• Segurança	
• Passagem de empregados	• Outros	
• Segurança		
• Outros		

(continua)

CAPÍTULO 16 **O Diagnóstico**

(continuação)

Saúde	Bancos	Animais de estimação
• Plano de saúde • Médicos • Dentista • Terapia • Medicamentos • Academia/Ioga/Pilates, outros • Outros	• Manutenção de conta-corrente • Anuidade do cartão de crédito • Juros de empréstimos pessoais • Outros	• Ração • Veterinário • Remédios • Passeador de cachorro • Tosa e banho • Outros
Despesas pessoais	**Transporte**	**Diversos**
• Supermercado • Refeições diárias fora de casa • Estética (salão de beleza, outros) • Vestuário • Lavanderia • Lazer/Restaurantes • Férias • Assinaturas de jornais/revistas	• Combustível • IPVA • Seguro • Manutenção • Estacionamento • Transporte público • Taxi/Aplicativos (Uber, outros) • Outros	• Carnê leão • Contribuições/donativos • Pagamento de pensão alimentícia • Despesas extraordinárias • Previdência privada • Previdência oficial • Aplicações programadas • Mensalidade de clubes • Contador • Outros
Educação	**Lazer**	
• Escola de filhos • Curso de idiomas • Esportes • Aula particular • Outros	• Supermercado • Refeições diárias fora de casa • Estética (salão de beleza, outros) • Vestuário • Lavanderia • Lazer/Restaurantes • Férias • Assinaturas de jornais/revistas	

Do lado das receitas, não se esqueça de listar os juros de investimentos financeiros e eventuais mesadas. A Tabela 16-2 lista uma série de possíveis receitas.

TABELA 16-2 ## Possíveis Receitas

Salário	Aposentadoria
Aluguel	Mesada
Pensão alimentícia	Juros de aplicação financeira
Férias	13º salário
Honorários	Serviço temporário
Dividendos/JCP	Bônus
PLR	Outras receitas

Sei que pode ser difícil estimar receitas no caso de autônomos, principalmente quando o negócio acabou de começar, mas projetar receitas é um ótimo exercício para trabalhar metas e se cobrar pelo atingimento dessas metas. Afinal, não há sucesso sem meta nem esforço, e não existe campeão olímpico sem muito treino.

Uma vez listadas as receitas e despesas mês a mês, é hora de traçar seu fluxo de caixa. Observe a Tabela 16-3 e use como modelo para você. O saldo inicial no Mês 1 deve representar quanto você tem na sua conta-corrente no momento em que está fazendo o planejamento.

A linha "Saldo" representa o saldo inicial mais as receitas menos as despesas do mês. Se o saldo for positivo, significa que sobrará dinheiro naquele mês e você poderá investir esse saldo. Se for negativo, senta e não chora, porque você é uma pessoa organizada, sabe quanto será necessário para fechar o mês e pode fazer um resgate de algum investimento. Afinal, é por isso que tem reservas.

Transporte o saldo final de um mês para o saldo inicial do mês seguinte e faça essa conta por doze meses, completando um ciclo anual.

CAPÍTULO 16 **O Diagnóstico** 213

TABELA 16-3   Fluxo de Caixa Mensal

	Mês 1	Mês 2	...	Mês 12
Saldo inicial				
Receitas				
Despesas				
Saldo				
Valor a investir				
Valor a resgatar				
Saldo final				

A planilha de fluxo de caixa é muito poderosa e representa um resumo de toda a sua dedicação para montar as planilhas de receitas e despesas. Ela permite planejar o seu fluxo de investimento ou possíveis faltas de recursos, o que será indicado na linha de valor a investir ou valor a resgatar.

Você pode também fazer um grande resumão, somando todas as suas despesas e receitas dos doze meses e calculando, em seguida, sua média mensal, bem como seu poder de investimento anual. Basta seguir a Tabela 16–4.

TABELA 16-4   Resumo do Fluxo de Caixa

A	Total de receitas — 12 meses	A	X	Receita média mensal	A÷12
B	Total de despesas — 12 meses	B	Y	Despesa média mensal	B/12
	Fluxo anual	A-B		Fluxo médio mensal	=X-Y

Do lado das despesas é possível também calcular o percentual gasto em cada grupo e, assim, avaliar para que ralo está indo seu rico dinheirinho. Suponha o caso hipotético da Tabela 16-5, na qual se vê o percentual de cada grupo de despesa no total de gastos.

Para calcular percentual, basta dividir o valor gasto com cada tipo de despesa pelo total de gastos. Por exemplo: suponha a Tabela 16-5, em que o item moradia é igual a R$97.929,00 e o total de despesas é R$267.566,99. Dividindo a moradia pelo total das despesas, encontra-se 0,366 = 36,6%.

214   PARTE 4 **Organizando a Cesta de Investimentos**

TABELA 16-5 Despesas Anuais Hipotéticas

Despesa	Total anual R$	Alocação %
Moradia	97.929,00	36,6%
Despesas pessoais	34.336,99	12,8%
Saúde	59.685,00	22,3%
Banco	24.000,00	9,0%
Transporte	2.200,00	0,8%
Educação	45.623,00	17,1%
Escritório	720,00	0,3%
Diversos	3.073,00	1,1%
Total	**267.566,99**	**100,0%**

Algumas pessoas gostam de olhar no formato apresentado na Tabela 16-5, mas muita gente gosta de um gráfico de pizza, conforme Figura 16-1.

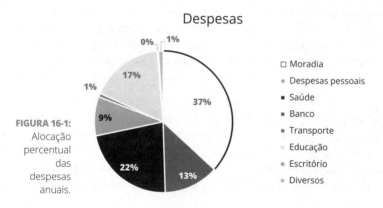

FIGURA 16-1: Alocação percentual das despesas anuais.

A disposição dos dados permite uma análise mais detalhada. Por exemplo, será que essa família gasta muito dinheiro em educação ou saúde? Só nesses dois itens são gastos 57% do total. Mas tudo depende das prioridades e da renda de cada família. Note que lá se vão 9% com despesas bancárias, o que parece bastante de um orçamento. Mas, como tudo na vida é relativo, há de se analisar com cuidado cada item do orçamento antes de tirar conclusões precipitadas.

Demonstrativo Patrimonial Pessoal

Vira e mexe ouvimos falar que Bill Gates ou Mark Zuckerberg ficou alguns bilhões mais rico ou mais pobre. Isso acontece porque o patrimônio deles é medido pela variação do preço de suas ações no mercado. Mas esse "ficar mais rico ou mais pobre" não acontece só com os bilionários. Os mortais também têm variação de patrimônio por algum motivo, até porque podem ter ganhado na loteria, herdado algum bem, poupado mais ou passado por algum problema que exigiu um resgate grande de seus investimentos.

Conhecer o seu patrimônio é fundamental para planejar sua vida financeira e seus investimentos. Comece juntando os extratos dos seus investimentos em todas as instituições financeiras e, em seguida, liste tudo em uma planilha.

Outra fonte de informação é a sua última relação de bens e direitos da Declaração Anual de Ajuste do Imposto de Renda. Não se esqueça de incluir seu saldo no FGTS e na previdência privada, bem como valores a receber de inventários em andamento, indenizações trabalhistas, precatórios e outros recebíveis mais. Tudo que temos direito de receber em algum momento deve ser listado.

Do mesmo modo como fizemos no orçamento, no qual listamos as receitas e despesas, aqui também temos que listar nossos bens e direitos e nossas dívidas, sejam elas bancárias, sejam contraídas com amigos e parentes, sejam impostos a pagar. Muito comuns são os financiamentos imobiliários e de automóveis, bem como dívidas no cheque especial ou cartão de crédito.

O Demonstrativo Patrimonial Pessoal deve tomar o mesmo formato de um balanço empresarial, já devidamente apresentado no Capítulo 13. No ativo, lado esquerdo do balanço, estão os bens e direitos, e do lado direito, no passivo, as dívidas. A diferença entre ativo e passivo é o patrimônio líquido, o famoso "quanto vale uma pessoa em termos econômico-financeiros".

Lembre-se de colocar todos os seus investimentos, tanto em moeda local como os feitos no exterior. Neste caso, converta tudo em uma única moeda, preferencialmente a moeda utilizada para pagar as contas do dia a dia.

TABELA 16-6   Demonstrativo Patrimonial Pessoal Hipotético

ATIVO		PASSIVO	
Liquidez[1]	131.021,00	Dívidas — até 1 ano	30.264,48
Outros investimentos em renda fixa	252.939,61	Dívidas — acima de 1 ano	297.300,40
Ações e fundos de ações	820.501,42	Total das dívidas	327.564,88
Outros investimentos financeiros[2]	230.082,50		
FGTS	-		
Previdência privada	829.162,66	Patrimônio líquido	
Valores a receber[3]	566.927,24	Patrimônio líquido	**3.928.069,55**
Mercado imobiliário[4]	1.425.000,00		
Mercado empresarial[5]	-		
Outros ativos	-		
Total do Ativo	**4.255.634,43**	**Total do Passivo**	**4.255.634,43**

Notas:

1. Liquidez: Conta-corrente + renda fixa com liquidez em até D+1.

2. Outros investimentos financeiros: Multimercados, COE e demais investimentos que não se encaixam em renda fixa ou ações.

3. Valores a receber: Incluem todos os valores esperados, como inventários, empréstimos, seguros já aprovados e rescisão contratual.

4. Mercado imobiliário: Imóveis e fundos imobiliários.

5. Mercado empresarial: Participação em negócios próprios.

6. Outros ativos: Aqui são listadas as obras de arte e demais ativos.

7. Dívidas: Separar a parte da dívida que vence em até 1 ano do restante. Incluir impostos a pagar.

CAPÍTULO 16 **O Diagnóstico**

Análise preliminar

A primeira análise pode ser a avaliação percentual do patrimônio. Quanto por cento do ativo, por exemplo, está aplicado em imóveis? Quanto está no mercado acionário? As dívidas são maiores que o total do ativo? Que dívidas são essas? São de curto ou de longo prazo? Se juntarmos o orçamento com o demonstrativo, por exemplo, podemos avaliar se teremos condições de pagar essas dívidas, principalmente as de curto prazo, que diminuem nossa capacidade de manobra.

Uma análise preliminar da Tabela 16-6 e uma conversa com esse investidor podem nos levar às seguintes conclusões:

> » 56,7% dos ativos desse investidor estão no mercado financeiro.
> » 33,5%, em imóveis.
> » 13,3%, em valores a receber.
> » Ele não tem negócio próprio, mas um saldo devedor de R$327.564,88 referente à compra de um imóvel.
> » Se ele desejasse, poderia quitar o saldo devedor do imóvel.

Um erro muito comum do brasileiro é alocar muito patrimônio no mercado imobiliário, perdendo a liquidez necessária que por vezes é fundamental para aproveitar as oportunidades que nos apresentam ao longo de nossa caminhada. Um patrimônio bem organizado deve levar em consideração não só questões de rentabilidade, mas de risco e liquidez.

DICA

Ainda dentro desse conceito, vale uma dica muito importante. Em caso de rescisão trabalhista, pense bem antes de quitar o saldo devedor de dívidas. Isso só deve ser feito em caso de a pessoa já ter renda certa para continuar sobrevivendo. Se ela ainda for procurar emprego, é melhor aguardar um pouco mais para se descapitalizar. Em épocas de vacas magras, é muito importante manter a liquidez. Sem dinheiro, pode ficar difícil manter os custos fixos da família.

Conhecer o patrimônio da família também permite mensurar quanto tempo o patrimônio vai durar, com base nos valores de hoje. Imagine o caso da pessoa contemplada na Tabela 16-6, que tem um patrimônio líquido de R$3.928.069,55 e renda mensal vitalícia de R$5.000,00. Supondo que sua despesa mensal seja de R$17.000,00, o rendimento real médio (já descontada a inflação) de sua carteira seja 4% ao ano (0,3274% ao mês), imposto de renda médio de 15% e que ele não queira se desfazer de seu imóvel que vale hoje R$1.225.000,00 (a diferença para o que está no seu demonstrativo — R$200.000,00 — é referente a uma aplicação em fundo imobiliário), seu patrimônio vai durar 354 meses (29,5 anos). Confira o cálculo na

Tabela 16-7. Mas atenção: nesse mundo não tem inflação. Logo, nem sua despesa nem sua renda foram reajustadas, e a taxa de juros utilizada já desconta a inflação (taxa real).

TABELA 16-7 ## Cálculo da Duração do Patrimônio Financeiro

Saldo inicial	Juros	Renda	Despesa	Saldo final	Mês
2.703.070	7.522	5.000	17.000	2.698.591	1
2.698.591	7.509	5.000	17.000	2.694.101	2
2.694.101	7.497	5.000	17.000	2.689.597	3
2.689.597	7.484	5.000	17.000	2.685.082	4
2.685.082	7.472	5.000	17.000	2.680.553	5
...	...	...	...	...	...
32.381	90	5.000	17.000	20.471	353
20.471	57	5.000	17.000	8.528	**354**
8.528	24	5.000	17.000	-3.448	355

Notas:

Saldo inicial = 3.928.069,59 (Pat. Líq.) – 1.225.000,00 (imóvel).

Juros = Saldo inicial x 0,3274% x 85% (já considera valor líquido de imposto de renda: 100% – 15% = 85%).

Renda e despesa = Valores dados.

Saldo final = Saldo inicial + juros + renda – despesa.

O patrimônio vai durar a quantidade de meses de saldo final positivo.

Análise detalhada dos investimentos financeiros

Hora de usar uma lupa e analisar com cuidado questões de liquidez e alocação no mercado financeiro. Separar em:

» Renda fixa

» Mercado acionário

» Outros investimentos financeiros

CAPÍTULO 16 **O Diagnóstico** 219

LEMBRE-SE

Como já mencionado, fundos imobiliários devem entrar em imóveis, pois essa modalidade de investimento nada mais é do que uma forma de investir em imóveis por meio de um condomínio de pessoas com objetivo comum. É um erro muito grande pensar que essa modalidade de investimento está sendo feita no mercado financeiro, só porque se trata de uma aplicação regulada pela CVM e que pode ser feita junto a uma instituição financeira. Lembre-se de que o ativo por trás de tudo é imóvel e sua valorização está atrelada ao mercado imobiliário.

DICA

Aplicação em previdência privada deve entrar em investimento financeiro porque é um fundo de investimento, como outro qualquer, mas que tem algumas características próprias de benefícios e resgates.

Separar em seguida por tipo de ativo. Veja um caso real na Tabela 16-8.

TABELA 16-8   Detalhamento dos Ativos

Ativos financeiros	R$	% Ativos financeiros	Liquidez	Risco principal C M L
Renda Fixa	**383.960,71**	**17,0%**		
CDB	131.021,10	5,8%	D+0	x x
Tesouro Direto	252.939,61	11,2%	D+1	x
Ações	**820.501,42**	**36,2%**		
Ações (papéis)	120.968,00	5,3%	D+2	x
Fundo ativo	355.036,27	15,7%	D+3	x
Fundo small caps	278.810,16	12,3%	D+32	x
Fundo de gov. corporativa	49.687,46	2,2%	D+3	x
Fundos no exterior	15.999,53	0,7%	D+3	x
Multimercado	**1.059.245,16**	**46,8%**		
Fundo de alocação	230.082,50	10,2%	D+11	x
Previdência VGBL	829.162,66	36,6%	-	x
Total no Mercado Financeiro	**2.263.707,29**	**100,0%**		

Nota: C — crédito; M — mercado; L — liquidez

Do total no mercado financeiro, 17% está em renda fixa, 36,2% no mercado acionário e 46,8% em multimercado, sendo 36,6% em previdência privada. Essa divisão percentual nos permite avaliar se a alocação do investidor está de acordo com as necessidades e objetivos do investidor. Trata-se de uma carteira de risco 4 dentro de um intervalo de 1 a 5, sendo 5 a mais arriscada. É hora de perguntar se a carteira está ajustada às necessidades do investidor e seu perfil de risco.

A carteira deve ser avaliada, também, em termos de liquidez, conforme Tabela 16-9.

TABELA 16-9 ## Detalhamento por Liquidez

Liquidez	R$	Acumulado
D+0	131.021	131.021
D+1	252.940	383.961
D+2	120.968	504.929
D+3	420.723	925.652
D+11	230.083	1.155.734
D+32	278.810	1.434.545
D+n*	829.163	2.263.707
Total	2.263.707	

*Nota: * valor da previdência privada foi considerado de longo prazo e para recebimento somente no momento da aposentadoria.*

Conhecer a liquidez dos investimentos é muito importante. Por exemplo, devemos ter sempre pelo menos seis meses de gastos em liquidez imediata, para caso de sinistralidade. É o que chamamos de *dinheiro de emergência*. Repare também que ações, embora sejam investimento de alta volatilidade, têm liquidez em D+2, no caso de compra de ações direta em bolsa, e D+3 no caso da maioria dos fundos de investimento distribuídos no varejo. A coluna da direita nos dá a real dimensão de quanto temos de recursos disponível em n dias, em caso de necessidade de resgate.

Resumindo, o Demonstrativo Financeiro Pessoal e seus desdobramentos permitem avaliar se o patrimônio pessoal está:

» Investido de acordo com os objetivos e necessidades do investidor.

» Diversificado corretamente em termos de risco de liquidez, mercado e crédito.

» Investido em opções capazes de render acima do custo dos empréstimos.

Para fechar o capítulo, gostaria de acrescentar que é muito importante avaliar o patrimônio periodicamente. Só assim o investidor conseguirá medir o quanto está progredindo em direção à realização de seus sonhos e o que precisa ser ajustado para continuar o caminho traçado.

NESTE CAPÍTULO

» Visualizando seus sonhos

» Traçando seus objetivos e metas

» Trabalhando com o perfil adequado

Capítulo **17**

Analisando Medos e Desejos

Conhecer seu patrimônio e saber para onde vai o dinheiro é muito importante, mas não é tudo. Para caminharmos na direção correta, temos que ter um norte, uma direção. Aonde queremos chegar? O que desejamos realizar? Sem saber o destino, vamos andar em círculos e despender energia desnecessária. Além disso, esse caminho deve ser o mais leve possível e, portanto, estar de acordo com nossos sentimentos. Afinal, dinheiro existe para nos dar prazer e não dor de cabeça.

O Perfil do Investidor

Muito se fala de perfil do investidor, se conservador, moderado ou agressivo. Tem gente que diz que isso é besteira. Verdade ou não, a CVM obriga que o perfil de risco do investidor seja averiguado antes de qualquer investimento e, na minha concepção, o regulador está correto. Não se trata de burocracia apenas.

Não faz sentido ter uma carteira de investimentos com alta volatilidade se o investidor não tem coração para aguentar o sobe e desce do seu patrimônio, nem paciência para esperar o retorno no longo prazo. Ele pode acabar resgatando fora da hora e realizando o prejuízo. Por isso, é muito importante tomar decisões racionais, mas que estejam de acordo com o seu coração. Afinal, tem gente que gosta de pular de paraquedas, enquanto outros têm pavor de altura. Então, nada como ser fiel ao seu perfil.

Para definir o perfil do investidor, é necessário responder a um questionário. Todas as casas têm um questionário para chamar de seu. De modo geral, existem três perfis, mas algumas instituições são mais detalhistas e aumentam esse número. É como na política, em que existe a direita, a esquerda e o centro, mas tem gente que é de centro-esquerda e outros de centro-direita, e assim acabam somando cinco visões políticas e de investimento.

Se você não conhece seu perfil de investidor, basta dar um Google em "questionário de perfil do investidor", que aparecerão várias possibilidades.

Alguns executivos da linha de frente normalmente aconselham o cliente a ser um pouco mais ousado ao responder ao questionário, de forma que um perfil de agressividade acima do seu permite abrir mais o leque de investimentos. Entretanto, não concordo com essa visão, pois devemos ser nós mesmos na vida em todos os aspectos, inclusive com nossos investimentos.

Algumas casas não focam produtos específicos e olham para os investimentos de modo global, "somando" os riscos de todos eles para definir como está a carteira do investidor e, assim, saber se comporta mais algum outro produto com risco maior ou não. É uma forma diferente de trabalhar a carteira do investidor, olhando o todo, e não as partes separadas.

Situação Financeira

Um dos itens que devem ser levados em consideração quando se fala em organizar uma carteira de investimentos tem a ver com a situação financeira do investidor. No capítulo anterior, foi abordada a importância de conhecer o patrimônio do cliente e seu fluxo de caixa, o que nos permite avaliar riscos e planejar um fluxo de investimento. Mas existem outras questões que devem ser consideradas no quesito situação financeira.

Fonte da riqueza

Você já ouviu falar que quem ganha fácil perde fácil? Pois é, a origem do nosso dinheiro tem forte influência na forma como gastamos. Daí a necessidade de conhecer de onde ele veio. As pesquisas já mostraram que pessoas que ralam muito para ganhar dinheiro costumam ser mais cautelosas nas suas decisões financeiras. Já quem ganhou de bandeja o dinheiro, como por meio de herança ou acertando na loteria, tem mais propensão a correr mais risco nos seus investimentos. Tem gente que ganha um montão de dinheiro de repente e "pira", achando que o dinheiro não vai acabar.

LEMBRE-SE

Dinheiro mal gasto acaba. É necessário ter a cabeça muito centrada para saber usar o dinheiro com racionalidade.

Necessidade de liquidez

Outro dado importante para organizar a vida financeira é a necessidade de ter liquidez na carteira. Pense no caso de um senhor aposentado que tem suas economias aplicadas. Imagine que seus gastos são maiores que sua aposentadoria — algo muito provável — e, portanto, ele necessita complementar todo mês sua renda com seus investimentos financeiros. Logo, ele precisa ter um valor alocado em produtos que permitam essa liquidez.

Pode ser, também, que tenhamos planos futuros de proteger algum familiar que tenha uma necessidade específica, enviar filhos para estudar no exterior ou mesmo montar algum negócio daqui a um tempo. Não importa o motivo, o importante é conhecer essa necessidade em termos de volume e prazo e investir parte dos recursos em produtos que, na data específica, apresente liquidez.

DICA

Liquidez é a capacidade de transformar ativos em moeda corrente no menor espaço de tempo possível, sem alterar substancialmente o valor do ativo.

Um ponto que merece destaque é que essa necessidade de liquidez vai mudando com o tempo. Suponha, por exemplo, que você esteja juntando dinheiro para dar de entrada em um imóvel daqui a dois anos. No primeiro momento, o investimento pode ir para uma aplicação que só permita resgatar em 24 meses. Mas esse prazo vai diminuindo com o passar do tempo. No 23º mês, por exemplo, a liquidez necessária será de apenas 30 dias.

O prazo muda, também, porque a vida muda, as políticas macroeconômicas mudam e nós vamos ficando mais velhos, necessitando e desejando coisas diferentes ao longo da nossa caminhada.

Ciclo de Vida

Uma variável muito importante para definir o perfil de investimento é o ciclo de vida que estamos vivendo. Isso porque, quanto mais jovem, maior o apetite para o risco e mais tempo para recuperar possíveis perdas. Já na terceira ou quarta idade, tudo que desejamos é preservar nosso patrimônio e até distribuí-lo para aqueles que desejamos bem.

De modo geral, os estudiosos do tema costumam dividir o ciclo da vida em três fases. Confira.

> » **Fase de acumulação:** Primeira fase, aquela em que a curva cresce mais rápido, início da vida adulta, quando aprendemos sobre investimentos, juntamos dinheiro e podemos aceitar mais riscos, até porque as expectativas de renda são crescentes, embora tenhamos que balancear esses riscos com nossas necessidades de curto prazo, como pagamento de casa própria e escola dos filhos. Neste período é importante fazer o planejamento de vida e definir objetivos de investimento de forma clara, poupando regularmente para as próximas fases da vida, principalmente para a aposentadoria.
>
> » **Fase de consolidação:** Esta fase se inicia com o ponto de inflexão da curva, aquele em que a curva da Figura 17-1 deixa de ser côncava e assume sua convexidade. É o período em que as carreiras já estão consolidadas e os ganhos normalmente excedem as despesas. O perfil começa a mudar, pois o tempo até a aposentadoria começa a diminuir. Tende-se a ficar mais cauteloso na vida, o que inclui riscos medianos.
>
> » **Fase de distribuição:** É a última fase, a da aposentadoria, em que, teoricamente, vamos desfrutar o patrimônio amealhado. Hora, também, de pensar na sucessão, na doação das nossas coleções e coisas do gênero. Já não podemos mais correr grandes riscos e devemos assumir uma posição mais de preservação do nosso patrimônio.

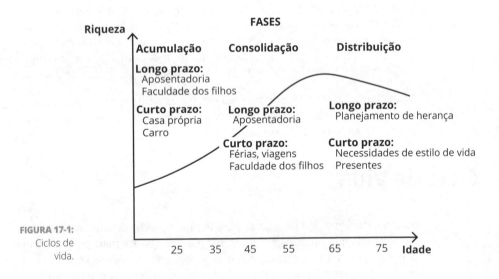

FIGURA 17-1: Ciclos de vida.

226 PARTE 4 **Organizando a Cesta de Investimentos**

REGRA DO DEDÃO

Visando simplificar quanto deve ser alocado em renda fixa e renda variável, algumas pessoas costumam usar a regra do dedão. Segundo ela, você deve alocar em renda variável a diferença entre 100 e a sua idade. Logo, se tiver 35 anos, o recomendável seria colocar 65% em ações e a diferença em renda fixa.

Embora pareça fazer sentido, à medida que você se aproxima do fim da vida, menor deve ser sua alocação no mercado de ações. Na verdade, essa regra é falha principalmente porque assume que basta a idade da pessoa para decidir sobre a alocação do seu patrimônio, e isso não é certo. Há outros fatores igualmente importantes, como apetite ao risco, objetivos, necessidades de liquidez, reserva de emergência e tamanho do patrimônio, que são igualmente importantes.

Conhecimento em Matéria de Investimentos

É normal termos medo do que não conhecemos. Quando vamos a uma cidade pela primeira vez, temos todo o cuidado, principalmente à noite, quando todos os gatos são pardos. Por não sabermos se é uma área perigosa ou não, evitamos lugares escuros e coisas assim. Não poderia ser diferente no mundo dos investimentos.

Tive vários clientes empresários que têm medo de investir em bolsa. Para eles, era um bicho papão. Eu sempre dizia que comprar ação é investir em empresas, igual ao que eles faziam na vida deles. Afinal de contas, eram empresários e investiam em negócios. Na minha visão, eles controlavam as decisões de suas empresas, mas não sabiam o que acontecia com a Vale, Petrobrás, Natura, Localiza e assim por diante. Conhecer onde estamos pisando é fundamental para afastar os temores.

Com base nessa observação, uma das perguntas que se faz nos questionários de perfil do investidor tem a ver com conhecimento das operações e produtos do mercado financeiro. Afinal de contas, quando se tem o costume de investir em determinado produto, é porque, pelo menos teoricamente, já se sabe como ele funciona.

Ter familiaridade com os produtos de investimento é, portanto, fundamental para nos colocar em um patamar acima no perfil do investidor, mas não é tudo. É comum, por exemplo, conhecer o produto apenas superficialmente, caso daqueles de menor risco de volatilidade, como os fundos de renda fixa, mas não ter noção dos riscos que correm. Tudo parece tranquilo, mas pode "dar ruim", com elevações nas taxas de juros inesperadas e não protegidas nesses fundos. Para o brasileiro, renda fixa parece algo inviolável, mas não é.

LEMBRE-SE

Quando a taxa de juros sobe, o preço do título de renda fixa cai e os títulos da carteira dos fundos são precificados a mercado, refletindo essa queda no valor das suas cotas.

A formação acadêmica também é indicada na literatura e na regulamentação da CVM sobre o tema, mas confesso que fico em dúvida quanto à sua importância. É certo que quem fez engenharia tenha mais facilidade para lidar com gráficos, números e contas, mas se não estudar sobre o mercado financeiro especificamente, vai dançar. Enquanto isso, tem muito médico, músico e psicólogo que entra a fundo no tema e vira expert. De qualquer forma, é um indicativo primário, pode-se dizer assim.

Objetivo do Investimento

Entre todas as variáveis envolvidas na alocação de recursos, talvez esta seja a que tem mais peso: o objetivo do investimento. Rico ou classe média, velho ou novo, conservador ou agressivo no perfil, se o objetivo do dinheiro for comprar um carro daqui a um ano, não tem outra solução a não ser um investimento que não corra muito risco e que tenha liquidez no prazo necessário.

A CVM e a ANBIMA, com base nessa verdade, definiram que é necessário seguir uma política de *suitability*, que quer dizer que o investimento tem que estar de acordo com a necessidade, o objetivo e o perfil do cliente.

Imagine que uma pessoa precisa ir a uma festa e entra em uma loja de roupas. É de se esperar que o vendedor pergunte qual a ocasião, para direcionar o cliente ao setor correto da loja. Imagina-se que esse cliente vá comprar uma roupa elegante e não uma roupa de praia. É o mesmo com os investimentos, que devem atender ao objetivo do cliente.

Com essa visão mais comportamental do que tradicional das finanças, que olha para o dinheiro de uma forma global e, portanto, mais elaborada, algumas casas já oferecem produtos de investimento com foco no objetivo, "carimbando" o dinheiro. Por exemplo, recursos para a aposentadoria devem se proteger da inflação. Logo, um planejamento para a aposentadoria deve focar produtos do mercado real, como imóveis, ações ou títulos atrelados ao IPCA ou IGPM. Já o dinheiro para as férias deve ser protegido do câmbio. Algumas pessoas advogam que, desta forma, dividindo em caixinhas, fica mais fácil o entendimento para quem é leigo no assunto. É uma visão interessante e prática, não resta a menor dúvida.

Minha Meta, Minha Vida

Não há campeão sem meta. Vendedores recebem metas de seus chefes, CEOs são cobrados pelo Conselho e atletas têm metas a bater de recordes e medalhas. Até eu tive meta do meu editor, que colocou data em contrato para entregar este livro pronto. Afinal, a vida sem meta não tem estímulos.

Ter meta nos ajuda a condicionar nossa rotina, direcionando nossas atividades de forma mais produtiva. É como acordar de manhã e saber o que tem que fazer durante o dia. Essa é a meta diária, que deve estar de acordo com nossa meta maior, nossa realização.

A meta também dá um propósito à vida. Suponha que você tenha uma meta de trabalhar como gestor de recursos em uma instituição financeira. Para chegar lá, você terá que tirar a certificação CGA da ANBIMA. É difícil? Sim, mas se essa é sua meta, você terá que se preparar, estudando todo dia um pouco e ir tirando as certificações mais fáceis no começo, até chegar àquela tão almejada.

Ter um propósito nos ajuda a fazer tarefas muitas vezes enfadonhas ou a ficar em casa estudando ou trabalhando quando nossos amigos vão se divertir. Afinal, minha meta é minha vida e é importante correr atrás dela. Como não há almoço grátis, as metas nos ajudam a conquistar nossos sonhos, apesar das dificuldades do caminho.

PARTE 4 Organizando a Cesta de Investimentos

NESTE CAPÍTULO

» **Compreendendo o que é diversificação**

» **Entendendo a matemática da diversificação**

» **Praticando a diversificação**

Capítulo **18**

Separando os Ovos em Mais de uma Cesta

esde criança ouvimos falar que não devemos colocar todos os ovos na mesma cesta. Mas quantas cestas devemos ter? Quantos ovos devem ser guardados em cada cesta? Será que as cestas devem ser fabricadas de diferentes materiais? Podemos fazer muitas perguntas sobre as cestas e a divisão dos ovos, mas quais as corretas?

O que Significa Diversificar Investimentos

Diversificar investimentos nada mais é do que uma técnica de gestão que tem por objetivo aplicar os recursos em diversos ativos de forma que o resultado da carteira tenha, na soma do todo, a menor variação possível, ao mesmo tempo que maximiza a sua rentabilidade. Em termos práticos, estamos falando em redução do risco da carteira, tornando-a, portanto, menos volátil.

A diversificação é a melhor estratégia de investimento e significa não colocar todos os ovos na mesma cesta. Com a diversificação, o investidor consegue suportar perdas em algumas aplicações, porque estará ganhando em outras.

Já tive clientes que acreditavam que separar seus investimentos em várias instituições financeiras era uma forma de diversificação. Entretanto, aplicavam nos mesmos produtos em todas as casas. É certo que não estavam diversificando da melhor forma possível.

Diversificar é o contrário de concentrar em uma só cesta todos os ovos postos pela mesma galinha. Imagine se a galinha está doente. Todos os ovos estarão estragados, certo? Então, devem-se colher ovos de várias galinhas, de aviários diferentes, misturá-los e separá-los em diferentes cestas.

Em termos de investimentos, o indicado é buscar produtos diferentes, de classes distintas, emitidos por diferentes emissores, de variados segmentos econômicos, com prazos diversos e que estejam localizados em diferentes regiões geográficas.

Para ficar mais perfeito ainda, que tal juntarmos ativos que tenham correlação negativa entre si? Assim, quando precisamos de dinheiro, podemos resgatar sempre de um investimento cuja rentabilidade esteja positiva.

DICA

Correlação é uma relação de dependência existente entre duas variáveis. Correlação positiva significa que andam na mesma direção, o que significa que, quando o valor de uma sobe, o da outra também sobe em termos estatísticos; e quando o valor de uma cai, o da outra também cai.

O mesmo se aplica a títulos de renda fixa, cuja carteira, além de diversificar o risco de crédito por meio da aquisição de títulos de vários emissores, deve ser composta de títulos pós e prefixados, na busca de reduzir os riscos adversos da flutuação dos juros.

Você sabia que o desvio-padrão de uma carteira diversificada é menor que a média ponderada dos desvios-padrão dos ativos que compõem a carteira?

Suponha uma carteira composta de quatro ações, conforme Tabela 18-1. Para cada ação, foi calculada a sua volatilidade.

TABELA 18-1 Volatilidade das Empresas Selecionadas, 12/11/2020 a 12/11/2021

Empresa	Código B3	Segmento	A Percentual	B Volatilidade	AxB
Itaú-Unibanco	ITUB4	Financeiro	25%	30,6%	7,7%
Eztec	EZTC3	Imobiliário	25%	44,6%	11,2%
Magazine Luiza	MGLU3	Consumo	25%	50,0%	12,5%
Vale	VALE3	Commodities	25%	35,6%	8,9%
			Média ponderada da volatilidade = Σ(AxB)		40,2%

Se considerarmos a média ponderada da volatilidade das empresas, encontramos 40,2%, tendo por base uma carteira composta, inicialmente, de 25% de cada ativo. Entretanto, ao juntar as quatro ações em uma carteira, encontramos uma volatilidade no período de 27,3%.

Era de se esperar que a volatilidade da carteira fosse um número entre 30,6% (volatilidade de ITUB4, a menor entre as quatro) e 50,0% (volatilidade de MGLU3, a ação que apresenta a maior volatilidade). Entretanto, a volatilidade encontrada para a carteira foi de 27,3%, menor que a volatilidade de ITUB4.

PAPO DE ESPECIALISTA

A volatilidade de uma ação é dada pelo desvio-padrão dos retornos da carteira. Por sua vez, o desvio-padrão é uma medida estatística de dispersão dos pontos para a sua média. Quanto maior o desvio-padrão, mais dispersos estão os pontos da sua média. Pode ser interpretada como uma medida de incerteza sobre as variações futuras de um ativo. Logo, desvio-padrão alto significa grandes flutuações no preço do ativo, tanto para cima como para baixo.

Para calcular a volatilidade, basta pegar o preço diário da ação e colocar em uma planilha eletrônica, como o Excel. Feito isso, calcula-se a variação diária do preço por um longo período, como um ano, por exemplo.

A variação diária, por sua vez, é calculada dividindo o preço do ativo "hoje" do preço do ativo "ontem" e, desse resultado, diminuindo 1.

$$\text{Variação diária no preço} = \frac{\text{Preço do ativo em } D+0}{\text{Preço do ativo em } D-1} - 1$$

A seguir, utiliza-se a função DESVPAD na planilha, seleciona-se todos os dados de variação de preço e, em um passe de mágica, o computador calcula o desvio-padrão da série de retornos diários.

O próximo passo é calcular a volatilidade anual. Sabendo que um ano financeiro tem 252 dias úteis, multiplica-se o resultado obtido pela raiz quadrada de 252. *Voilá!*

$$Volatilidade\ anual = Volatilidade\ diária\ x\ \sqrt{252}$$

O Modelo de Yale

Os fundos de *endowment*, também chamados de fundos patrimoniais ou filantrópicos, são aqueles que recebem doações de pessoas físicas ou jurídicas e cujos rendimentos auferidos são revertidos para projetos relacionados à finalidade social atrelada às doações. Seu objetivo é assegurar a perenidade no financiamento dos projetos que motivaram as doações, como manter uma universidade ou uma creche.

Durante muitos anos, os recursos desses fundos eram aplicados em investimentos tradicionais como renda fixa, até que David Swensen, da Universidade de Yale, surgiu no pedaço e mudou a estratégia de gestão do fundo de *endowment* da universidade. O novo modelo de diversificação, que ficou conhecido como Modelo de Yale, é baseado na premissa de que para otimizar a relação risco x retorno, os investidores devem construir portfólios em vez de tentar encontrar um único investimento que seja promissor. Se os ativos e as classes de ativos que compõem a carteira tiverem baixa correlação dos seus movimentos de preço, estarão otimizando a relação risco x retorno.

A ideia por trás do modelo é a de que o fundo tem visão de prazo ilimitado. Ao juntar ativos que apresentam historicamente baixo retorno e alto risco com investimentos alternativos de risco elevado, mas com retorno esperado mais alto, desde que eles apresentem baixa correlação uns com os outros, haverá uma recompensa de retorno no longo prazo sem elevar o risco. Trata-se, portanto, de juntar alguns poucos ativos de renda fixa com ações, fundos de *private equity*, imóveis e fundos multimercados.

Se você ainda tem dúvida se o modelo dele funciona, saiba que Swensen, juntamente com Dean Takahashi, que se juntou ao mestre na gestão do fundo, viram o patrimônio do fundo sair de US$1 bilhão em 1985 para US$29,4 bilhões em 2019. Tudo indica que é uma boa estratégia.

Quantos Ovos Colocar na Cesta?

Uma dúvida natural quando se fala de diversificação é sobre quantos ativos deve-se ter na carteira para tirar o máximo de proveito da técnica.

Existem diversos estudos a este respeito. Para Harry Markowitz, um celebrado economista que se dedicou a estudar as teorias de finanças sobre risco, retorno, diversificação e correlação, uma carteira bem diversificada deve ter entre quinze e vinte ativos. Mas lembre-se de que quantidade não é tudo. Não adianta ter vinte ovos em uma mesma cesta se todos provêm da mesma galinha. Mas como você é uma pessoa inteligente, tanto que está lendo este livro para aprender a cuidar melhor do seu dinheiro, você faz tudo nos conformes e às vezes exagera um pouco, a ponto de dobrar a quantidade de ativos. Será que sua exagerada prudência o ajudou a diminuir o risco da carteira?

Antes de responder a essa pergunta, temos que ter bem claro em nossa mente exatamente o que queremos: obter a melhor relação retorno x risco da nossa carteira. Ao colocar uma quantidade enorme de ativos na nossa carteira, estaremos incorrendo nos seguintes problemas:

> » Como dar conta de avaliar e se atualizar sobre todos esses ativos? Para tomar boas decisões, é muito importante ter um limite da quantidade de ativos que você consegue acompanhar.

> » Diversificando demais, você pode acabar pulverizando a carteira a um ponto que trará pouco impacto geral e positivo à carteira.

Você já sabe que existe um risco que pode ser reduzido utilizando a técnica da diversificação. Ora, então por que não zerar esse risco? Afinal, pelo menos a princípio, ninguém gosta de perder dinheiro.

O negócio é que existe um risco que não é possível diversificar. Esse risco não diversificável, já apresentado em outros capítulos, é chamado de risco sistêmico, porque afeta todo o sistema. Imagine, por exemplo, uma política econômica que não dá certo. Ela afeta todas as empresas e agentes econômicos, não apenas determinada empresa. Enquanto isso, a queda no preço do minério de ferro afeta a Vale e outras empresas do ramo da mineração, mas não afeta a Natura nem o Banco Bradesco. A Figura 18-1 ilustra esse entendimento. Como se vê, a partir da diversificação é possível diminuir o risco da carteira até certo ponto. A partir daí, existe o risco sistêmico, e não adianta colocar mais ativos na carteira que o risco não diminuirá. A única forma possível de diminuir esse risco sistêmico é diversificando em termos geográficos. Ao colocar parte do seu portfólio em outro país, de preferência que tenha baixa correlação econômica com o seu país de origem, você estará empurrando a fronteira eficiente, devidamente apresentada no Capítulo 11, para cima, aumentando o retorno para o mesmo nível de risco esperado.

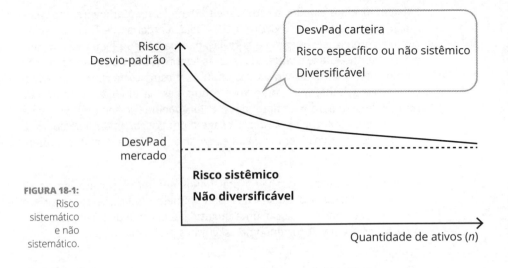

FIGURA 18-1: Risco sistemático e não sistemático.

Tipos de Diversificação

Chegou o momento de saber como diversificar uma carteira de investimentos. Vão aí ensinamentos valiosos.

Diversificação em classes de ativos

A primeira dica é diversificar em diferentes classes de ativos. O objetivo é, entre outras coisas, diminuir a volatilidade da carteira. Por exemplo, quando a taxa de juros cai, os investidores costumam buscar ativos que tenham rentabilidade maior, como o mercado de ações, que costuma andar na contramão da variação do dólar. Outro efeito da queda dos juros costuma ser o aquecimento do mercado imobiliário e, se você não quiser comprar um imóvel, não tem problema, pois existem os fundos imobiliários que são negociados na bolsa ou diretamente nas instituições financeiras.

Outra forma de diversificar em classes de ativos é por meio dos fundos multimercados que, como o nome já diz, investem em vários mercados.

CUIDADO

Mas atenção, leia atentamente os documentos do fundo antes de investir. Evite comprar gato por lebre e lembre-se sempre de que se trata de um investimento com visão de longo prazo.

Entendeu como funciona a diversificação em classes de ativos? Colocando um pouquinho em cada classe, você sempre terá de onde tirar dinheiro quando precisar, porque sempre terá alguma classe com rendimento positivo.

Para saber quanto vai para cada classe, primeiro descubra seu perfil de risco, liste seus objetivos, necessidades de recursos e prazos. Essa é uma técnica que você aprenderá em detalhes no Capítulo 20.

Diversificação de produtos

Investindo em produtos diferentes, você tem a possibilidade de comprar ativos de diferentes prazos, emissores e riscos. Um CDB, por exemplo, tem cobertura do Fundo Garantidor de Crédito (FGC). Já um fundo de investimento não conta com essa garantia. Os bancos também oferecem liquidez no mesmo CDB, o que normalmente não ocorre com os LCIs e LCAs.

Como se vê, são várias nuances de risco que podem ser administradas por meio da diversificação por produto. Mas preste atenção em questões de liquidez e aceitação aos riscos dos produtos.

Diversificação por emissor

Ao fazer um investimento, busque não deixar tudo na mão de um só emissor. Imagine que você deseja diversificar seus investimentos e separou R$100.000,00 para colocar em ações. Meu conselho é não colocar todo esse dinheiro em uma só ação. Que tal comprar cinco ações de diferentes emissores? Fazendo assim, você estará diluindo o risco. Pode ser que uma delas não responda às suas expectativas, mas será que todas se comportarão do mesmo jeito? Pense nisso.

O mesmo acontece no mercado de renda fixa. Não coloque todo seu dinheiro em um único CDB, por exemplo. Busque emissores diferentes de títulos de renda fixa para diluir o risco de crédito dos papéis.

Uma forma muito inteligente de diversificar emissor é por meio de aplicação em fundo de investimento. A própria regulamentação da CVM obriga os fundos a diversificar em termos de emissor.

Diversificação por setor

Será que uma carteira composta de Magazine Luiza (MGLU3), Lojas Renner (LREN3), C&A (CEAB3) e Pão de Açúcar (PCAR3) estará diversificada?

Note que todas essas empresas pertencem ao mesmo segmento econômico, o varejo. Se a economia do país despencar, é natural que todas elas sofram o mesmo impacto. Seria aconselhável, portanto, que os investimentos fossem divididos em setores diferentes. Uma ideia é investir em mais de um setor, como ter empresas do varejo, saúde, tecnologia, agronegócios e segmento financeiro. Muito mais sensato.

Diversificação geográfica

Como já comentado, sabe-se que a diversificação geográfica ajuda a diminuir o risco sistêmico. Porém muita gente tem medo de investir em outros países. Ou só fala sua língua nativa ou não tem contato no exterior nem nunca viajou para fora de seu país.

Investir em outro país, embora possa parecer um bicho de sete cabeças, é muito simples em um mundo globalizado como o que vivemos. Embora abrir uma conta no exterior não seja complicado, hoje em dia é possível comprar títulos de empresas estrangeiras aqui no Brasil, no próprio banco e corretoras. Além de existirem as famosas BDRs, existem ETFs que replicam índices estrangeiros e fundos de investimento que compram ativos lá fora. E tudo negociado na nossa B3 ou diretamente no site da instituição financeira. Simples assim.

LEMBRE-SE

BDRs são recibos emitidos aqui no Brasil que representam uma determinada quantidade de ações estrangeiras. São negociados na B3.

ETFs são fundos que replicam índices. São também negociados na B3.

Outra forma de fazer a diversificação geográfica é investindo em empresas que têm carteiras de clientes no exterior, como empresas exportadoras, que dependem menos do mercado local e adicionam o risco de outros países. Dessa forma, quando um país está mal economicamente e deixa de comprar dessa empresa, outro pode suprir essa oferta.

Só mais um detalhe que merece atenção: se você mora no Brasil e seus gastos do dia a dia são em reais, cuidado com o risco de moeda quando investir em outro país. O melhor é ficar atento à variação no preço das moedas e fazer investimento em moedas fortes, como o dólar americano ou o euro.

Passou rápido pelo capítulo que aborda investimento no exterior? Que tal retornar ao Capítulo 11?

Diversificação de Carteira

Como se sabe, não há duas pessoas idênticas, nem mesmo gêmeos univitelinos. Até esses têm a impressão digital diferente. Logo, não há uma fórmula mágica que vá deixar todos os investidores felizes. Simples assim, porque tudo dependerá do perfil de risco de cada um, suas necessidades de liquidez e objetivos.

Investidores mais conservadores, que buscam mais a preservação do capital, devem aplicar em investimentos menos voláteis, o que significa colocar uma parte considerável em renda fixa e, dentro dessa classe, dar bastante atenção aos títulos públicos. Os riscos de crédito e liquidez merecem atenção especial nesse portfólio, que deve ser diversificado entre títulos pós e prefixados.

LEMBRE-SE

Todos os investimentos apresentam risco de mercado, crédito e liquidez, exceto as ações, que não têm risco de crédito.

O risco de mercado é o risco do sobe e desce do preço do ativo. Ações e moedas são ótimos exemplos desse risco.

O risco de crédito diz respeito à possibilidade de não pagamento do emissor nas datas e valores acertados.

O risco de liquidez é a possibilidade de não conseguir vender um ativo com rapidez pelo preço considerado justo. Lembre-se de que sempre haverá um preço!

À medida que o investidor está propenso a assumir mais risco, o universo de possibilidades vai aumentando, assim como a rentabilidade esperada dessa carteira.

Ninguém gosta de perder dinheiro e, por isso, é fundamental diversificar os investimentos de sua carteira. O risco pode estar no governo, nas empresas, nos segmentos econômicos, nos produtos ou em diferentes classes de ativos. Tudo isso tem que ser diversificado. Uma diversificação bem feita reduz as chances de perda e aumenta as possibilidades de ganho, maximizando, desta forma, a relação risco x retorno.

PARTE 4 **Organizando a Cesta de Investimentos**

NESTE CAPÍTULO

» **Calculando a rentabilidade**

» **Comparando a rentabilidade do produto com o benchmark**

» **Utilizando indicadores de performance e risco**

Capítulo **19**

Avaliando a Performance e o Risco

P arece fácil dizer que um investimento é bom ou ruim. Para o leigo, se a rentabilidade for alta, o investimento é bom. Se for baixa, é sentar e chorar. Só que na vida real não é bem assim. Para começar, o que é uma rentabilidade alta ou baixa? Além disso, será que o risco assumido no investimento valeu a pena?

Calculando a Rentabilidade

A rentabilidade é o principal chamariz de um produto. A maioria dos investidores se sente muito atraída por investimentos que têm alta rentabilidade. Ao saber que o bitcoin, por exemplo, variou 107% de 01/01/2021 até 18/11/2021, qualquer pessoa fica, no mínimo, curiosa e se sente impelida a saber como se faz para comprar a famosa criptomoeda. Mas como se calcula a rentabilidade de um investimento?

Rentabilidade no período

Suponha que você tenha aplicado R$ 1.000,00 em um CDB e resgatado R$1.234,00 após 743 dias. Qual foi sua rentabilidade no período?

Passo 1: calcular os juros recebidos.

Juros recebidos = R$1.234,00 – R$1.000,00 = R$234,00

Rentabilidade = Juros recebidos ÷ Valor investido

Rentabilidade = R$234,00 ÷ R$1.000,00 = 0,234 = **23,4%**

No caso, 23,4% será a rentabilidade bruta, mas o valor creditado na conta já vem com o imposto de renda (IR) descontado. Para calcular a rentabilidade líquida, basta fazer a seguinte conta:

Valor creditado na conta = Valor investido + [Juros x (1 – alíquota de IR)]

Prazo do investimento = 743 dias => alíquota IR = 15% = 0,15

Valor creditado na conta = R$1.000,00 + R$234,00 x (1 – 0,15) = R$1.198,90

Rentabilidade líquida = (Valor creditado na conta ÷ Valor investido) – 1

Rentabilidade líquida = (R$1.198,90 ÷ R$1.000,00) – 1 = 0,1989 = **19,89%**

Rentabilidade acumulada

Agora suponha que você está estudando se aplica ou não em um fundo de investimento e verificou que a rentabilidade do fundo nos últimos três anos foi:

Rent. ano 1 = 5,50%

Rent. ano 2 = 11,70%

Rent. ano 3 = –3,05%

Pergunta: qual foi a rentabilidade acumulada no período?

Rent. acumulada = [(1 + Rent. ano 1) x (1 + Rent. ano 2) x...x (1 + Rent. ano n)] – 1

Rent. acumulada = [(1 + 0,055) x (1 + 0,117) x (1 – 0,0305)] – 1 = 0,1425 = **14,25%**

CUIDADO

Nunca somar as rentabilidades. Lembre-se de que a rentabilidade do período 2 será calculada em cima de um número já atualizado. Note que a soma dos três períodos no exemplo acima é 14,15%, mas o resultado correto é 14,25%.

Rentabilidade média

Pergunta: com base no exemplo anterior, qual foi a rentabilidade média mensal no período?

Se a rentabilidade acumulada nos três períodos foi 14,25%, devemos descapitalizar essa taxa, transformando uma taxa trimestral em mensal, utilizando os ensinamentos do Capítulo 3.

Taxa média mensal = $[(1 + \text{taxa acumulada})^{1/\text{número de períodos}}] - 1$

Taxa média mensal = $[(1 + 0{,}1425)^{1/3}] - 1 = 0{,}0454 =$ **4,54%**

Rentabilidade absoluta x relativa

Veja como nosso cérebro funciona. Se, em novembro de 2021, eu mostrar a você um fundo de investimento no Brasil que tem rentabilidade média de 4,54% ao ano, você pode reagir das seguintes maneiras, dependendo da sua idade e acompanhamento das taxas de juros.

1. Você pode achar 4,54% ao ano uma pobreza de rentabilidade, pois é mais velho e está acostumado — tirando o ano de 2020 — a taxas de juros mais altas.

2. Você pode achar bacana, pois não tem muita informação e se lembra do período em que as taxas de juros foram bem baixas.

3. Você pode achar interessante porque tem uma prestação mensal de algum financiamento cuja taxa de juros cobrada é menor que a rentabilidade do fundo.

4. Você pode parar para analisar e ver como o mercado reagiu no período.

5. Você pode, além de olhar a taxa de juros do mercado, avaliar o comportamento do benchmark no período. Era um fundo de ações ou de renda fixa? Se renda fixa, sua carteira era pós-fixada ou prefixada? Se pós-fixada, acompanhava a taxa DI ou a inflação (IPCA)?

Como se vê, nosso cérebro pode ter reações diversas frente aos fatos e, por isso, sempre temos que averiguar cada detalhe antes de tirar conclusões precipitadas, e muitas vezes equivocadas.

É preciso compreender que existem duas formas de analisar a rentabilidade de um investimento: de forma absoluta ou relativa. Se temos, por exemplo, duas aplicações, em que uma rendeu 4,0% e a outra 6,0%, logo, a que rendeu 6,0% teve uma rentabilidade superior. Estamos falando de rentabilidade absoluta.

Mas isso só não basta para definir se a aplicação que rendeu 6% foi melhor que a outra. É preciso comparar as aplicações com seus benchmarks, ao que chamamos de rentabilidade relativa.

Analise os números na Tabela 19-1.

TABELA 19-1   **Rentabilidade Relativa**

Aplicação Produto	Rentabilidade	Benchmark Índice	Rentabilidade	Aplicação x Benchmark
Fundo de renda fixa	4,0%	CDI	3,8%	105,3%
Fundo de ações	6,0%	Ibovespa	9,7%	61,9%

Ao avaliar a Tabela 19-1, pode-se concluir que:

» O produto que teve a rentabilidade absoluta mais alta foi o fundo de ações (6,0% é maior que 4,0%).

» O fundo de renda fixa rendeu 105,3% do CDI. Em outras palavras, rendeu acima do benchmark.

» O fundo de ações rendeu abaixo do benchmark (61,9% do Ibovespa).

» A gestão do fundo de ações foi menos eficiente quando comparada com o mercado, aqui representada pelo Ibovespa.

Quer saber como foi calculada a rentabilidade relativa? Confira a seguir. Acompanhe o cálculo da comparação do fundo de ações com o Ibovespa.

Rentabilidade relativa = Rentabilidade do produto ÷ Rentabilidade do benchmark

Rentabilidade relativa = 6,0% ÷ 9,7% = **61,9%**

LEMBRE-SE

Nunca avalie um produto apenas pela rentabilidade! O tripé de avaliação de um investimento é composto de retorno, risco e liquidez.

Indicadores de Performance

Se você já leu os outros capítulos, sabe que todo investimento tem risco de crédito, mercado e liquidez, exceto ações que não tem risco de crédito, já que não foi prometida nenhuma rentabilidade ao investidor no momento da compra do ativo.

Nem mesmo aplicações em títulos do Tesouro Americano estão isentas de risco de mercado, embora sejam considerados um ativo livre de risco para fins de estudo. Nunca esqueça que o risco de mercado se refere à oscilação de preço do ativo, que pode ser para cima ou para baixo.

Essa oscilação no preço dos ativos de renda fixa, até mesmo dos títulos do Tesouro Americano, é um fato. Afinal, quando a taxa de juros se move, o preço do título também varia na forma inversa, conforme você aprendeu no Capítulo 7. No Capítulo 14, você foi apresentado introdutoriamente à *duration*, que avalia esse risco de mercado, indicando que título está mais sujeito a variações de preço dadas alterações nas taxas de juros. Quanto maior a medida da *duration*, maior seu risco de mercado.

A medida de risco de mercado de uma ação é seu beta, que foi apresentado no Capítulo 13. O beta mostra a variação média no preço de uma ação, dada a variação do mercado. E nunca se esqueça de que estamos falando de variação média, e não a ocorrida de fato. Seja como for, é uma medida aproximada que agrega valor à nossa análise. Afinal, se o mercado está forte (*bull market*, em inglês) e com tendência de alta, se há dúvida entre comprar a ação A ou B, talvez seja interessante optar pela ação que tenha um beta maior, estando tudo o mais igual, pois o preço desse ativo deve variar mais que o mercado.

Já quanto a um fundo de investimento, existem vários indicadores de performance. Dentre eles, pode-se destacar: volatilidade, índice de Sharpe, índice de Treynor, VaR e *tracking error*. Mas tenha atenção: para cada tipo de fundo, há um conjunto de medidas indicado.

Para começar, há de se escolher o benchmark adequado. Não adianta comparar um fundo de ações com a taxa Selic, por exemplo. São dois mundos distintos e seria como comparar laranja com banana. Compare frutas cítricas entre si. Assim vai dar certo.

Tracking error

Se o fundo for passivo, o que quer dizer que ele segue a variação do mercado, o *tracking error* é um indicador interessante. Também chamado de erro de rastreamento, avalia a capacidade do gestor de acompanhar o desempenho de um determinado índice ou carteira de referência. Afinal, se o investidor busca um fundo passivo, é porque deseja acompanhar a rentabilidade do índice de referência do fundo. Muito utilizado no mercado brasileiro, o *tracking error* mede a volatilidade dos desvios da carteira em relação aos retornos do benchmark. Logo, quanto menor o *tracking error*, mais próximo do benchmark terão sido os retornos do fundo.

Índices de Sharpe e Treynor

Enquanto o *tracking error* avalia a capacidade do gestor de acompanhar o desempenho de um determinado índice ou carteira de referência, o índice de Sharpe avalia a performance absoluta e é indicado para carteiras ativas.

No Capítulo 15, você aprendeu sobre o índice de Sharpe, que mede se o gestor agregou retorno acima da taxa livre de risco. Afinal, se o investidor não quiser correr risco, ele pode comprar uma LFT e ficar pianinho. Para ganhar mais retorno, deve correr algum risco, como comprando títulos privados, ações, um fundo ativo ou algo do gênero. Portanto, quanto maior o índice encontrado, melhor.

Para o cálculo do índice de Sharpe foi utilizado o desvio-padrão dos retornos da carteira do fundo como medida de risco. Portanto, um risco absoluto, a volatilidade dos retornos da carteira.

Já o índice de Treynor considera apenas o risco sistêmico. No lugar do desvio-padrão, utiliza o beta da carteira em relação ao mercado, como o Ibovespa. Logo, é indicado para carteiras e fundos de ações, e quanto maior o índice, melhor, pois indica que o gestor agregou mais unidades de retorno por risco de mercado incorrido. Se você gosta de detalhes, seguem as fórmulas dos dois índices, nas quais se pode ver a diferença no denominador.

$$\text{Sharpe} = \frac{Ri - Rf}{\sigma} \qquad\qquad \text{Treynor} = \frac{Ri - Rf}{\beta}$$

Em que: Ri = Retorno da carteira

Rf = Taxa livre de risco

σ = Desvio-padrão dos retornos da carteira

β = Beta da carteira com o mercado

VaR

Se o fundo for multimercado, um indicador interessante é o VaR, que significa *value at risk*, ou valor em risco, em português. Essa medida estatística mede a perda máxima esperada, em determinado período, sob condições normais de mercado e com determinado grau de confiança. Traduzindo, significa o máximo que o fundo pode perder se o preço dos ativos variar sem que aconteça nada grave no mercado (sob condições normais de mercado).

DICA

Acontecimentos graves podem ser o início de uma crise financeira, política ou institucional; uma pandemia como a Covid-19; ou algo inesperado que traga uma grande incerteza aos agentes do mercado.

O grau de confiança é uma medida estatística muito utilizada em estudos. Um bom exemplo de sua utilização é nas pesquisas eleitorais. Dizer que há 95% de grau de confiança em determinado resultado significa dizer que há apenas 5% de probabilidade de refutar o resultado.

Resumindo, o VaR é uma medida numérica, dada em unidades financeiras, que representa a perda máxima provável que uma posição ou carteira pode vir a sofrer em determinado período, podendo seu valor ser expresso em percentual do montante investido, o que dá um bom parâmetro de análise para tomada de decisão. Afinal, se você for um investidor conservador, que não aceita perder mais do que 3%, não vai querer investir em um fundo cujo VaR seja 10%. Mas lembrando sempre que o VaR é calculado diariamente, válido apenas para a carteira daquele dia.

ROE

Há duas maneiras de averiguar o retorno de uma ação:

» **Ganho de capital**: Ocorre quando a ação é vendida por um preço maior que o preço de custo (preço de compra mais os custos de corretagem e emolumentos da bolsa).

» *Payout*: É a soma dos dividendos com os juros sobre capital próprio, dividida pelo preço de custo da ação.

Calcular o ganho de capital no momento do investimento é muito difícil. No máximo, o que se consegue, antes de comprar o ativo, é calcular o *upside*, que é encontrado dividindo a diferença entre o preço projetado pelo analista pelo preço de mercado. É o retorno esperado do ganho de capital em determinado prazo, normalmente até o fim do ano. Este retorno esperado é calculado pelas corretoras e casas de análise, que levam em conta estudos fundamentalistas sobre as empresas, projetando seus resultados futuros e tendo por base seu passado e as estratégias futuras apresentadas pela empresa.

Se o que se deseja é comprar ações de empresas que agreguem valor ao acionista, deve haver algum indicador que resuma essa ideia; e o ROE (retorno sobre o patrimônio líquido), devidamente apresentado no Capítulo 13, resume muito bem esse retorno.

LEMBRE-SE

$$\text{ROE} = \frac{\text{Lucro líquido da empresa}}{\text{Patrimônio líquido}}$$

Se o lucro da empresa pertence ao acionista e o patrimônio líquido também, logo, ao dividir o lucro líquido pelo patrimônio líquido, encontraremos o retorno que o acionista teve ou terá se for usado o lucro projetado.

É um indicador fácil de calcular e muito utilizado.

Investir É Ganhar Dinheiro no Futuro

LEMBRE-SE

Antes de finalizar este capítulo, gostaria de lembrar que todo investimento é feito para o futuro e o futuro é incerto. Logo, todos esses indicadores apenas indicam como deve se mover o ativo, não dando certeza de nada.

Rentabilidade passada não é garantia de rentabilidade futura.

Além disso, os indicadores utilizam experiências passadas para prever o futuro. Afinal, é preciso partir de algum ponto, e não há como negar que o comportamento passado pode indicar muita coisa sobre o futuro. Afinal, se uma árvore sempre deu bons frutos, é de se esperar que continue no mesmo ritmo por algum tempo.

Portanto, não há como negar que os indicadores aqui apresentados são importantes para tomar decisão sobre investimentos. E é sempre bom tomar uma decisão baseada em análise de fatos, deixando de lado todos aqueles vieses que nos levam em uma direção cinzenta.

Por fim, e antes de mudar de capítulo, apenas um detalhe deveras importante: nunca tome decisões de investimento baseadas apenas em um único indicador. Analise todos os riscos, retornos, históricos, possibilidades e avaliação do futuro antes de dar aquela última confirmação no site da instituição financeira. O apressado come cru.

> **NESTE CAPÍTULO**
>
> » Aplicando os conceitos aprendidos
>
> » Montando sua carteira de investimentos
>
> » Dominando sua vida financeira

Capítulo **20**

A Pizza de Investimentos

Talvez a parte mais difícil de investir dinheiro seja definir quanto deve ir para cada investimento, a pizza de investimentos. Que tamanho deve ter cada fatia e qual o sabor de cada uma? Sabe-se que mais de 90% do retorno de uma carteira de investimentos vem da correta divisão dessa pizza. Dividir corretamente é mais importante do que decidir se em cada pedaço deve ser colocado tomate ou pimentão.

Alocação de Recursos

Alocar recursos significa separar seus investimentos em classe de ativos. Sabe quando você responde ao questionário de perfil do investidor e a instituição financeira depois diz até quanto você deve investir em ações? Isso aí é a alocação estratégica, que mira o longo prazo, ou seja, esta é a posição que você deve assumir na maior parte do tempo. Pode mudar? Sim, mediante novos eventos na nossa vida e no mercado. Afinal, a vida é dinâmica.

É muito importante separar corretamente os recursos, fazendo com que a pizza seja saborosa e deixe saudades, dando água na boca toda vez que se lembra dela. Será possível experimentar novos sabores dessa pizza? Vez ou outra, quando a tendência do mercado indica uma direção, pode-se até aumentar ou diminuir uma posição de risco, mas, passada a temporada, deve-se voltar imediatamente para a posição de longo prazo. Uma forma de fazer essa alocação tática pode ser para buscar tirar vantagem de ineficiências do mercado no curto e médio prazos de forma a administrar a exposição do investidor ao risco de mercado, mas nada com grandes pretensões.

Alocar recursos tem toda uma técnica. Nada difícil, mas deve seguir um fluxo de aprendizado do investidor e deve levar em consideração a política de investimento definida e a análise de cenários.

Definição da política de investimento

O primeiro passo na direção da montagem de uma carteira de investimento é a construção da política de investimento, um instrumento que especifica os tipos de riscos que o investidor deseja assumir e os seus objetivos e restrições de investimento, que dependerão principalmente de:

» Características do investidor, como idade, ciclo de vida, fontes de riqueza e patrimônio.

» Grau de conhecimento do mercado financeiro, pois quanto maior a compreensão sobre os produtos e riscos do mercado, menor costuma ser o medo de investir em produtos com riscos mais elevados.

» Suas necessidades quanto a prazos e liquidez dos recursos.

» Neutralização de riscos específicos, como quem tem muitos imóveis e não deseja investir em instrumentos financeiros que sejam lastreados no risco do mercado imobiliário, por exemplo.

» Seu grau de aversão a risco de forma geral, como não aceitar perder mais do que 5%.

» Do montante total disponível para investimento.

Portanto, para cada investidor, uma política de investimento distinta. A existência de política de investimento norteia e limita as operações de compra e venda de ativos que serão escolhidas ao longo do caminho. Mesmo que não exista um gestor profissional tomando conta de sua carteira de investimentos, a redação de uma política de investimentos norteará todas as suas decisões. É como definir a missão, visão e valores de uma empresa e criar disciplina, algo fundamental para ter sucesso nesse mercado.

Todas as decisões de investimento deverão se enquadrar na política previamente definida. A política deverá considerar os tipos de riscos suportáveis pelo investidor, os objetivos de curto, médio e longo prazo, os riscos aceitáveis e os que não serão aceitos de forma alguma. Deverá especificar os limites percentuais a serem investidos em cada mercado, por classe de ativos, moedas e países.

EXEMPLO DE POLÍTICA DE INVESTIMENTO

Os recursos investidos têm por objetivo a preservação de capital e renda por meio de uma carteira de investimentos diversificada nas diversas classes de ativos e conforme restrições descritas a seguir.

A carteira de curto prazo (liquidez imediata) deve ser investida em ativos de baixo risco e alta liquidez, correspondente a dois anos de despesas familiares.

A carteira de médio prazo (entre dois e cinco anos de liquidez) pode assumir risco moderado.

A carteira de longo prazo (liquidez de cinco anos ou mais) busca investir prioritariamente em setores econômicos que apresentem inovação e que tenham um crescimento esperado acima da média do mercado, permitindo auferir rendimento médio de 10% ao ano em dólares. Aceita-se até 50% da carteira no mercado acionário e até 5% em *private equity*.

A carteira deve ser construída de forma diversificada, buscando minimizar os riscos soberanos, de liquidez, setoriais, de crédito e mercado.

O limite máximo de aplicação por emissor é de 5% e apenas 10% da carteira deve ser investida no Brasil.

Poderá ter limites para métricas específicas de riscos. Limites globais poderão ser úteis não só para identificar alocações inconsistentes, mas também para levantar a necessidade de realinhar a própria estratégia e política de investimento.

Análise de cenário

Embora a alocação estratégica não esteja focada em cenários, a alocação tática e o investimento em produtos requerem muita atenção aos cenários macroeconômicos, políticos e sociais — locais e globais —, até porque, como forma de diversificação, devem-se buscar países para investir que não tenham uma correlação alta e positiva.

Implantação do plano de alocação de recursos

Este é o momento de arregaçar as mangas e escolher os ativos que comporão a carteira, sempre seguindo a política de investimentos e de olho em critérios de diversificação de riscos. A montagem da carteira deve ser orientada por técnicas de seleção de ativos com base em teorias que permitam o alinhamento dos ativos escolhidos com a política de investimento, tanto em termos de retorno quanto de risco.

Revisão da carteira/Realocação

As condições da economia são dinâmicas, e a carteira deverá ser constantemente monitorada e atualizada para permitir a realocação de ativos, de forma a refletir as mudanças nas condições socioeconômicas e nas expectativas sobre o futuro.

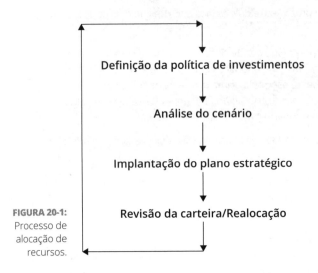

FIGURA 20-1: Processo de alocação de recursos.

Alocação Estratégica da Carteira

No Capítulo 2, você aprendeu a diferença entre alocação estratégica e tática. Relembrando, a alocação estratégica é aquela em que você divide seus investimentos nas principais classes de ativos, como renda fixa, ações, multimercado e setor imobiliário. Essa divisão tem tudo a ver com seus objetivos, fluxo de caixa, ciclo de vida e patrimônio como um todo. Você busca, dentro da melhor relação risco x retorno, a divisão que permitirá que você obtenha a sua meta no longo prazo.

Na introdução deste capítulo, você leu que a alocação estratégica é responsável por algo como 90% da rentabilidade de uma carteira. Então, se quiser criar valor para você, reveja sua carteira periodicamente e ajuste seus investimentos de forma a manter a mesma alocação estratégica ao longo do tempo.

E atenção, não é porque a bolsa caiu que você vai vender suas ações. Se o fizer, estará realizando prejuízo. Lembre-se de que a economia se move em ciclos e que uma empresa bem administrada provavelmente dará a volta por cima, voltando aos bons e velhos tempos de lucros fartos. Investir requer paciência, foco e muito estudo, e o apressado acaba comendo frio, tomando decisões intempestivas que prejudicam a rentabilidade da carteira.

Isso não quer dizer que você precisa ficar segurando ativos que não têm chance de recuperação, longe disso. Quando se fala de investimento, quanto mais distante das emoções, melhor.

Tem gente que fica tão tomado por sentimentos que fica na torcida para que determinados ativos se recuperem, sem nenhuma razão lógica para que isso aconteça. Por isso, muitas vezes é bom ter outra pessoa gabaritada ajudando na decisão.

Meu longo caminho de vida me mostrou que, na mente de muita gente, o investidor de sucesso fica comprando e vendendo ativos o dia todo, aproveitando os milhares de oportunidades que aparecem. É verdade, alguns fazem isso, mas poucos conseguem ganhar do mercado operando com muita frequência, porque pagam altos custos de corretagem e não esperam o tempo suficiente para que os ativos se valorizem o bastante.

Ao mesmo tempo, lembro que, enquanto o investidor está trocando de uma ação para outra, ele está dentro da mesma classe de ativos e não necessariamente alterou sua alocação estratégica.

Uma regra bem legal a seguir para manter a alocação estratégica é o rebalanceamento da carteira, apresentada ao final deste capítulo.

Dinheiro de Emergência

Todo mundo deve ter um dinheiro de emergência separado. É aquele recurso para fazer frente aos eventos inesperados da vida, como uma doença em família, uma enchente na casa ou um desemprego.

O valor separado para esses casos inesperados deve ser de, no mínimo, seis meses de renda. Se a pessoa for autônoma, é sempre bom separar um pouco mais, como doze meses. Mas essa quantidade dependerá muito do seu perfil. Como costumo dizer sempre, "dinheiro existe para trazer tranquilidade e gerar prazer".

Invista esse recurso de emergência em produtos de baixíssimo risco e altíssima liquidez, como uma LFT (Tesouro Selic), Fundo DI ou CDB pós-fixado de um banco de primeira linha. O investimento deve ser de fácil resgate e o crédito na conta tem que acontecer no mesmo dia. Afinal, é dinheiro para emergência, e emergências não podem esperar.

DICA

Se você ganha pouco e não consegue juntar dinheiro para investir em produtos que tenham mais risco, siga esta regra:

Primeiro junte o equivalente ao dinheiro de emergência e só depois comece a buscar outras formas de investir e de obter retorno elevado.

Dinheiro para Aposentadoria

Além do dinheiro de emergência, se você não for rico de verdade, daqueles que não precisam se preocupar com aposentadoria, deve separar uma parte para quando a terceira idade chegar. Afinal, não dá para contar apenas com a previdência oficial para custear a terceira idade.

O Capítulo 12 abordou os planos de previdência complementar abertos, como VGBL e PGBL. Caso você trabalhe para uma empresa que já tenha plano de previdência para os funcionários, ótimo. Se for funcionário público, atente-se para mudanças de regra. E se for autônomo ou trabalhe na iniciativa privada, redobre os cuidados. Hoje em dia, as pessoas não costumam mais ficar muito tempo no mesmo emprego.

Quanto antes você começar a juntar na previdência, menos precisa desembolsar mensalmente. Se for jovem, pode optar por uma previdência que tenha uma parte significativa em ações.

A Tabela 20-1 mostra um caso hipotético de um jovem do sexo masculino, que tem 29 anos, perfil moderado e pretende se aposentar com 65 anos.

TABELA 20-1 Cálculo da Previdência Complementar Aberta

Pretende se aposentar com	65 anos
Idade atual	29 anos
Tempo de contribuição	36 anos
	432 meses
Expectativa de vida após aposentadoria	20 anos
Obs.: tábua atuarial BR SMS 2021	240 meses

254 PARTE 4 **Organizando a Cesta de Investimentos**

Previsão de valor de aposentadoria oficial	R$5.000,00 mensais
Quanto deseja receber de previdência privada	R$12.000,00 mensais
Perfil	Moderado
Taxa de juros	4%
Obs.: conservador 2%; moderado 4%; agressivo 6%	
Quanto precisa juntar aproximadamente até aposentar	R$1.850.000,00
Valor mensal a depositar na previdência complementar	R$1.951,21

Resumindo, após satisfeitas as duas necessidades (emergência e previdência), é hora de começar a aumentar o risco.

O Perfil de Investidor e a Pizza

Até o momento, você estava cuidando das necessidades básicas: o hoje e o depois de amanhã (sua aposentadoria). Chegou a hora de falar grosso e correr algum tipo de risco para ter algum retorno acima da taxa de juros com o dinheiro que não é de emergência.

Neste momento, você já sabe se é uma pessoa:

» **Conservadora**: Quer apenas preservar seu patrimônio.

» **Moderada**: Aceita correr algum risco para obter um retorno médio e tentar ficar acima da taxa de juros.

» **Agressiva**: Se perder algum dinheiro, não vai se desesperar nem entrar em depressão, mas está consciente de que é preciso correr risco para obter retorno acima da taxa de juros.

Para explicar como você deve dividir a sua pizza, vou dar três exemplos bem distintos, que dependem do perfil de risco. Mas atenção, pois a alocação é apenas uma indicação. Lembre-se de que o risco de um instrumento de renda fixa pode ser maior que o de determinada ação. Eu, por exemplo, acredito hoje em dia que uma ação da Vale tem menos risco que um título de renda fixa da Venezuela. Logo, o risco total da carteira não deve ser apenas pontuado devido às classes de ativos, mas a um somatório de todos os ativos da carteira.

Perfil conservador

Alocação em renda variável: até 20%.

Caso 1: suponha um investidor com as seguintes características:

- » Ele com 60 anos, casado, bom relacionamento com a esposa.
- » Ela com 58 anos.
- » Filhos já crescidos e independentes.
- » Renda familiar de R$35.000,00 líquidos.
- » Gasto mensal médio de R$30.000,00 + aplicação PGBL.
- » Ambos trabalham na iniciativa privada como empregados de multinacional.
- » Possuem casa própria e não têm outro imóvel.
- » Ele se aposentará no INSS daqui a cinco anos, tendo previsão de receber R$5.000,00 líquidos mensais.
- » Ela se aposentará no INSS daqui a sete anos, tendo previsão de receber R$4.800,00 líquidos mensais.
- » Valor a investir: R$900.000,00.
- » Já têm acumulado R$2.500.000,00 em PGBL e até a aposentadoria terão acumulado R$2.800.000,00.
- » O que gostam de fazer: Curtir a família.
- » O que não gostam de fazer: Viajar.
- » Sonho: Aposentadoria tranquila.
- » Objetivo da carteira: Preservação do capital.
- » Cenário econômico: A economia começa a se recuperar bem devagar, após período de recessão.
- » Cenário político e social: Sem grandes confusões.

Cálculos iniciais:

TABELA 20-2 Alocação Estratégica — Perfil Conservador, Caso 1

	Quanto alocar	R$	%	Onde aplicar
Valor a investir		900.000,00	100%	
Dinheiro de emergência	9 meses de gastos	-270.000,00	30%	Renda fixa, alta liquidez, risco de crédito baixo
Alocar		630.000,00	70%	O que sobra para obter um ganho maior
Perfil: conservador				
Volatilidade alta	15%	94.500,00	10,5%	Fundos de ações
Volatilidade média	30%	189.000,00	21%	Fundos multimercado de risco baixo a médio
Volatilidade baixa	Quanto sobra: 55%	346.500,00	38,5%	Renda fixa com risco de crédito; pode aplicar parte desse dinheiro em fundo imobiliário

Observações:

1. O PGBL pode ser aplicado 80% em renda fixa e 20% em ações. Fazer o rebalanceamento a cada 12 meses. Quando faltarem 3 anos para começar a receber o benefício do PGBL, mudar para 100% renda fixa.

2. Renda fixa = títulos + fundos.

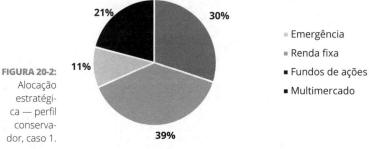

FIGURA 20-2: Alocação estratégica — perfil conservador, caso 1.

CAPÍTULO 20 **A Pizza de Investimentos** 257

Perfil moderado

Alocação em renda variável: entre 20 e 40%

Caso 2: suponha um investidor com as seguintes características:

- » Ele com 40 anos, casado.
- » Ela com 35 anos.
- » 1 filho com 2 anos.
- » Renda familiar de R$87.000,00 líquidos.
- » Gasto mensal médio de R$70.000,00.
- » Ele é procurador do Estado e ela trabalha em uma banca de advocacia.
- » Possuem casa própria na cidade e outra na praia.
- » Nenhum dos dois tem previdência privada.
- » Valor a investir: R$1.900.000,00.
- » A família dela é empresária de muito sucesso.
- » O que gostam de fazer: Viajar e estudar.
- » O que não gostam de fazer: Ficar em casa.
- » Sonho dele: Ser ministro do STF.
- » Sonho dela: Fazer doutorado em Harvard.
- » Objetivo da carteira: Ganhar acima de IPCA + 4% ao ano.
- » Cenário econômico: Economia em forte expansão.
- » Cenário político e social: Tranquilo, com governo reformista e de grande apoio popular.

TABELA 20-3   Alocação Estratégica — Perfil Moderado, Caso 2

	Quanto alocar	R$	%	Onde aplicar
Valor a investir		1.900.000,00	100%	
Dinheiro de emergência	6 meses de gastos	-420.000,00	22%	Renda fixa, alta liquidez, risco de crédito baixo
Alocar		1.480.000,00	78%	
Perfil: moderado				
Volatilidade alta	40%	592.000,00	31,2%	Mercado de ações
Volatilidade média	15%	222.000,00	11,7%	Fundos multimercado; risco médio e alto
Volatilidade baixa	Quanto sobra: 45%	666.000,00	35,1%	Renda fixa com risco de crédito e fundo imobiliário

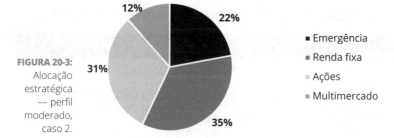

FIGURA 20-3: Alocação estratégica — perfil moderado, caso 2.

Observações:

1. Renda fixa = fundos + títulos.

2. Ações = fundos + papéis no mercado à vista.

Perfil agressivo

Alocação em renda variável: entre 40 e 80%

Caso 3: suponha um investidor com as seguintes características:

» Ele com 55 anos, divorciado.

- » Dois filhos: um com 25 anos, já trabalha e mora com ele, e outro com 23 anos, mora com a mãe e está terminando a faculdade de medicina.

- » Renda familiar de R$45.000,00 líquidos.

- » Gasto mensal médio de R$30.000,00.

- » Ele trabalha no mercado financeiro.

- » Possui casa própria.

- » Ele já tem previdência complementar no trabalho.

- » Valor a investir: R$2.700.000,00.

- » O que gosta de fazer: Frequentar restaurantes e surfar.

- » Sonho dele: Ver os filhos totalmente independentes.

- » Objetivo da carteira: Ganhar acima de IPCA + 6% ao ano.

- » Cenário econômico: Após dois anos de forte crescimento, a projeção para o próximo período é de 3,0%.

- » Cenário político e social: Eleição presidencial à vista daqui a oito meses, e a pesquisa mostra seu candidato predileto na frente das pesquisas.

TABELA 20-4 ## Alocação Estratégica — Perfil Agressivo, Caso 3

	Quanto alocar	R$	%	Onde aplicar
Valor a investir		2.700.000,00	100%	
Dinheiro de emergência	6 meses de gastos	-180.000,00	6,7%	Renda fixa, alta liquidez, risco de crédito baixo
Alocar		2.520.000,00	93,3%	
Perfil: agressivo				
Alta volatilidade	60%	1.512.000,00	56%	Mercado de ações e fundos multimercado com risco médio e alto
Volatilidade média	10%	252.000,00	9,3%	Fundos multimercado com risco médio
Busca oportunidade	Valor mínimo: 19,8%	300.000,00	11,1%	Fundo em participação
	Quanto sobra: 10,2%	456.000,00	16,9%	Renda fixa com risco de crédito

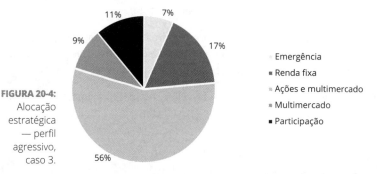

FIGURA 20-4: Alocação estratégica — perfil agressivo, caso 3.

Observações:

1. Renda fixa = fundos + títulos.

2. Ações = fundos + papéis no mercado à vista.

3. Há valores mínimos para aplicar em fundos em participação.

Análise Periódica da Carteira

O mundo é dinâmico, mudando a cada piscar de olhos. Tenha certeza de que hoje você é diferente do que foi no passado e certamente no futuro será diferente de hoje. Nesse espaço de tempo, muita coisa muda e precisamos ter consciência desse dinamismo da vida, o que se reflete no mundo dos investimentos.

Por isso, é importante que você esteja antenado com a sua carteira de investimentos. Fatos como casamento, divórcio, nascimento de filhos e aposentadoria são exemplos de eventos que, mesmo que planejados, requerem atenção redobrada. Podem vir para o bem, como mudança para um emprego melhor, promoção na empresa e recebimento de herança, mas podem ser eventos inesperados como doença que invalida, morte de cônjuge e outros sustos mais.

Seja como for, é necessário que, periodicamente, a sua carteira seja reavaliada, pois, com a mudança no fluxo de caixa, pode sobrar mais dinheiro ou você pode se ver obrigado a controlar mais seus gastos.

Quando a grana aperta, é fundamental diminuir o risco da carteira, especialmente nos investimentos de curto prazo. Já quando os problemas financeiros diminuem e a conta bancária fica abastada, pode-se aceitar mais volatilidade na rentabilidade da carteira.

Às vezes, quem muda é o mercado, por conta de alguma regulamentação nova, crise econômica ou descobrimento de uma inovação, afetando o preço de algum ativo ou o mercado como um todo.

Até o aprendizado do investidor sobre o mercado cria novas expectativas, que também devem ser consideradas nas revisões periódicas da carteira e poderão resultar em realinhamento da própria política de investimentos.

A verdade é que o seguro morreu de velho, e ajustar a carteira às novas realidades é fundamental para proteger seu dinheiro e melhorar a relação risco x retorno.

Rebalanceamento

Uma regra bem legal a seguir para manter a alocação estratégica é o rebalanceamento da carteira, que é a ação de trazer um portfólio de investimentos que se desviou dos percentuais definidos durante o processo de alocação estratégica de volta ao seu objetivo. Os investimentos que tiverem seu peso diminuído (*under-weighted*, como o pessoal do mercado gosta de falar) na carteira podem ser adquiridos com dinheiro novo e, alternativamente, os investimentos que tiverem ultrapassado a meta (*over-weighted*) podem ser vendidos para comprar ativos das classes *under-weighted*.

Esse deslocamento da meta definida ocorre porque as diversas classes de ativos costumam performar de forma diferente devido a condições de mercado. Se deixar a carteira desajustada, o portfólio pode ficar muito arriscado ou muito conservador. O objetivo do rebalanceamento é voltar a alocação atual de volta às metas definidas originalmente no processo de alocação estratégica.

Quando rebalancear?

Existem várias estratégias de rebalanceamento. Essa definição provavelmente não é muito importante, desde que seja feita de forma consistente. O rebalanceamento pode ser feito, por exemplo, trimestral ou anualmente. Um conselho é fazer o rebalanceamento sempre na mesma época do ano, para criar o hábito e não haver esquecimento. Outra possibilidade é definir um x% de descolamento da meta. Um exemplo poderia ser rebalancear quando a alocação estiver 5% distante do peso-meta definido para a alocação estratégica.

Veja como funciona no exemplo que se segue.

Suponha que você, após definir sua alocação estratégica, chegue à conclusão de que deve aplicar 50% dos seus recursos em renda fixa e 50% em ações. Passados três meses, você para e analisa como está caminhando o seu investimento. Você aplicou R$100.000,00 e agora tem R$110.000,00, e esse ganho foi praticamente todo com ações.

Você agora tem R$51.000,00 em renda fixa e R$59.000,00 em ações. Em termos percentuais, você agora tem 46,4% em renda fixa e 53,6% em ações. Sua carteira ficou desbalanceada. É hora de você voltar à sua alocação estratégica, mantendo 50% em cada classe de ativo.

Mas como fazer isso?

É bem simples: basta vender R$4.000,00 em ações e aplicar esse dinheiro em renda fixa, ficando com R$55.000,00 em cada classe de ativo. Confira a Tabela 20-5 e a Figura 20-5, que ilustra as alterações do rebalanceamento.

TABELA 20-5 Processo de Rebalanceamento

Classe	Alocação estratégica %	Alocação estratégica R$	Alocação após 1 ano R$	Alocação após 1 ano %	Após rebalanceamento %	Após rebalanceamento R$	R$
Renda fixa	50%	50.000,00	51.000,00	46%	50%	55.000,00	+4.000,00
Ações	50%	50.000,00	59.000,00	54%	50%	55.000,00	-4.000,00
	100%	100.000,00	110.000,00	100%	100%	110.000,00	0,00

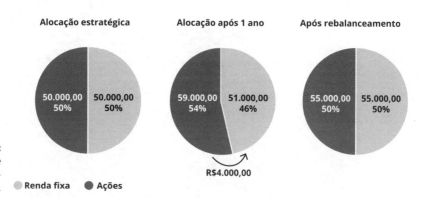

FIGURA 20-5: Processo de rebalanceamento.

O rebalanceamento da carteira tem uma vantagem adicional. Mesmo que você não entenda nada de investimentos, permite que sempre venda na alta, quando o investimento está valendo muito, e compre na baixa, quando o mercado está desvalorizado, simplesmente porque vendeu o excedente à sua alocação estratégica.

CAPÍTULO 20 **A Pizza de Investimentos** 263

264   PARTE 4 **Organizando a Cesta de Investimentos**

NESTE CAPÍTULO

» **Aprendendo onde buscar informação**

» **Entendendo o que buscar em cada lugar**

» **Escolhendo entre presencial e online**

Capítulo **21**

As Fontes de Informação

Ter informação é muito importante para ter sucesso com investimentos. Dados sobre as empresas, a economia, o mercado e os produtos são básicos para o dia a dia. Lembre-se de que o aprendizado é também muito importante. Não adianta fazer sempre as mesmas coisas do mesmo jeito, que nada mudará na sua vida. É necessário fazer coisas novas e certas para que se possa evoluir. Aprender novas coisas é fundamental para essa evolução. Mas onde é possível aprender mais sobre investimentos? Será possível confiar em tudo que se recebe por e-mail? Quais os melhores sites? Quais as fontes de informação confiáveis?

Separando o Joio do Trigo

Para quem gosta de falar ou escrever, criar assunto é sempre fácil; o difícil é ter conteúdo de qualidade. Por isso, no mundo em que vivemos — onde todo mundo virou escritor, jornalista e até apresentador de programa no YouTube —, separar o joio do trigo ficou difícil, principalmente quando se tem pouco conhecimento sobre o mercado financeiro.

Tudo bem, a CVM está aí para dar uma aparada nas arestas, mas isso só acontece depois que o leite já foi derramado e danos foram causados a vários investidores.

CAPÍTULO 21 **As Fontes de Informação** 265

Há alguns anos, critiquei os anúncios que as imobiliárias colocavam em outdoors mostrando que o investimento em imóveis tinha ganho de todos os demais no período em questão. O que se lia era que era muito melhor investir em imóveis do que em qualquer outro tipo de investimento. Dava uma coceira muito grande na direção do mercado imobiliário toda vez que se via aquela propaganda. Na minha humilde opinião, algum órgão regulador deveria intervir porque aquilo parecia valer sempre, o que não era verdade.

O anúncio não tinha *disclaimer*, aqueles dizeres em letras menores que descrevem os riscos e alguns conflitos de interesse, o que é obrigatório pela CVM no caso de mostrar investimentos no mercado de capitais. Enfim, muita gente comprou imóvel quando o mercado estava bombando, como se fosse a única opção da vida, e depois ficou sem liquidez para os casos de emergência.

Quem está se preparando para investir ou já investe com frequência, está acostumado a receber um sem número de mensagens por e-mail indicando ações e outros investimentos que farão o leitor virar milionário da noite para o dia. Entretanto, é sempre bom lembrar que não existe almoço grátis. Quem normalmente ganha dinheiro com essas mensagens e newsletter grátis é quem envia a mensagem e não quem as lê. Via de regra, são corretoras ou escritórios de agentes autônomos de investimento oferecendo serviços por trás desse material.

É deveras importante checar sempre a fonte da informação. Quem assina embaixo? É alguém credenciado pela CVM para abordar o assunto? Trata-se de um analista de investimentos credenciado pela APIMEC, a associação que representa os analistas do mercado de capitais?

Concluindo, não se pode tomar decisões de investimento baseadas simplesmente em fontes aleatórias, sem o aval do regulador e que têm por trás intenções puramente comerciais.

Os Gurus

Ao longo da vida escolhemos alguns gurus para seguir no campo espiritual e até profissional. São pessoas que admiramos e que acreditamos que agregam valor à nossa vida. O mesmo acontece nos investimentos. Selecionamos amigos, parentes, jornalistas e até profissionais cujas palavras nos descem ao âmago de nosso ser e cujas ideias seguimos fielmente.

Seguir um guru nos dá um grande conforto emocional e de tempo, além de nos tirar a responsabilidade da nossa atitude. É sempre mais fácil fazer o que alguém nos diz para fazer do que parar para refletir, calcular e decidir sobre o que devemos fazer. A solidão da decisão é deveras cansativa emocionalmente.

Se você tem um guru no ramo dos investimentos financeiros, atenção! Certifique-se de que ele tem experiência no mercado em foco — ninguém é campeão em todas as classes de investimento —, apresentou resultado consistente no passado e performou melhor que a média do mercado em momentos de crise.

Hoje em dia, os gurus em ações costumam ser bons vendedores, pessoas que transmitem confiança, bons articuladores das palavras, influencers digitais. Mas o que ele quer realmente, vender um produto ou auxiliar você nos seus investimentos?

LEMBRE-SE

Lembre-se sempre de que você é diferente dos demais, tem necessidades, expectativas e objetivos únicos. Logo, o genérico pode não se aplicar a você.

Newsletters

Somos bombardeados diariamente por inúmeras newsletters sobre investimentos. São produtos novos no mercado ou antigos produtos com roupagem nova, análises macroeconômicas, notícias sobre as empresas e os efeitos de alguma crise sobre nossos investimentos. Já que não temos tempo de ler tudo que recebemos, será que essas newsletters a que temos acesso são realmente relevantes para nossas decisões de investimento?

Mais uma vez comento que é importante desconfiar de tudo que se recebe de graça. Via de regra, são propagandas de quem envia, seja a instituição por trás ou a pessoa que enviou, que deseja permanecer viva na sua memória para fazer negócios.

Se você gosta de ler determinada newsletter que recebe, apenas tenha o cuidado para discernir o que é realmente relevante no texto e o que é propaganda. Muitos *traders* gostam de enviar informação indicando pontos de compra e venda e incentivando o cliente a negociar no mercado, gerando custos de corretagem e impostos para o cliente.

Você tem que decidir se deseja ser um investidor, aquela pessoa que foca o longo prazo, ou se deseja ser um especulador da bolsa, aquela pessoa que se estimula com o sobe e desce dos preços e as cores piscando na tela do home broker, fazendo com que os únicos ganhadores sejam a corretora e seu assessor, que ganham dinheiro toda vez que você faz uma operação.

De modo geral, dê preferência às newsletters disponíveis nos sites das instituições financeiras, preparadas por profissionais especialistas no assunto e devidamente credenciados. Além disso, o importante é ter mais de uma fonte, até porque há analistas pessimistas e otimistas. Cabe ao leitor das newsletters fazer um juízo sobre o conteúdo e tirar as próprias conclusões, evitando algum viés específico. Daí a importância de ter conhecimento sobre investimentos.

Sites na Internet

A internet é uma grande fonte de informação, tanto para o bem como para o mal. Selecionar os sites é vital para buscar dados e informações seguras. Uma fonte importante de informação você encontra na aba Relação com Investidores (RI), no site da empresa para a qual você deseja informação.

Os RIs das empresas são muito prestativos. Se você não encontrar o que procura no site da empresa nem em outra fonte, pode mandar uma mensagem para Contato/Fale conosco do RI que prontamente terá resposta.

Na página do RI você também encontrará o relatório da empresa e os vídeos das reuniões APIMEC, quando a empresa divulga para o mercado informações sobre estratégias futuras e os seus resultados. São valiosas fontes de informação.

Sites independentes que valem a pena consultar

» **Fundamentus** (https://www.fundamentus.com.br/): No endereço você encontra um sistema que contém um banco de dados e informações financeiras de fundos imobiliários e fundamentalistas das empresas listadas na B3.

» **Infomoney** (https://www.infomoney.com.br/): É um site com muita informação. Tem notícias econômicas e de negócios, explica sobre os produtos, compara investimentos, dá cotação e informação sobre os ativos em bolsa, simula carteiras hipotéticas e muito mais.

» **Fiis** (https://fiis.com.br/): Fonte de consulta rápida e fácil das informações dos fundos de investimentos imobiliários.

» **Valor Investe** (https://valorinveste.globo.com/): Empresa do Grupo Globo, traz farta informação sobre investimentos e finanças pessoais.

» **Mais Retorno** (https://maisretorno.com/): Excelente fonte de informação da performance de vários fundos de investimento, permitindo colocar vários fundos em um mesmo gráfico.

» **Exame.invest** (https://invest.exame.com/): Ligado à revista *Exame*, o site é rico em informação sobre o Mercado, investimentos e economia.

Sites oficiais ricos em informação

» **Banco Central do Brasil** (https://www.bcb.gov.br/): Inúmeras informações sobre taxas de juros e câmbio, previsão do mercado (Relatório Focus) e estatísticas econômicas. Em *Serviços* tem a página *Cidadania Financeira,* que contém vários vídeos informativos sobre educação financeira. O Caderno de Educação Financeira — Gestão de Finanças Pessoais é muito interessante para quem está começando e pode ser baixado no link https://www.bcb.gov.br/content/cidadaniafinanceira/documentos_cidadania/Cuidando_do_seu_dinheiro_Gestao_de_Financas_Pessoais/caderno_cidadania_financeira.pdf.

» **Portal do Investidor da CVM** (https://www.investidor.gov.br/): Site de educação financeira que ajuda o investidor a conhecer o mercado, os produtos de investimento sob a regulação da CVM e os direitos do investidor.

» **Como Investir** (https://comoinvestir.anbima.com.br/): Produzido pela ANBIMA, uma associação das instituições financeiras do mercado financeiro e de capitais, apresenta: (i) conteúdos que ajudam o investidor a planejar sua vida financeira e seus investimentos; (ii) os principais produtos de investimento; e (iii) o que é importante para escolhas conscientes.

» **World Federation of Exchanges** (https://www.world-exchanges.org/): Site em inglês que agrega entrevistas e estatísticas sobre as bolsas mundiais.

» **Fundo Monetário Internacional** (https://www.imf.org/en/Home): Local para buscar informação sobre economia mundial.

Blogs, Vídeos no YouTube e Podcasts

O que não falta na internet é blog e podcast. Ficou na moda ser um influencer digital, e é possível encontrar influencers de todos os assuntos, de maquiagem a investimento.

Há diversos vídeos grátis no YouTube e blogs que ensinam a investir. Vou chamar, daqui para frente, tudo isso de "canal". Parece muito fácil ganhar dinheiro nesses canais. Os que me fazem ser mais cautelosa são os que tratam de análise técnica. Funcionam assim: o influencer vê uma figura determinada e indica ponto de compra ou de venda, como se aquilo fosse a verdade mais verdadeira sobre o ativo. Cuidado! Nem sempre dá certo. Lembro que investir não é a mesma coisa que especular. Investir requer tempo e paciência. *Day trade* é coisa para especulador, e não para investidor, por isso a regulamentação proíbe os fundos de previdência complementar fechados de fazer esse tipo de operação.

Entretanto, existem canais interessantes, especialmente os dos bancos, como Itaú, Bradesco, XP, BTG, Santander e os oficiais, como do Banco Central. Relembro a importância de ter uma fonte fidedigna de conhecimento e informação para tomada de decisão.

Informação Disponível nas Corretoras

As corretoras costumam ter muita análise das empresas. De modo geral, elas fornecem relatórios fundamentalistas, planilha de múltiplos, comparação entre ativos, vídeos e newsletters. O bom é que, por serem reguladas, os profissionais que assinam os relatórios são certificados conforme manda o figurino.

Porém preste atenção nas recomendações, pois as corretoras ganham dinheiro toda vez que você opera no mercado, comprando e vendendo ativos. Logo, elas podem induzi-lo a tomar uma atitude que pode não ser a melhor para você, simplesmente para gerar corretagem. Tenha sempre um olho na missa e outro no padre.

Lâminas de Fundos

As lâminas de fundos, como são conhecidos os relatórios mensais, fornecem, de forma resumida, as principais informações sobre o fundo de investimento em análise. Como toda venda de fundo é regulamentada pela CVM, há toda uma regra do que deve conter no material.

Cada casa tem seu relatório, uns com mais e outros com menos informação, mas todos trazem os dados do fundo, política de investimento, valores mínimos para investir, rentabilidade mensal e acumulada, bem como a variação do benchmark.

Algumas lâminas contêm a principal posição da carteira do fundo. Outras trazem o índice de Sharpe e Treynor, bem como a volatilidade do fundo e quantas vezes o fundo rodou negativo.

De modo geral, você pode confiar nos dados do relatório, principalmente quando tem o selo ANBIMA, que significa que o material foi preparado de acordo com as regras do manual da associação.

Cursos Presenciais e Online

Há muitos cursos na internet, inclusive grátis. Lembro que não há almoço grátis. Logo, certifique-se de que o professor do curso é gabaritado para ensinar o tópico e que o curso está atualizado. O mercado financeiro é muito dinâmico e toda hora muda alguma regra, produtos são criados, e novas teorias de decisão são adicionadas ao currículo.

As associações do mercado costumam ter cursos sérios de conteúdo, aliando a prática à teoria. Consulte a ABERJ, APIMEC e a própria B3, que tem cursos vinculados à Saint Paul Escola de Negócios. São cursos práticos e com conteúdo teórico que embasam a prática. Vale a pena dar uma olhada.

Os cursinhos das corretoras costumam ser mais um chamariz para o aluno operar na corretora do que um curso que embasa realmente o investidor para tomar decisão. Se você deseja ficar craque no assunto investimentos, não tem jeito; tem que se dedicar e estudar bastante. Para ter sucesso no mercado financeiro, seja como investidor, seja como profissional do mercado, você tem que se dedicar ao assunto e ficar por dentro dos acontecimentos econômicos, políticos, sociais e do mundo das empresas.

Procure sempre conhecer quem ministrará o curso antes de se matricular. Procure saber quem é esse professor e quais suas credenciais acadêmicas e de prática do Mercado. É importante que esses dois lados estejam aliados para que o curso mostre o lado teórico e traga exemplos práticos para a sala de aula, seja ela virtual, seja presencial.

Com relação aos MBAs, prefira as instituições de renome no ramo e, antes de se matricular, confira o currículo do curso. Cheque se o curso está realmente focado em mercado financeiro e investimentos. Muitos cursos de MBA em finanças estão voltados para a gestão financeira de empresas.

Jornais e Revistas

Jornais e revistas são também fontes importantes de informação. Para começar, gostaria de sugerir a leitura do jornal *Valor Econômico* diariamente para quem deseja ingressar nesse mundo dos investimentos. O jornal é dividido em quatro partes. No primeiro caderno há notícias sobre política e questões macroeconômicas. O segundo caderno fala sobre as empresas.

Tem também o caderno de finanças, voltado para investimentos. Assuntos amenos como arte, vinho e cultura ficam reduzidos a uma revista divulgada apenas às sextas-feiras.

O *Valor Econômico* contém muitos artigos de análise sobre os diversos problemas da atualidade que afetam a vida econômica e política nacional e internacional, indispensáveis para que o leitor forme uma opinião sobre o cenário e tome decisões acertadas de investimento.

A *Exame* traz também bastante informação sobre investimentos, mas está ligada ao grupo BTG Pactual. Tudo bem, é uma instituição, até o momento, com boa reputação e voltada para investimentos, mas ao longo da revista você vai esbarrar o tempo todo com propaganda do banco. A revista *Exame* traz bastante informação sobre gestão de negócios e as empresas. O site deles, Exame.invest (https://invest.exame.com/), é bem focado em investimentos. Mas, atenção, por conta da propaganda, saiba discernir o joio do trigo.

Programas de TV

A televisão também é uma fonte de atualização sobre o que está acontecendo na economia e no mercado. Prefira os canais fechados, que costumam ter mais conteúdo sobre negócio, economia e política, assim como comentaristas e entrevistas com especialistas com mais bagagem sobre o assunto abordado.

Canais como GloboNews, CNN e BandNews são referência em noticiário e contam com um time gabaritado de comentaristas e entrevistadores.

Livros

Livros são sempre fontes interessantes de aprendizado. Saia fora dos livros muito técnicos, mas cuidado com os que prometem torná-lo um milionário com apenas dez passos. Ficar rico com investimento financeiro requer persistência, disciplina, conhecimento e muita atenção.

Deixo aqui registrado uma lista de livros oficiais que considero bem interessantes. Os Livros TOP da CVM têm o respaldo do regulador em conjunto com associações e agentes do Mercado. O conjunto de livros traz um olhar muito didático para explicar cada tema. Podem ser baixados em pdf diretamente do site da CVM, no link https://www.investidor.gov.br/publicacao/LivrosCVM.html.

» *Mercado de Valores Mobiliários:* Aborda as principais características do mercado de valores mobiliários brasileiro, sua relação com o Sistema Financeiro Nacional, os ativos negociados, seus emissores, seu funcionamento e os participantes envolvidos.

» *Análise de Investimentos: histórico, principais ferramentas e mudanças conceituais para o futuro:* Visa difundir os conhecimentos sobre a análise de investimento (análises fundamentalista e técnica), além de abordar metodologias mais modernas que integram as questões ESG ao contexto da análise de investimentos.

» *Mercado de Derivativos no Brasil: Conceitos, Produtos e Operações*: Dirigido para o público que deseja aprender mais sobre derivativos, mostra o potencial desses produtos para proteção financeira e de oportunidade de investimento.

» *Planejamento Financeiro Pessoal:* Aborda o processo de formulação de estratégias para auxiliar as pessoas a gerenciar suas finanças visando atingir os objetivos de vida em diferentes prazos.

» *Direito do Mercado de Valores Mobiliários:* Se você é estudante de direito ou advogado e se interessa pelo tema, este livro deve fazer parte da sua biblioteca, pois aborda o mercado de valores mobiliários nacional do ponto de vista de sua regulação.

Webcast das Empresas

Uma excelente fonte de informação sobre o mercado são as Reuniões API-MEC, conforme são chamadas as reuniões das empresas para divulgar seus resultados e falar sobre suas perspectivas.

Antigamente eram todas presenciais. Com o advento da tecnologia, hoje são divulgadas na internet e, em geral, ficam disponibilizadas na página de Relações com Investidores, no site da empresa.

Profissional de Relacionamento da Instituição Financeira

O mercado financeiro evoluiu muito ao longo dos anos. Hoje em dia, os reguladores são mais exigentes com o conhecimento dos profissionais que falam sobre investimento com os clientes. Desde 2002, o nosso Banco Central passou a exigir que esses profissionais sejam certificados e hoje há uma profusão de certificações. Dependendo do tipo de trabalho dentro do

Mercado, é requerida uma certificação diferente. Por isso, certifique-se de que você está sendo atendido por um(a) profissional certificado(a) adequadamente. Confira na Tabela 21-1 as certificações, quem certifica e para quem é exigida.

TABELA 21-1   ## Certificações Obrigatórias no Mercado Financeiro

Certificação	Certificadora	Quem é obrigado a ter
CPA-10	ANBIMA	Profissionais que atuam na distribuição de produtos de investimento em agências bancárias ou plataformas de atendimento.
CPA-20	ANBIMA	Profissionais que atuam na distribuição de produtos de investimento para clientes dos segmentos varejo alta renda, private, corporate e investidores institucionais.
CEA	ANBIMA	Profissionais que atuam como especialistas em investimentos, recomendando produtos de investimentos para clientes em diversos segmentos, além de assessorar gerentes de contas.
AAI	ANCORD	Agente autônomo de investimentos
CFP®	PLANEJAR	Profissional de planejamento financeiro. O mercado já exige essa certificação para quem quer trabalhar como *banker* no segmento de *private banking*.
CNPI	APIMEC	Analista de investimentos, o profissional que recomenda e assina os relatórios sobre as empresas. O analista fundamentalista tem a certificação fundamentalista, e o analista técnico, a certificação de análise técnica.
CGA	ANBIMA	Quem ocupa cargos com poder de decisão de compra e venda dos ativos financeiros que integram as carteiras de fundos de investimento tradicionais e carteiras administradas.
CGE	ANBIMA	Quem ocupa cargos com poder de decisão de compra e venda dos ativos financeiros que integram as carteiras de fundos estruturados.

274   PARTE 4 **Organizando a Cesta de Investimentos**

5

A Parte dos Dez

NESTA PARTE...

Fique por dentro do que você deve prestar atenção para não perder dinheiro.

Conheça o postulado do investidor de sucesso.

Saiba o que fazer para realizar seus sonhos.

NESTE CAPÍTULO

» Defendendo sua carteira de investimentos

» Descobrindo armadilhas evitáveis

» Identificando movimentos indesejáveis

Capítulo **22**

Os Dez Erros a Evitar

P ode ser que você já tenha cometido alguns dos erros que serão abordados neste capítulo. Pode ser até que nem tenha notado que estava correndo um risco grande, por simples desconhecimento das regras do Mercado. Tudo isso é perdoável. Só não pode permanecer no erro.

Investir sem Ter Conhecimento do Risco

Se você é uma pessoa que só olha para a rentabilidade antes de investir, saiba que está sendo parcial na sua análise. Ter um retorno alto é sempre bom, mas qual o risco desse investimento? Será que está de acordo com o seu perfil de investidor, suas necessidades de liquidez e seus objetivos de retorno? Qual a perda máxima esperada do produto?

Existem três tipos de risco que merecem consideração nos investimentos: mercado, crédito e liquidez. Exceto ações, que não têm risco de crédito, todos esses riscos devem ser avaliados antes de investir. O material de venda dos fundos de investimento lista os riscos do produto, mas nem todo produto tem um material de vendas elaborado, como o conhecido CDB.

DICA

Antes de fazer qualquer investimento, certifique-se de todos os riscos do produto e da instituição em que você está fazendo seu investimento. O seguro morreu de velho.

Colocar Todo o Seu Dinheiro em um Só Investimento

Um erro crasso no mundo dos investimentos é colocar todo o dinheiro em um só investimento, o que significa concentrar todos os riscos em um só produto. É como colocar todas as suas fichas em um só número no jogo, o que significa que as suas chances de ganhar diminuem.

Entre as boas técnicas de gestão, esteja certo de que a diversificação da carteira e seus riscos é talvez a mais importante. Agindo assim, você estará diminuindo o risco da carteira, ao mesmo tempo que aumentará suas chances de retorno. Quem diz isso não são apenas os teóricos, mas a prática.

DICA

Evite ao máximo colocar todo seu dinheiro em um só investimento. A diversificação diminui a volatilidade da carteira, o que significa que diminui seus riscos. Busque produtos com características diferentes e de diversas classes de ativo.

Ignorar Seus Problemas Financeiros

Conhecer bem suas receitas e despesas é um dos pilares básicos para tomar decisões corretas de investimento, mas muita gente tem medo de colocar sua realidade financeira em uma planilha. Ignorar seus problemas financeiros pode ser doloroso, mas é fundamental para fazer um diagnóstico do que pode ser melhorado.

Não ter dinheiro para investir não é exclusividade de quem ganha pouco. Muitas pessoas têm altos salários e vivem da ilusão de que será assim para sempre, não se preocupando com o amanhã, os infortúnios da vida e a aposentadoria. Para ficar rico, é importante poupar com regularidade. Gastar dinheiro com bons vinhos, uma bela casa e viagens é muito bom, mas melhor ainda é ter uma vida financeira regrada que nos permita curtir não apenas o agora, mas garantir nosso futuro.

DICA

Tire um tempo para analisar sua vida financeira e, se você tiver algum desajuste nas suas finanças, peça ajuda aos "universitários", que pode ser um planejador financeiro, um contador ou até uma psicóloga. O negócio é juntar dinheiro.

Seguir a Manada

Investir em um produto campeão é "bom demais da conta", como diria um mineiro, por isso é comum que o investidor desavisado entre no mercado exatamente quando o preço já ultrapassou seu máximo, o que ocorre quando a notícia se espalhou de tal forma que todo mundo sai que nem louco atrás da mesma posição.

Acontece que todo investimento tem um fundamento por trás, uma teoria que o fundamenta e sustenta um preço passível de explicação. Passado esse ponto, vira jogo, e as chances de ganhar são contrárias ao investidor.

DICA

Cuidado com movimentos de manada. Nunca vá atrás da cabeça dos outros. Busque fundamentos para todo tipo de investimento. Se não houver um embasamento lógico, não invista. As massas nem sempre estão corretas.

Recusar-se a Aceitar uma Perda

Segurar um investimento que não vai reagir por muito tempo pode ser muito ruim para a nossa carteira, mas não é incomum um investidor não aceitar uma perda e carregar para sempre um investimento que micou, na esperança de que algum dia ele vá reverter a perda. Ninguém gosta de perder, e aceitar uma perda é doloroso, não resta a menor dúvida. As pesquisas mostram que a dor ao aceitar uma perda é duas vezes mais forte que a satisfação de aceitar um ganho de igual magnitude. Mas não podemos misturar investimento com emoções, não dá certo.

No caso de uma perda, não se esconda embaixo das cobertas, nem tome um antidepressivo. Pelo contrário, faça uma meditação, um alongamento e sente-se para analisar o que aconteceu. Se todos os investimentos semelhantes tiveram a mesma perda, não se desespere se você tem uma ação e todo o mercado desabou. Um dia ele volta para alegria geral. Mas se tudo andou para cima e você foi o único a perder, então está acontecendo algo que merece sua atenção.

DICA

Diante de uma perda, despenda algum tempo refletindo e avalie se um resgate não seria melhor. Quem sabe um novo investimento não permitirá reverter essa perda?

CAPÍTULO 22 Os Dez Erros a Evitar   279

Não Separar um Dinheiro para Emergências

Emergências acontecem em todas as boas famílias e não avisam a hora que vão chegar. Por isso temos que ter um dinheiro reservado para esses momentos, que requerem, via de regra, resgate imediato.

Não ter dinheiro separado para esse fim pode obrigar o investidor a resgatar de outra aplicação que ainda não teve seu tempo de maturação e obrigá-lo a amargar duras perdas.

DICA

Tenha sempre o equivalente a, pelo menos, seis meses de gastos em um investimento de baixo risco e cujo resgate seja creditado em sua conta no mesmo dia. Só depois de alcançado esse valor é que você pode começar a colocar dinheiro em outros produtos que têm mais risco e prazo maior de liquidez.

Não Ter Seus Objetivos de Forma Clara

Quem sabe o que faz vai muito mais longe. Barcos que não sabem do destino navegam em círculos e não saem do lugar. Por isso, é fundamental ter seus objetivos e metas de vida muito claros, não apenas para navegar na direção correta, mas para saber o que fazer quando uma tormenta aparece no caminho.

Imagine o caso de você ter um plano de juntar R$1.000.000,00 em dez anos. No meio dessa caminhada, alguém lhe oferece uma linda Ferrari por ¼ do preço. Se a meta de juntar R$1.000.000,00 não tiver bem clara na sua cabeça, você acabará comprando a Ferrari sem pensar nas consequências e assumirá um custo de manutenção desse carro que não o deixará poupar o montante almejado.

DICA

Tenha seus objetivos bem claros e, quando uma tentação surgir na sua frente, se esse objetivo realmente for cristalino, você não cairá na armadilha que a vida lhe apresentou como oportunidade.

Eleger Gurus

Os gênios do mundo dos investimentos hoje em dia estão online, não restam dúvidas, e os investidores acabam escolhendo alguns gurus para seguir. Eles normalmente têm um canal no Youtube e enviam newsletters com frequência sobre dicas de investimento que propagam suas façanhas de retorno em casos específicos. Suas mensagens são cheias de emoções, e o investidor com pouco preparo acaba acreditando que tem que seguir aquele "guru" que não o teria deixado cometer um erro fatídico se tivesse ouvido suas recomendações. Mas investir é muito mais do que isso e requer paciência. Se ganhar dinheiro fosse fácil, todo mundo ficaria rico.

Ter um guru nos dá conforto, pois não precisamos pensar e, se errarmos na escolha do investimento, a culpa nunca é nossa, e sim de quem nos deu o conselho. Só tem uma coisa: ganhar do mercado consistentemente é MUITO difícil, e acertar sempre o ponto perfeito para comprar ou vender é impossível. Grandes investidores, como o lendário Warren Buffett, sabem disso e têm consciência de que investir é uma prática de longo prazo, não um compra e vende frenético que só faz ficar rico o agente de investimento e sua corretora.

DICA

Aquiete seu coração e acredite mais em você. Estude sobre a economia, as empresas e o mercado e siga regras simples de investimento para ter sucesso nesse universo.

Ficar Comprando e Vendendo Feito um Louco

Para a grande maioria das pessoas, principalmente dos jovens, quem ganha dinheiro e fica rico é aquele investidor que fica comprando e vendendo o dia todo. Saiba que isso é um ledo engano. Esse indivíduo não é um investidor, e sim um especulador que paga rios de dinheiro para a corretora. Ele nem tem tempo direito de estudar as empresas e já sai tirando conclusões apressadas.

Muitos jovens acham o máximo ser *trader*, seja lá o que isso signifique para eles. É como se fosse uma profissão maravilhosa que vai levá-los ao sucesso financeiro. Pelo menos é isso que os filmes mostram do povo do mercado financeiro: aquelas figuras que se colocam diante de várias telas de computador, gráficos, números e cores e promovem festas regadas a champanhe e mulheres bonitas em seus iates, para comemorar suas façanhas. Só que o mundo real é bem diferente da tela de cinema.

DICA

Investir é muito mais que operar. É alocar recursos em bons negócios que têm boas perspectivas de sucesso. Por isso, desconstrua esse imaginário de que uma pessoa de sucesso é dinâmica, fala firme e rápido e substitua por alguém que "come quieto", que faz o dever de casa, avalia com cuidado e toma decisões acertadas para o médio e longo prazo.

CAPÍTULO 22 **Os Dez Erros a Evitar**   281

Não Se Preocupar com o Futuro Longínquo

Tem gente que vive o hoje como se fosse o último dia de vida. Se tiver sorte, vai ser uma vida maravilhosa, mas se sua vida for como a da maioria, vai passar dos oitenta anos. Será que terá energia e mercado para ganhar dinheiro quando a terceira idade chegar?

É fundamental programar a aposentadoria e ter uma reserva para cobrir os gastos que se sobrepõem à pensão da previdência oficial. E quanto antes começar a juntar para essa hora, menos terá que desembolsar, afinal, os juros estão a favor do poupador.

DICA

Assim que começar a ganhar dinheiro, separe uma parte para contribuir para um plano de previdência. Acredite, é uma decisão acertada.

NESTE CAPÍTULO

» **Maximizando o retorno da sua carteira**

» **Sendo proativo**

» **Realizando sonhos**

Capítulo **23**

Os Dez Mandamentos do Investidor de Sucesso

É certo que ganhar dinheiro não é fácil em nenhuma área, mas, se pegarmos o caminho correto, o sucesso chegará sem percalços. Existem coisas que não devemos fazer e outras que, além de ser o caminho correto, nos levam pelo caminho mais curto e com menos buracos. Chegar ao destino é deveras importante, mas melhor ainda é chegar com tranquilidade, rindo à toa. A isso se dá o nome de sucesso.

Conheça a Si Próprio

Assim como o médico pede uma série de exames antes de fazer seu diagnóstico e nos indicar o remédio a tomar, é fundamental que o investidor conheça muito bem a si próprio. As perguntas a seguir devem estar bem respondidas, nos seus mínimos detalhes:

» Quanto eu ganho e quanto gasto?

» Como gasto meu dinheiro?

- » Posso melhorar essa minha relação receita x despesa para poupar mais?
- » Já fiz meu pé de meia para casos de emergência?
- » Qual meu sonho de futuro financeiro e quanto ele representa em dinheiro?
- » Quando quero atingir esse objetivo?
- » Como quero atingir esse objetivo?
- » Que valores quero preservar para obter sucesso financeiro?
- » Que riscos estou disposto a correr?
- » Tenho alguma restrição em termos familiares? Quais?

Muitas pessoas têm medo de avaliar suas finanças pessoais. Até sabem que estão no vermelho, mas não querem medir o tamanho do buraco. Vivem no mundo da fantasia. Porém a estabilidade emocional é fundamental para tomar decisões de impacto na vida de modo geral, principalmente na vida financeira. Se você é uma dessas pessoas ou conhece alguém assim que deseja alcançar o equilíbrio mental, que tal uma meditação ou terapia? Tem gente que encontra o equilíbrio praticando esportes ou até dançando. Não importa o que você faz, o importante é ter inteligência emocional para tomar decisões acertadas no campo dos investimentos e na vida.

LEMBRE-SE

Para ganhar dinheiro no mundo dos investimentos, a primeira regra é se conhecer muito bem. Você é um ser um único, com peculiaridades que mais ninguém tem. Por isso é importante conhecer muito bem a si próprio. Cada detalhe vale ouro na potencialização de seus investimentos. Só assim você será capaz de encontrar investimentos que se adequam ao seu jeito de ser, de pensar e das suas necessidades. Afinal, é sempre bom ter prazer na jornada rumo à realização de seus sonhos financeiros.

Defina Metas Arrojadas e Monitore Seu Caminho

Metas são como prêmios que colocamos à nossa frente para seguirmos focados. São fortes propósitos que nos tiram do conforto e nos movem na realização de um objetivo maior.

Sonhar é bom, mas, como dizem, "quem vive de sonho é padeiro!". Enquanto sonhamos, vivemos no mundo da fantasia. Se desejamos realizar algo realmente importante na vida, temos que colocar prazos e definir muito bem nosso objetivo, o que devemos alcançar e quando.

Como diz Milton Kakumoto, fundador da Fast Shop, "colocar prazo no sonho vira meta".

Uma boa ideia é escrever sua meta financeira. Essa prática aumenta sua motivação e ajuda a fixar a meta na sua mente. É como anotar o que o professor disse em sala de aula no seu caderno. Além disso, tira a meta do imaginário e vai para o mundo do concreto. É sempre bom dar uma ajudinha para que o nosso cérebro e nosso corpo se movam na direção que desejamos chegar.

Mas atenção! Defina metas arrojadas, que o farão seguir em frente. É como um empurrão bom, que o levará na direção que deseja chegar. Metas são como um norte e nos ajudam na preparação para enfrentar os riscos do Mercado, assim como corrigir algum desvio do percurso mais rapidamente.

Desvios podem acontecer por simples passagem do tempo. A nossa vida é dinâmica, e uma infinidade de eventos ao longo da caminhada pode mudar significativamente a nossa realidade. Por isso é muito importante acompanhar de perto os nossos investimentos. Mas não é para fazer isso com exagerada frequência — até porque muitos investimentos só se realizam no longo prazo —, e podemos ficar frustrados ao olhar a rentabilidade no dia a dia, nos levando a tomar decisões erradas. Mas temos que acompanhar as oscilações do mercado e como elas nos afastam de nossas metas, ajustando o que for necessário.

DICA

Estabeleça metas financeiras de curto, médio e longo prazo. Fazendo assim, você terá vários momentos para comemorar ao longo da jornada. Objetivos de curto prazo podem ser, por exemplo, investir um montante para uma grande festa de casamento ou uma viagem. Já objetivos de longo prazo são maiores, como ter dinheiro para manter certo padrão de vida na aposentadoria, entre outros. Seja como for, defina valores e prazos a serem alcançados. Acredite que agindo assim você estará construindo seu sonho.

Corra Atrás e Não Espere as Coisas Acontecerem

Tem gente que adora que os outros digam o que fazer e tem gente que corre atrás mesmo antes de as coisas acontecerem. Quem fica sentado esperando que a gerente do banco diga o que fazer pode até ganhar dinheiro, mas tem uma postura passiva, normalmente não consegue ultrapassar a média do Mercado.

Se você deseja realizar seus objetivos de vida, financeiros ou não, faça a sua vida acontecer. Corra atrás de informação, avalie e compare os produtos, sua rentabilidade e seus riscos. Se não entender, faça perguntas, procure explicação na literatura e na internet. Não se satisfaça com o normal, com o igual. Queira ganhar mais, sempre melhorando a relação risco x retorno da sua carteira.

Seja o protagonista da sua vitória.

Busque Informação Antes de Investir

Toda vez que lhe oferecerem um produto de investimento, pesquise sobre ele, seu emissor, seus riscos e suas possibilidades de retorno e perda. Se for um fundo de investimento, peça para ler o regulamento do fundo e todo o material de vendas antes de assinar o Termo de Adesão do fundo.

Lembre-se de que nem todo produto é adequado a você, seja por questões de liquidez, seja de risco, seja porque não cabe na sua alocação estrutural. Pode ser que a sua gerente tenha alguma meta de colocação do produto e você seja um cliente maleável, que aceita facilmente sua indicação.

Não se satisfaça com pouco; o dinheiro é seu, e não da gerente. Ela tem que agradar você, e não o contrário.

Tire todas as suas dúvidas sobre o investimento indicado antes de aplicar seu dinheiro. Ele deve estar adequado ao seu perfil e tem que gerar riqueza ao seu patrimônio como um todo, ao mesmo tempo que diminui a volatilidade da carteira.

Corra Riscos Calculados

Todo investimento tem risco. Até o Tesouro Selic, o mais seguro de todos os investimentos, tem risco de mercado, de crédito e liquidez, embora esses dois últimos riscos sejam superbaixos!

Se alguém oferecer um superinvestimento com uma rentabilidade muito fora do Mercado, desconfie e trate de mensurar os riscos. Será que esse "consultor" tem licença da CVM para distribuir esse produto? Está esse produto sob a égide do regulador?

Além disso, procure descobrir o risco do produto, ou seja, a possibilidade de perda. Vai que extrapola os seus limites aceitáveis?

Neste livro você aprendeu várias métricas de risco, tanto para renda fixa como renda variável. Utilize-as antes de aplicar e corra riscos calculados.

Diversifique Seus Investimentos

A diversificação é uma ferramenta poderosa para diminuir o risco de uma carteira. Quem diversifica os riscos de crédito, liquidez, setor econômico e produtos estará diminuindo a volatilidade de sua carteira e sempre terá de onde resgatar quando precisar de dinheiro, porque quando alguns investimentos estiverem no vermelho, outros estarão no azul.

Entretanto, tome cuidado para não diversificar demais. Lembre-se de que, a partir de certo ponto, a diversificação não diminui mais o risco da carteira e ter muitos ativos dificulta o acompanhamento.

DICA

Uma forma de diversificar é investindo em fundos de investimento que têm gestores que adotam diferentes estratégias. Principalmente no caso de fundos multimercados, fundos de fundos podem ser uma boa dica de investimento e fica fácil de acompanhar a relação risco x retorno da carteira.

Tenha Disciplina

Para vencer na vida e no mundo financeiro é fundamental ter disciplina. Alguns dizem que ela é a mãe do êxito. Bernardinho, ex-técnico do time brasileiro de vôlei campeão mundial e olímpico, define disciplina como "a distância entre o sonho e a realidade".

Ter disciplina pode não ser fácil, mas garanto que ela proporciona a realização de metas, porque ela cria um hábito nas pessoas que as leva a fazer o que precisa ser feito, mesmo quando o astral do dia as impulsiona em outra direção.

Disciplina é ficar por dentro das notícias todos os dias, estudar constantemente, acompanhar o Mercado. É ser dono do seu destino, transformando metas em realizações, simplesmente porque você consegue controlar seus impulsos, superando a preguiça e colocando sua meta como uma verdade importante que mostra o que deve ser feito. Ela motiva a pessoa a seguir em frente e a executar até tarefas enfadonhas em vista de algo grandioso mais na frente.

LEMBRE-SE

Não há almoço grátis, nem campeão indisciplinado. Afinal, o hábito faz o monge.

Invista no que É Adequado para Você

De um lado do balcão existe um gerente que tem metas e precisa muito que você seja seu cliente e invista cada vez mais com ele. Vira e mexe ele oferece novos produtos, todos "maravilhosos", que farão você ganhar muito dinheiro. Será?

Mesmo que goste muito do seu gerente, lembre-se sempre de que você também tem necessidades, sua maneira de ver a vida, sonhos, medos e expectativas. Invista sempre no que é adequado a você, tanto em termos de liquidez do produto como de risco. Analise a sua carteira e veja se o investimento casa com os demais que já possui. Lembre-se de que investir é como vestir um traje, em que o vestido (no caso de uma mulher) deve combinar com o sapato, a bolsa, o penteado e a maquiagem. Se um desses falhar, a vestimenta não vai ficar legal.

Além disso, as prioridades mudam ao longo da vida. Hoje você pode ser jovem, solteiro, sem filhos. Daqui a vinte anos pode estar casado, com filhos em idade de faculdade, vida financeira mais estabilizada, porém mais apertada.

DICA

Toda vez que for investir, pense em como o produto se encaixa na sua carteira de investimentos, como ele se ajusta às suas necessidades e perfil de risco e como pode agregar valor para você alcançar suas metas.

Busque Investimentos Sustentáveis

Investir significa ter visão de longo prazo, e longo prazo combina com sustentabilidade, que consiste na capacidade de sustentação de um sistema, seja ele qual for. Logo, ao tomar sua decisão de investimento, busque um negócio que possa se sustentar ao longo dos anos, que não corra risco de, mais na frente, incorrer em problemas legais por questões ambientais e sociais.

Verifique, também, se o emissor do título — seja de renda fixa, seja de ações —, administrador ou gestor do fundo de investimento não tem problemas de governança. Será que trata adequadamente os funcionários, acionistas, clientes, fornecedores e a comunidade ao seu redor?

Se desejamos deixar para as próximas gerações um mundo melhor e ter sucesso no mundo financeiro, temos que estar alinhados com as tendências de sustentabilidade do planeta, o que começa com nossas escolhas.

DICA

Busque sempre negócios que atendam aos quesitos ESG (meio ambiente, social e governança), em que a relação com o ecossistema é harmônica e sustentável.

Não Pare Nunca de Buscar Informação

Deter informação vale ouro em todas as áreas. Até a China já definiu a informação como uma ferramenta estratégica. Investir significa colocar dinheiro em um negócio que acreditamos que será lucrativo no médio e longo prazo e, para saber das possibilidades de retorno, é fundamental estudar sobre esse negócio. O que é, quem são seus gestores, quais os fluxos futuros de caixa? Quais os riscos do negócio? São muitas perguntas que requerem informação.

Importantes fontes de informação podem ser encontradas nos jornais de negócios, revistas, noticiários da TV, sites dos reguladores e, principalmente, nas páginas de relações com investidores das empresas na internet.

Além de buscar informação, você também tem que ser capaz de analisar essa massa de dados e palavras que foi coletada. Para ter sucesso, é necessário saber o que fazer com tanta coisa; caso contrário, tudo não passará de uma pilha de dados amorfos. Por isso, é fundamental buscar aperfeiçoamento constante sobre investimentos a partir de livros e cursos. Melhores resultados devem ser esperados quanto maior for a capacidade de análise do investidor.

Não espere já começar sua vida como um grande gestor de investimentos, mas busque melhorar pelo menos 1% a cada dia. Afinal, de grão em grão a galinha enche o papo e, quando menos se espera, você acaba se tornando um profundo conhecedor do mundo dos investimentos.

LEMBRE-SE

Segundo o grande axioma da vida de Jim Rohn, empreendedor e palestrante norte-americano, "para ter mais amanhã, você precisa ser mais do que é hoje".

290   PARTE 5 **A Parte dos Dez**

Índice

A

ação, 45–46
   oferta primária, 46
   ofertas secundárias, 46
   PN e ON, 50
acionista controlador, 61
acionista minoritário, 61
ações
   aluguel de, 59
   comprar, 247
agentes autônomos de investimento, 13
alocação estratégica, 252–253
análise de múltiplos, 165–167
análise fundamentalista, 163
aposentadoria, 148–158, 254
   planejamento, 149
avaliação relativa, 165–166

B

balanço de pagamentos, 27
balanço patrimonial, 167
Banco Central do Brasil, 10, 11
   ferramentas, 24
banco de investimento, 39
bancos, 12
   digitais, 39
   tradicionais, 38
benchmark, 83
Bernardinho, 287
beta, 174–175
bitcoin
   El Salvador, 119
   investimento em, 124
   surgimento, 117

C

blockchain, 120–123
   peer-to-peer, 122
blue chips, 139

caderneta de poupança, 78
caixas econômicas, 13
Certificado de Depósito Bancário (CDB), 77
Certificado de Depósito Interbancário (CDI), 77
Certificado de Operações Estruturadas (COE), 103
Certificado de Recebíveis do Agronegócio (CRA), 81
Certificado de Recebíveis Imobiliários (CRI), 81
ciclo de vida, 225–226
circuit breaker, 61
clube de investimento, 113
código dos ativos, 57
come-cotas, 115, 157
Comissão de Valores Mobiliários (CVM), 12
Conselho Monetário Nacional, 23
consórcios, 13
conta de reserva bancária, 24
cooperativas de crédito, 13
Copom, 23
correlação, 232
corretoras, 13, 40, 270
   nota de corretagem, 59
covered bonds, 82
crédito, risco de, 239–240
criptomoedas, 117–126
   impostos, 125–126

negociação de, 123

transações, 117

cupom, 67

cursos, 271

D

data de emissão, 67

day trade, 61

imposto, 63

debênture, 74

incentivada, 76

riscos, 74

Declaração de Capitais Brasileiros no Exterior (CBE), 133

déficit nominal, 26

demonstrativo de resultado, 168

Deposit Insurance Corporation (FDIC), 135

Depósito a Prazo com Garantia Especial (DPGE), 78

despesas discricionárias, 26

dinheiro de emergência, 221, 253–254

disciplina, 287

distribuidoras de valores, 13

diversificação, 287

classes de ativos, 236–237

em setores, 237

geográfica, 238

dívida pública, 26

dividend yield (DY), 167

duration, 191

E

earnings per share (EPS), 171

EBITDA, 172

economia, 21–28

emolumentos, 58

empobrecimento, 22

escola fundamentalista, 163

escola técnica, 162

ESG, 61, 121

ex-dividendos, 61

F

Federal Reserve Bank, 131

FIC, 109

fintechs, 13, 42

fluxo do dinheiro, 169

follow on, 62

free float, 62

fundo de investimento, 105–116

Fundo Garantidor de Crédito (FGC), 38, 79–81

Fundo Monetário Internacional (FMI), 119

fundos de endowment, 234

fundos de investimentos

avaliação dos, 204–205

G

gestoras de recursos, 13

gestor de fundos, 198

Guia de Ações, 163–165

gurus de investimentos, 266–267

H

hedge, 94

herança, 261

I

I.C.O., 123

IED, 27

IGPM, 23

imposto de renda, 62

índice de Sharpe, 246

índice de Treynor, 246

inflação, 22–23

instituições de pagamento, 13

instituições não bancárias, 13

investidor profissional, 111

investidor qualificado, 111

IPCA, 22

I.P.O., 39, 46, 62

J

Jim Rohn, 289
John Maynard Keynes, 15
juros, 29–36
    acruados, 67
    simples e compostos, 30–31
    sobre juros, 31

L

lâminas de fundos, 270
legislação tributária brasileira, 141
Letra de Crédito do Agronegócio (LCA), 77
Letra de Crédito Imobiliária (LCI), 77
Letra Financeira (LF), 78
Letra Imobiliária Garantida (LIG), 82
liquidez, 205, 225
    risco de, 239–240
load funds, 137
longo prazo, investimento de, 16

M

marcação a Mercado, 106
mercado cambial, 11
mercado de capitais, 11
mercado futuro, 93
mercado monetário, 11
mercado, risco de, 239–240, 245
Mercados
    tipos, 10

N

newsletters, 267–268
notas promissórias (NP), 76

O

objetivos, 228
Oferta Pública de Ações (OPA), 46
operações compromissadas, 78
orçamento, 209

orçamento público, 26
organizações financeiras internacionais, 131–133

P

peer-to-peer (P2P)
    lending, 42
    transação, 117
perfil do investidor, 223–224
PGBL, 154
PIB, 22
Plano Real, 23
política de investimento, 250
política de investimentos
    plano de, 251–252
política fiscal, 26
portabilidade, 154
preço unitário, 67
principal, 67

R

rating, 75, 184
rebalanceamento, 262–263
recursos, alocação de, 249–250
regulações, 10
renda fixa, 65–88
    cálculos, 67
    pós-fixada, 66
    prefixada, 66
rentabilidade, 242–248
    cálculo, 241
    indicadores, 245
reservas cambiais, 28
responsabilidade fiscal, 26
resultado
    nominal, 26
    primário, 26
retorno sobre o patrimônio líquido (ROE), 173, 247
risco de crédito, 183

risco-país, 129–130

risco sistemático, 129, 174

risco sistêmico, 235

S

Satoshi Nakamoto, 117

SCD, 42

situação financeira, 224

Sociedade de Propósito Específico (SPE), 42, 82

stakeholder, 177

suitability, 204

superávit primário, 26

Superintendência de Seguros Privados (SUSEP), 12

sustentabilidade, 288–289

T

tag along, 62

taxa de administração, 108

taxa de câmbio, 26–27

taxa de corretagem, 58

taxa de entrada, 108

taxa de performance, 108

taxa de saída, 108

Taxa Interna de Retorno (TIR), 86

taxa Selic, 23–24

    média ou meta, 23

termo, negociações a, 91

Tesouro Direto, 70

títulos, principais, 77

título zero cupom, 67

tracking error, 245–246

tributação, 140

U

usura, 31

V

valor intrínseco, 163

valor nominal, 66

valor nominal atualizado, 67

valor tempo, 103

value at risk, ou valor em risco, 246–247

venda a descoberto, 93

volatilidade, 201–202, 233

W

Warren Buffett, 162, 171, 281

William Sharpe, 203

working average cost of capital (WACC), 179

Y

yield, 67

yield to maturity, 67

Projetos corporativos e edições personalizadas dentro da sua estratégia de negócio. Já pensou nisso?

Coordenação de Eventos
Viviane Paiva
viviane@altabooks.com.br

Contato Comercial
vendas.corporativas@altabooks.com.br

A Alta Books tem criado experiências incríveis no meio corporativo. Com a crescente implementação da educação corporativa nas empresas, o livro entra como uma importante fonte de conhecimento. Com atendimento personalizado, conseguimos identificar as principais necessidades, e criar uma seleção de livros que podem ser utilizados de diversas maneiras, como por exemplo, para fortalecer relacionamento com suas equipes/ seus clientes. Você já utilizou o livro para alguma ação estratégica na sua empresa?

Entre em contato com nosso time para entender melhor as possibilidades de personalização e incentivo ao desenvolvimento pessoal e profissional.

PUBLIQUE
SEU LIVRO

Publique seu livro com a Alta Books.
Para mais informações envie um e-mail para: autoria@altabooks.com.br

 /altabooks   /alta-books   /altabooks   /altabooks

CONHEÇA
OUTROS LIVROS
DA **ALTA BOOKS**

Todas as imagens são meramente ilustrativas.

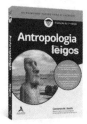 

Impressão e Acabamento|Gráfica Viena
www.graficaviena.com.br